Alfred Smudits

Mediamorphosen des Kulturschaffens

Die Schriftenreihe "Musik und Gesellschaft" wurde 1967 von Kurt Blaukopf begründet. Herausgegeben von Irmgard Bontinck, Institut für Musiksoziologie Wien.

im𝄞

Alfred Smudits

Mediamorphosen des Kulturschaffens

Kunst und Kommunikationstechnologien im Wandel

BRAUMÜLLER

Gedruckt mit Unterstützung
der Universität für Musik und darstellende Kunst Wien
und
des Bundesministeriums für Bildung, Wissenschaft und Kultur, Wien

Deutsche Bibliothek — CIP-Einheitsaufnahme

Smudits, Alfred:
Mediamorphosen des Kulturschaffens. Kunst und Kommunikationstechnologien im Wandel / Alfred Smudits. – Wien: Braumüller, 2002
    (Musik und Gesellschaft; Bd. 27)
    ISBN 3-7003-1408-6

Printed in Austria

Alle Rechte, insbesondere das Recht der Vervielfältigung und Verbreitung
sowie der Übersetzung, vorbehalten. Kein Teil des Werkes darf in
irgendeiner Form (durch Photokopie, Mikrofilm oder ein anderes Verfahren)
ohne schriftliche Genehmigung des Verlages reproduziert oder unter Verwendung
elektronischer Systeme gespeichert, verarbeitet, vervielfältigt
oder verbreitet werden.

© 2002 by Wilhelm Braumüller Universitäts-Verlagsbuchhandlung Ges.m.b.H.
A-1092 Wien
http://www.braumueller.at

ISBN 3 7003 1408 6

Layout: Claudia Borovnjak
Umschlag: Solt-Bittner Grafikdesign
Druck: Manz Crossmedia, A–1051 Wien

Vorbemerkung der Herausgeberin

Die Beobachtung und die theoretische Reflexion jeweils aktueller Entwicklungen des Kultur- und Musiklebens kennzeichnen seit Anbeginn die Arbeit des 1965 von Kurt Blaukopf gegründeten Instituts für Musiksoziologie. Dabei werden in das wissenschaftliche Programm die Entstehung neuer Kommunikationstechnologien ebenso miteinbezogen wie deren Folgeerscheinungen für die kulturelle Situation. Einer interessierten Öffentlichkeit die Aufarbeitung des daraus entstehenden sozialen und kulturellen Wandels vorzustellen, war das Ziel der 1967 von Kurt Blaukopf initiierten Schriftenreihe "Musik und Gesellschaft".

Der vorliegende Band widmet sich der grundlegenden Auseinandersetzung mit dem Phänomen der "Mediamorphose". Damit sind jene tiefgreifenden Umwälzungen gemeint, die jeweils neue Kommunikationstechnologien und die daraus resultierende Produktion für den kulturellen Kommunikationsprozess insgesamt nach sich ziehen. Der Begriff wurde von Kurt Blaukopf und Alfred Smudits geprägt und hat inzwischen auch Eingang in die angloamerikanische Mediensoziologie gefunden. In umfassender Weise hat Alfred Smudits nun dieses Konzept weitergeführt. Aus einer systematischen Auseinandersetzung mit dem Verhältnis von Kunst und Technik entwickelt er eine Theorie der Mediamorphose, die in dieser grundlegenden Form exemplarischen Charakter und einen hohen Innovationsgrad besitzt. Blaukopf selbst hatte sich in seiner Autobiographie gewünscht, "... vielleicht könnte ein auf diesem Gebiet kundiger Verleger animiert werden, eine Weiterführung dieses bedeutenden Forschungsansatzes zu veröffentlichen."

Durch die Fortsetzung der Schriftenreihe mit dem vorliegenden Band in einem neuen Verlag ist der Wunsch in Erfüllung gegangen.

Irmgard Bontinck

Vorwort 13

TEIL I: ENTWURF EINER PRODUKTIVKRAFT-THEORIE DER MEDIEN

1. Kapitel
Zum Verhältnis von Kunst und Technik in wissenschaftlichen Traditionen 19

- Naturwissenschaften 21
- Geisteswissenschaften 21
- Sozialwissenschaften 22
  - *Soziologie* 22
  - *Kommunikationswissenschaft* 23
  - *Medienwissenschaft* 24

2. Kapitel
Was ist 'Kunst'? 27

- Kriterien für eine sozialwissenschaftliche Sichtweise der Kunst 27

3. Kapitel
Medientheoretische Begriffsbestimmungen 33

- Medien 33
- Kodes und Kodierungen 35
- Kommunikationstechnologien und Texte 38
- Mediamorphosen: die Verbindung von sozialem und medialem Wandel 43

4. Kapitel
Kunstsoziologie und 'Medien'   49

Max Weber: Kunst und technischer Fortschritt   49
Walter Benjamin: Produktivkräfte des Kulturschaffens   54
Hans Magnus Enzensbergers Benjamin-Rezeption   57
Theodor W. Adorno: Produktivkräfte der Kunst als Metapher   59
Peter Bürgers Kritik an Benjamin   61
Medien- und Kommunikationssoziologie nach bzw. jenseits der 'Benjamin-Debatte'   64
Eine politische Ökonomie der Zeichen: Poststrukturalismus, Postmoderne etc.   66
Eine politische Ökonomie der Massenkommunikation: Kultureller Materialismus bzw. Cultural Studies   68
Eine politische Ökonomie der Kommunikation?   70

5. Kapitel
Entwurf einer Produktivkrafttheorie der Medien   73

Kommunikationstechnologien als Produktivkräfte der Kommunikation   73
Kommunikationstechnologien als künstlerische Produktivkräfte: Die mediale Formbestimmtheit der Kunst   76
Zur Illustration: Beispiele der Entwicklung künstlerischer Produktivkräfte   78
Grenzen und Möglichkeiten des Produktivkraft-Ansatzes   81
   'Medien' als allgemeine Kategorie   82
   Ästhetisch-wertende Enthaltsamkeit   83
   Fortschritt und Kunst   84
   Die Trennung von Produktion und Distribution   87
   Architektur und Design als Testfälle   87
   Das Problem von Ursache und Wirkung   89

TEIL II: MEDIAMORPHOSEN DES KULTURSCHAFFENS

6. Kapitel
Transformationen des Kulturschaffens und die Rolle der Kommunikationstechnologien   91

    Die KünstlerInnen-Rolle   93

    Kriterien zur Beschreibung von Mediamorphosen des Kulturschaffens   99

    Transformationen des Kulturschaffens in der Neuzeit   101

7. Kapitel
Die 'grafische Mediamorphose'   105

    Auswirkungen der grafischen Mediamorphose auf das Kulturschaffen   106

    Verlagswesen und Urheberrecht   113

    Grafische Mediamorphose im Bereich visueller Kommunikation   115

    Zusammenfassung: Auswirkungen der grafischen Mediamorphose   119

8. Kapitel
Mediamorphosen, die zur 'technischen Kodierung' führen   123

    Die 'chemisch-mechanische Mediamorphose' – ein mediales Vorbeben   123

    Die 'elektronische Mediamorphose'   125

    Die Kommunikationskette in der elektronischen Mediamorphose   129

9. Kapitel
Die 'elektronische Mediamorphose' 135

Kulturschaffende und elektronische Mediamorphose 136
Industrialisierung des Kulturschaffens 140
    a) Mediatisierung und Kommerzialisierung 144
    b) Von der formellen zur reellen Subsumtion 146
    c) Professionalisierung von Kulturberufen 153
Urheber- und Leistungsschutzrecht 157
Neue Berufsfelder für Kulturschaffende 160
Neue Qualifikationsansprüche: Kompetenzausweitung und Spezialisierung 161
Der Public Relations-Effekt (PR-Effekt) 164
Transnationale und multimediale Verflechtungen 165
Die wachsende Bedeutung der Werbung 168
Zusammenfassung: Auswirkungen der ersten beiden technischen Mediamorphosen 169

10. Kapitel
Die 'digitale Mediamorphose' als dritte technische Mediamorphose 173

Industrialisierung des Kulturschaffens 175
Veränderungen im Berufsstatus von Kulturschaffenden: neue Berufsbilder und neue Qualifikationsansprüche 177
Formelle Subsumtion, neue Selbstständige: fortschreitende Flexibilisierung 181
Urheber- und Leistungsschutzrecht 187
PR-Effekt 192
Rezeption und neue Kompetenzen 194
Die digitale Kultur: eine technik- und kompetenzintensive Kultur 195
Werbung und Globalisierung 196

11. Kapitel
Theoretischer Ausblick: Die Zukunft des Kulturschaffens zwischen Design und Eigensinn — 201

Aspekte der gesellschaftlichen und kulturellen Entwicklung seit den 1980er Jahren — 201

Fundierungen des Kulturschaffens — 205

Die allgemeinste gesellschaftliche Funktion der Kunst: Systemwerbung — 207

Fundierung auf Ökonomie — 209

Ökonomisierung der Ästhetik — 211

Ästhetisierung der Ökonomie — 214

Zum Verhältnis von Kulturschaffenden und entertainment industries — 218

Ausblick auf eine digitale Kultur und die Rolle der Forschung — 221

Epilog — 227

Bibliografie — 229

Vorwort

Die soziologische Beschäftigung mit Phänomenen, die gemeinhin dem Kunstbereich zugeordnet werden, gestaltet sich spätestens seit der Mitte des zwanzigsten Jahrhunderts in vielerlei Hinsicht zunehmend schwieriger:

- der Gegenstandsbereich 'Kunst' wird zunehmend unschärfer; was heute – im Zeitalter der Kulturindustrien, der Massen-, Populär- oder Medienkultur noch als Kunst gelten kann und was nicht und wie Kunstsoziologie damit umzugehen hat, scheint nach der Kulturindustrie-Debatte – man könnte auch sagen: nach Adorno – ein müßiges, ausgereiztes Thema;

- der Gegenstandsbereich einer 'Kunstsoziologie' wird damit immer unklarer. Kunst als Wirtschaftsfaktor, Kunstproduktion als Berufsfeld, Kunstrezeption als Freizeitverhalten, Kunstwerke als Auslöser von Wirkungen etc. – all das wird im Rahmen anderer Bindestrichsoziologien oder Wissenschaftsdisziplinen abgehandelt: in der Freizeitsoziologie, der Kulturökonomie, der Berufssoziologie, der Wirkungsforschung, der Kommunikationswissenschaft usw.usf. Genuin kunstsoziologische Fragestellungen gehen anscheinend in dieser Vielzahl von möglichen Perspektiven auf.

Die Frage lautet also: ist es noch sinnvoll Kunstsoziologie zu betreiben, angesichts der Tatsache, dass die Vernetzung von 'Kunst' mit 'Medien', mit 'Wirtschaft', mit 'Technik' oder mit 'Freizeit' bzw. 'Unterhaltung' immer intensiver wird? Verändert eine Kunstsoziologie, die all diese Phänomene in ihren Interessensbereich integrieren und nicht in andere Disziplinen abschieben will, sich nicht gleichsam von innen her? Oder radikaler formuliert: Ist eine zeitgemäße Kunstsoziologie noch eine solche oder nicht schon etwas anderes – Kultursoziologie? Mediensoziologie?

Und weiter gefragt: Spiegelt ein solcher, vielleicht notwendiger, sicher möglicher Wandel des kunstsoziologischen Ansatzes nicht bloß den Wandel, den 'Kunst' in der gegenwärtigen gesellschaftlichen Entwicklung durchmacht?

Die wichtigste gesellschaftliche Verbreitungsform von 'Kunst' sind heute technische 'Medien', Künstler arbeiten überwiegend in oder mit technischen Medien, z.T. zum Broterwerb, z.T. aus künstlerischer Überzeugung. Eine Kunstsoziologie, die das nicht zur Kenntnis nimmt, muss notwendigerweise anachronistisch wirken.

Die wichtigsten kultur- und kunstpolitischen Entscheidungen werden heute im Bereich der Kulturindustrien getroffen. Eine Kunstsoziologie, die diese Tatsache nicht zur Kenntnis nimmt, begibt sich der Chance, gesellschaftlich relevante Ergebnisse vorzulegen. Die aktuelle Entwicklung der Medien zwingt daher die Kunstsoziologie gleichsam, das Augenmerk auf deren Bedeutung für den kulturell- künstlerischen Bereich zu legen. Andernfalls wäre der Vorwurf, es gäbe wichtigeres für die Soziologie, als sich mit 'Kunst' zu beschäftigen, gerechtfertigt.

Eine solche, zeitgemäße Kunstsoziologie kommt nicht umhin, technische, medienbezogene, rechtliche, wirtschaftliche, organisatorische oder berufliche Aspekte in ihre Betrachtungsweise miteinzubeziehen, will sie eine adäquate Zustandsbeschreibung dessen, was vielleicht 'Kunst' sein könnte, erreichen, denn eine apriori-Definition kann sich keine Kunstsoziologie leisten, will sie wissenschaftlich ernstgenommen werden.

Und es ist wohl ebenso notwendig, historische Befunde angesichts aktueller Entwicklungen neu zu diskutieren. Denn erst in einem entsprechenden, historisch fundierten theoretischen Rahmen erhalten Fakten das Gewicht, das ihnen zukommt.

Wenn dies einer Transformation der Kunstsoziologie gleichkommt, dann ist das letztlich das Ergebnis einer Transformation der 'Kunst', deren Zeugen wir gegenwärtig sind. Vermutlich ist es daher ziemlich gleichgültig, welchen Namen das Kind hat – Kunstsoziologie, Soziologie der Ästhetik, Kultursoziologie oder anders – was zählt ist die Relevanz: Prozesse klar zu sehen, in ihren konkreten Erscheinungsformen detailliert zu beschreiben, in ihrer allgemeinen Bedeutung theoretisch zu erfassen.

Das bisher gesagte macht auch eine terminologische Klarstellung nötig: ich verwende einerseits weiterhin den Begriff 'Kunst', wenngleich ich, wie schon angedeutet, meine, dass dieser gegenwärtig einer Transformation unterliegt, der möglicherweise auch terminologisch Rechnung zu tragen wäre. Andererseits hieße aber die Aufgabe des 'Kunst'-Begriffs, dass auch Phänomene, die in ihrer historischen Bestimmtheit tatsächlich 'Kunst' waren (oder sind), nunmehr retrospektiv umbenannt würden, was ich nicht für legitim halte. Allerdings sind die Grenzen zwischen einem 'alten' und einem 'neuen' Verständnis von 'Kunst' gelegentlich schwer zu ziehen. So verwende ich im Rahmen dieser Arbeit bewusst auch Begriffe wie 'Kulturschaffen', 'ästhetische Produktion', 'kulturelle Kommunikation' u.ä. um die Offenheit des Themas im Bewusstsein zu halten. Die Problematik wird ohnehin immer wieder explizit angesprochen (vor allem in den Kapiteln 2 und 10), sodass die Gefahr, terminologisch missverstanden zu werden, hoffentlich gering ist.

x

Seit Beginn der 1990er Jahre hat eine wahre Hausse eingesetzt, was Publikationen zur Kommunikations- und Mediengeschichte, aber auch zur Medientheorie betrifft. Diese Tatsache des wachsenden Interesses an Medientheorie und an der historischen Entwicklung von Kommunikation und Medien ist wohl weitestgehend durch die Faszination zu erklären, die die neuen digitalen Medien ausüben und geht einher mit einem wachsenden Problembewusstsein für die Interdependenz von Kultur und Technik.

In bezug auf die medienhistorischen Arbeiten gibt es sowohl umfassende historische Darstellungen, aber auch spezielle Teilbereiche, die einer gründlichen Analyse unterzogen werden. So findet man Sammelbände, in denen die Entwicklung einzelner Medien – von der Schrift über die Fotografie zum Computer – sowohl aus technischer, wie soziokultureller Sicht behandelt werden ebenso wie mehr oder weniger groß angelegte Monografien zur Entwicklung einzelner Medien oder der Medien schlechthin im soziokulturellen Kontext.

Bei den medientheoretischen Arbeiten handelt es sich zum Teil um Überblicksdarstellungen, in denen einzelne Ansätze – von Benjamin bis Baudrillard – referiert werden, zum Teil um Neuauflagen von 'Klassikern' der Medientheorie, wie etwa Marshall McLuhan oder Harold Innis, oder aber um Versuche zur Entwicklung eines eigenen Ansatzes, wobei zumeist die Digitalisierung im Zentrum des Interesses steht. Meiner Wahrnehmung nach ist allerdings bislang kein neueres medientheoretisches Konzept vorgelegt worden, das diese neueste kommunikationstechnologische Entwicklung in einem größeren kulturhistorischen Kontext hinreichend zu erklären imstande wäre. Ohne hier ins Detail gehen zu können, sei dennoch die These gewagt, dass bei vielen vor allem postmodernen Theorieansätzen offensichtliche analytische Mängel durch poetische Formulierungen, deren empirische Referenz dann im Unklaren bleibt, übertüncht werden.

x

In der vorliegenden Arbeit wird versucht, den Ansprüchen einer zeitgemäßen, also disziplinäre Grenzen überwindenden 'Kunst-Soziologie' gerecht zu werden. Gleichzeitig erwies es sich als notwendig, ein medientheoretisches Konzept zu entwickeln, das einerseits begrifflich präzise ist und andererseits allgemein genug, um auf verschiedene kommunikationstechnologische Entwicklungsphasen gleichermaßen angewandt werden zu können. Ausgehend vor allem von kunst- und mediensoziologischen Konzepten – wobei sich 'klassische' als brauchbarer erwiesen als so manch neuere – wird im ersten Teil der Arbeit ein theoretischer Ansatz entwickelt, bei dem Kommunikationstechnologien als Produktivkräfte aufgefasst werden. Die technische Entwicklung wird als ein wesentlicher Bestimmungsfaktor herausgearbeitet, der auf das Kulturschaffen gleichwertig neben sozialen, ökonomischen und politischen Faktoren wirkt. Dieses Konzept, das eine Produktivkrafttheorie der Medien in bezug auf Kunst und Kulturschaffen darstellt, hat meiner Wahrnehmung nach Neuheitswert und – beinahe wichtiger – Erklärungswert. Es erweist sich z.B. fruchtbar zum besseren Verständnis von Phänomenen wie dem des Fortschritts in der Kunst, der Bedeutung des Urheberrechts, der Etablierung von vermittelnden Institutionen (vom Verlagswesen bis zur globalen Kulturindustrie), des sich wandelnden Status von Kulturschaffenden, ja der gesellschaftlichen Funktion von Kunst überhaupt.

Basierend auf dieser Produktivkrafttheorie der Medien wird im zweiten Teil der Arbeit die historische Entwicklung des Kulturschaffens unter dem Einfluss jeweils historisch neuer Kommunikationstechnologien nachgezeichnet, wobei versucht wird, den Konnex zwischen Theorie und Empirie immer wieder herzustellen. Es werden mehrere voneinander unterscheidbare Entwicklungsstufen identifiziert, die als Ergebnisse von Mediamorphosen, d.h. von umfassenden und unumkehrbaren Veränderungen des Kulturschaffens unter dem Einfluss jeweils historisch neuer Kommunikationstechnologien zu verstehen sind:

- die erste graphische Mediamorphose (mit der Erfindung der Schrift)
- die zweite graphische Mediamorphose (mit der Erfindung des Buchdrucks)
- die erste technische, die chemisch-mechanische Mediamorphose (mit der Erfindung von Photographie und Grammophon)
- die zweite technische, die elektronische Mediamorphose (mit der Erfindung von elektronischer Signalaufzeichnung und -Übertragung) und
- die dritte technische, die digitale Mediamorphose (mit der Erfindung des Computers)

Zur digitalen Mediamorphose ist zu bemerken, dass erst im Zuge dieser Arbeit die Überzeugung sich verfestigte, dass es sich hier um eine eigenständige Mediamorphose und nicht bloß um eine Weiterentwicklung der elektronischen Mediamorphose handelt, vor allem, weil der digitale Kode gänzlich anders funktioniert als jeder analoge elektronische Kode. Welche Entwicklungen die digitale Mediamorphose, an deren Beginn wir ja erst stehen, noch mit sich bringen wird ist nicht absehbar, die bereits bemerkbaren allerdings sind gravierend: das Berufsbild und das Berufsfeld der Kulturschaffenden sind ebenso betroffen wie die Distribution kultureller Güter, die Einkommensmöglichkeiten der Kulturschaffenden ebenso wie das Urheberrecht, die Produktionsbedingungen der Kulturschaffenden ebenso wie die der Kulturindustrien usw.usf. Bei den konkreten Ausführungen zur digitalen Mediamorphose habe ich mich allerdings angesichts der diesbezüglich rasanten Entwicklung um Vorsicht und Zurückhaltung bemüht, nicht zuletzt deshalb, weil es mir eben in erster Linie nicht darum gegangen ist, mich mit der aktuellsten Entwicklung zu beschäftigen und vielleicht spektakuläre aber sehr spekulative Thesen vorzulegen, sondern darum, eine brauchbare und möglichst allgemeine Theorie zum Verständnis des Verhältnisses von Kommunikationstechnologien und Kulturschaffen zu erarbeiten. In Bezug auf die digitale Mediamorphose sehe ich die wesentliche Intention der Arbeit daher vor allem darin, zur Anwendung der 'Produktivkrafttheorie der Medien' anzuregen.

Zuletzt eine 'ideologische' Bemerkung: Wem der Ansatz einer 'Produktivkrafttheorie' von der Terminologie her zu materialistisch, zu wenig 'postmodern', vielleicht gar 'marxistisch' vorkommt, letzteres ein Kriterium, das nach 1989 für viele ein Grund zur Diskreditierung ist, dem halte ich entgegen, dass es mir nicht um die Stellungnahme für eine ideologische Position, sondern um die Entwicklung eines Instruments zur möglichst adäquaten Erfassung von Realität geht, um das Aufzeigen intersubjektiv überprüfbarer Tatbestände. An diesem Kriterium lasse ich meine Überlegungen gerne messen.

xxx

Mein Dank gilt den Kolleginnen und Kollegen vom Institut MEDIACULT und vom Institut für Musiksoziologie für das anregende Arbeits- und Gesprächsklima, vor allem aber Kurt Blaukopf, dem viel daran lag, dass diese Arbeit publiziert wird. Ihm widme ich dieses Buch.

Wien, im Jänner 2002   Alfred Smudits

TEIL I: ENTWURF EINER PRODUKTIVKRAFTTHEORIE DER MEDIEN

1. Kapitel
Zum Verhältnis von Kunst und Technik in wissenschaftlichen Traditionen

Die Beschäftigung mit der Entwicklung des Kulturschaffens erfolgt in unterschiedlichen sozial- und geisteswissenschaftliche Disziplinen und unter Berücksichtigung verschiedenster, vor allem ästhetischer, sozialer, politischer, gelegentlich auch schon ökonomischer oder rechtlicher Aspekte. Der Tatsache, dass 'Kunst' und 'Medien', bzw. 'Kunst' und 'Kommunikationstechnologien' miteinander zu tun haben, wurde lange Zeit nicht gebührende Beachtung geschenkt. Die Gründe dafür sind vielfältig, zum Teil sind sie unter dem Aspekt des 'Primats der Technik', zum Teil unter dem Aspekt der 'Autonomie der Kunst' zu behandeln.

Zum Themenkomplex 'Primat der Technik' ist festzuhalten, dass der wissenschaftliche wie politische Umgang mit Kommunikationstechnologien einem allgemeineren, für unsere Gesellschaft charakteristischen Prinzip der Rationalität folgte, demgemäss 'technische Vernunft' (Max Weber) in allen Lebensbereichen zum Tragen kommen sollte, um bestmögliche Effizienz zu erreichen. Kommunikationstechnologien wurden als Teil der 'technischen' und damit auch 'ökonomischen', nicht aber als Teil der 'kulturellen Entwicklung' angesehen. Spätestens seit dem Einsetzen einer breiten gesellschaftlichen Diskussion zur Umweltproblematik, also seit den 1970er Jahren, wird allerdings der Primat der Technik nicht mehr fraglos akzeptiert und die These, dass die technische Entwicklung ein soziales Projekt sei, dass sich Gesellschaften aus guten Gründen, die jenseits ökonomischer Rentabilität liegen, für oder gegen eine technisch mögliche Innovation aussprechen können[1] stieß auf immer breitere Akzeptanz. Das spätestens seit den 1980er Jahren zunehmende Interesse am Verhältnis von Medien und Kultur kann nicht zuletzt als ein Indiz für diesen Wandel der Einschätzung des Primats der Technik angesehen werden.[2]

---

1 Z.B. Hochgerner 1986, Bungard/Lenk 1988.

Dem 'Primat der Technik' im Bereich gesellschaftlicher/ökonomischer Entwicklung entspricht ein 'Primat der Autonomie' im künstlerisch/kulturellen Bereich. Legitimierte sich jener durch die Ideologie einer autonomen Technikentwicklung, so legitimiert sich dieser durch die Ideologie der Autonomie der Kunst. Auf die gesellschaftlichen Hintergründe der Entstehung dieses Autonomieanspruchs soll hier nicht weiter eingegangen werden.[3] Hingewiesen werden soll nur darauf, dass es sich um eine historisch relativ junge Kategorie handelt, die sich im übrigen nicht zufällig etwa gleichzeitig wie jene des 'Primats der Technik' entwickelt hat. Gemäß dieser Ideologie seien wahrhaft wertvolle künstlerische/kulturelle Leistungen unabhängig von technischen und ökonomischen und manchmal sogar von gesellschaftlichen Voraussetzungen, die ihre Produktion und Distribution ermöglichen (oder behindern) zu beurteilen. 'Medien' zum Beispiel werden mit Kommerz und Technik und also auch mit Sachzwängen assoziiert und damit kaum oder nur widerwillig mit dem vorgeblich autonomen, von Sachzwängen frei zu haltenden Phänomen 'Kunst' in Verbindung gebracht. Dieser Anspruch auf Autonomie der Kunst wird ebenfalls im Zuge der 1980er Jahre, vor allem im Diskussionszusammenhang der sogenannten 'Postmoderne', mehr und mehr in Frage gestellt. Eine wesentliche Rolle dürfte dabei nicht zuletzt der von der Digitalisierung bewirkte Innovationsschub gespielt haben, dessen Einfluss auf den Bereich des Kulturschaffens bald spürbar war, und der eine grundsätzliche Beschäftigung mit dem Wesen von Kommunikation bzw. von Medien in Gang setzte.[4]

Soll nun aber die Medienentwicklung aus künstlerisch-kultureller Sicht ernst genommen werden, so bedarf es zuallererst genauer und kompetenter Kenntnis über die ästhetischen, aber auch ökonomischen, sozialen oder rechtlichen Möglichkeiten und Grenzen jeweils konkreter Kommunikationstechnologien. Damit ist die Notwendigkeit der Berücksichtigung von Theorien, Daten und Befunden verschiedenster wissenschaftlicher Disziplinen angesprochen, wenn es darum geht, das Verhältnis von Kunst/Kultur und Medien/Technik in angemessener Form zu behandeln.

Im Folgenden wird versucht einen kurzen Überblick dazu zu geben, in welcher Weise sich Natur-, Geistes- und Sozialwissenschaften mit Fragen des Verhältnisses von Kommunikationstechnologien und Kultur-

---

2   Vgl. dazu z.B. Kaiser u.a. 1993, speziell für Informationstechnologien Lange/Seeger 1996/97, eine allgemeine Zusammenfassung aus kulturtheoretischer Sicht findet sich bei Rohbeck 2000.
3   Vgl. dazu z.B. Müller u.a. 1974, Bürger 1974, Kapner 1987, 1991.
4   Einen ersten Überblick bot Rötzer 1991.

schaffen auseinandergesetzt haben, um Anknüpfungspunkte für die hier in Frage stehende Thematik identifizieren zu können.

Naturwissenschaften

Resultate naturwissenschaftlicher Forschung im Bereich der Entwicklung neuer Kommunikationstechnologien erhalten für den vorliegenden Zusammenhang erst Bedeutung, wenn sie in eine entsprechende Beziehung zum Kulturschaffen gestellt bzw. im Kontext dieser Problematik gelesen werden. Dies kann auf zweierlei Art erfolgen

– einmal in der Darstellung der Abfolge von 'Erfindungen' und Innovationen, dann ist allerdings die Perspektive bereits eine andere als eine rein naturwissenschaftliche, nämlich eine geistes- oder sozialwissenschaftliche (z.B. Technikgeschichte oder -philosophie, Industriesoziologie, Architekturtheorie etc.).[5]

– oder als unabdingbare 'Hintergrundinformation' für geistes- oder sozialwissenschaftliche Forschungsfragen in Bezug auf Kultur und Medien: Wenn die soziokulturelle oder politökonomische Bedeutung von Kommunikationstechnologien analysiert werden soll, ist sehr oft die Kenntnis der spezifischen Funktionsweisen der jeweiligen Technologien dringend nötig, eine Tatsache, die allzu oft vernachlässigt wird. Viele Fragen der musikalischen Entwicklung sind z.B. nur verständlich, wenn entsprechendes 'physikalisches' Wissen über raumakustische Phänomene verfügbar ist – einige wegweisende Arbeiten Max Webers[6] oder Kurt Blaukopfs[7] sind dafür als Belege anzuführen. Aber auch die Bedeutung der 'Digitalisierung' kann nur kompetent analysiert werden, wenn über entsprechendes Wissen über die dieser Technologie zugrundeliegenden mikroelektronischen Tatbestände verfügt wird.[8] Im Rahmen der

Geisteswissenschaften

wären zunächst jene Disziplinen zu nennen, die als traditionelle Kulturwissenschaften gelten, nämlich Literatur-, Musik-, Theater- und Kunstwissenschaft bzw. -geschichte. Ebenfalls erwähnt werden müssen auch kultur- bzw. technikgeschichtliche oder -philosophische Untersuchungen, die z.T. eine Fülle von Fakten über technische Innovationen

---

5   Ein Beispiel für 'Mediengeschichte' ist in diesem Zusammenhang Hiebel 1997.
6   Z.B. Weber 1972.
7   Z.B. Blaukopf 1969 oder 1962.
8   Z.B. Noll 1994.

und deren gesellschaftliche Implikationen[9] bieten können, dabei oft aber die Grenze zur Sozialwissenschaft schon überschritten haben.

Die traditionellen Kulturwissenschaften beschäftigen sich allerdings weitgehend mit Kunst im traditionellen Sinne. So verwundert es nicht, dass hier die 'Medien' lange Zeit kein Thema darstellen. Umfassende kulturwissenschaftliche Arbeiten erwähnen – wenn überhaupt – bestenfalls am Rande die Einführung neuer Kommunikationstechnologien im jeweiligen Bereich.[10]

Ebenfalls ausgeklammert werden in den traditionellen Kulturwissenschaften alle Phänomene der Populärkultur (sieht man von der Volkskunde ab). Der Zusammenhang zwischen (Massen-) Medien und Populärkultur, der hier naheliegenderweise hergestellt werden kann, führte dazu, dass auch Kunstformen und nicht nur kulturelle Ausdrucksformen, deren Existenz erst durch neue Kommunikationstechnologien ermöglicht wurde – allen voran der Film – nur schwer im Rahmen der traditionellen Kulturwissenschaften Beachtung fanden, z.T. wohl auch auf Grund methodischer Unzulänglichkeiten.

Eine diesbezügliche Veränderung, die auch weitreichendere Beachtung fand, ist spätestens seit dem Aufkommen der Postmoderne-Diskussion zu konstatieren, wobei das Entstehen der Medienwissenschaften, auf die weiter unten noch eingegangen wird, ebenfalls aus diesem Zusammenhang heraus zu sehen ist.

Sozialwissenschaften

Soziologie

Die Klassiker der Kunstsoziologie[11] erweiterten zunächst die Perspektive der traditionellen Kulturwissenschaften 'nur' um die Dimension der gesellschaftlichen Rahmenbedingungen der Kunst, der Gegenstandsbereich selbst blieb unangetastet. Erst durch das Auftreten der Massenmedien und der damit sich entwickelnden neuen Qualitäten von Populärkultur erweiterte sich das Gesichtsfeld der Kunstsoziologie gegenüber der traditionellen Kulturforschung im Hinblick auf den Gegenstand selbst – nicht mehr nur Kunst im engeren Sinn, sondern auch die Objekte der Massenkultur und damit auch die Medien selbst fan-

---

9 Diesbezügliche 'Klassiker' sind z.B. Mumford 1980, Giedion 1982.
10 Vgl. z.B. für die Literatur Kayser 1976, Musik: Knepler 1982, Theater: Kindermann 1959, Bildende Kunst: Gombrich 1988. Erst neuere, ausdrücklich medienorientierte Arbeiten beginnen diese Lücke zu schließen, einen guten Überblick bietet Schanze 2001.
11 Einen Überblick gibt Silbermann 1979.

den sowohl theoretische wie empirische Beachtung. Die entsprechenden Überlegungen und Konzepte von Max Weber, Theodor W. Adorno, Walter Benjamin, Peter Bürger, Hans Magnus Enzensberger, aber auch der Postmoderne bzw. der Cultural Studies werden noch ausführlicher diskutiert, auf sie sei hier daher nur verwiesen.

Kommunikationswissenschaft

Die Forschungsrichtung, die sich vom Wesen ihres Faches her ausdrücklich und eingehend auch mit den Kanälen, über die jegliche Kommunikation abläuft, beschäftigt, ist die Kommunikationswissenschaft. Sie hat sich spätestens nach 1945 von einer geisteswissenschaftlich orientierten Zeitungswissenschaft zu einer sozialwissenschaftlich orientierten Publizistik- und Kommunikationswissenschaft entwickelt, wobei die Erstellung theoretischer Grundlagen zur Erforschung des Prozesses gesellschaftlicher Kommunikation (Medientheorie) in seiner historischen Entwicklung (Mediengeschichte) ein wesentliches Anliegen dieser Disziplin darstellt.

Interessanterweise entstammen zahlreiche AutorInnen medientheoretischer Entwürfe ursprünglich den verschiedensten wissenschaftlichen Traditionen, so z.B. der Geschichtswissenschaft[12], der Wirtschaftsgeschichte[13], der Literaturwissenschaft[14], der Semiotik[15], der Informationsästhetik[16], der Publizistik- und Kommunikationswissenschaft[17] oder der Soziologie[18], wobei hier natürlich auch die bereits genannten kunstsoziologischen Ansätze von Benjamin, Adorno oder Enzensberger genannt werden müssen.

Eine kommunikationswissenschaftlich fundierte 'Medientheorie' sollte also die Grundlage bilden können für eine gleichermaßen gültige Betrachtung der Massenkultur wie des traditionellen Kulturschaffens, also von sämtlichen Phänomenen des Kulturschaffens in allen seinen historischen Erscheinungsformen. Damit ist die historische Perspektive angesprochen, der gegen über eine solche Medientheorie ihre Gültigkeit beweisen muss. Erst ein kommunikationswissenschaftliches Instrumentarium, das imstande ist, mehr als bloß die Funktionsweise der Mas-

---

12 Riepl 1972.
13 Innis 1950, 1951, dazu auch Barck 1997.
14 McLuhan 1968a, 1968b, 1969.
15 Eco 1984.
16 Moles 1971.
17 Pross 1972.
18 Löwenthal 1964, Silbermann/Krüger 1973, Holzer 1976, Baudrillard 1978, Hund/Kirchhoff-Hund 1980, Garnham 1986, 1990, Luhmann 1975, 1984, 1995, Mattelart/Mattelart 1992, Lash/Urry 1994, Mattelart 1999.

senkommunikation zu erfassen, das also für sämtliche historisch identifizierbaren Kommunikationsformen und Medien Gültigkeit besitzt, kann auch als Grundlage einer allgemeineren Theorie der kulturell-künstlerischen Kommunikation dienen.

Den diesbezüglich vermutlich spektakulärsten, spekulativsten und daher auch umstrittensten Ansatz legte McLuhan vor. Bei aller Problematik seines Medienbegriffs[19] und seiner Methode[20] ist ihm das Verdienst anzurechnen, auf die mediale und das heißt auf die technische Formbestimmtheit jeglicher Kommunikation und nicht nur derjenigen, die mittels elektronischer Medien erfolgt, hingewiesen zu haben und damit den Anstoß für einige umfassende Untersuchungen zum kulturellen Stellenwert der Schrift, des Buchdrucks und der elektronischen Medien gegeben zu haben.[21]

In neuester Zeit lässt sich ein erstarkendes Interesse für Fragen der Kommunikations- und Mediengeschichte feststellen, das z.T. weniger aus sozial- oder kulturphilosophischen Motiven gespeist wird, denn aus der Absicht, detailreiche und empirisch fundierte historische Untersuchungen zu erstellen[22], oder aber aus dem Motiv, aktuelle Tendenzen der Digitalisierung historisch einordnen und theoretisch verstehen zu wollen.[23]

Medienwissenschaft

Nicht unbeeinflusst von der Medientheorie McLuhans hat sich schließlich in den späteren 1970er Jahren aus der geisteswissenschaftlichen Tradition heraus ein Ansatz entwickelt, der sich darum bemühte, unter Einbeziehung sozialwissenschaftlicher Methoden der Herausforderung, die die Medien und die Populärkultur für die traditionellen Kulturwissenschaften darstellen, gerecht zu werden – nämlich die sogenannte Medienwissenschaft.[24] Der Impuls zu dieser Entwicklung kam vor allem aus dem Bereich der Literaturwissenschaften (und z.T. auch aus

---

19 Vgl. die Kritik Ecos 1985.
20 Vgl. Miller 1972, Enzensberger 1970.
21 Havelock 1976, Eisenstein 1979, Czitrom 1982, Ong 1982, Goody 1986, Giesecke 1991, 1992, Bolz 1993, Kerckhove 1995, sowie zahlreiche Arbeiten, die der Postmoderne zuzurechnen sind, z.B. Baudrillard 1978.
22 z.B. Duchkowitsch 1985, Bobrovsky/Langenbucher 1987, Bobrovsky u.a. 1987, Elm/Hiebel 1991, Flichey 1994, Faulstich 1996, 1997, 1998, Hiebel 1997, Faßler/Halbach 1998, Hiebel u.a. 1998, Schöttker 1999, Prokop 2001, Hörisch 2001, Schanze 2001, Buddemaier 2001.
23 Bolz 1993, Fidler 1997, Levy 1997.
24 Zur Konstituierung vgl. Faulstich 1979, TZS IV/87, Bohn u.a. 1988, aber auch schon Maske und Kothurn 1972.

der Theaterwissenschaft). Damit sollte der ohnehin schon vorhandenen Tendenz zur Sprengung des traditionellen Paradigmas – das sich durch die Integration der Trivialliteraturforschung und der Literatursoziologie abzeichnete – radikal Rechnung getragen werden. Faulstich formulierte dazu 1979 programmatisch: "Die Literaturwissenschaft ist tendenziell aufgehoben zugunsten der Medienwissenschaft"[25], der Gegenstandsbereich habe sich von der Literatur, der Dichtung hin zum Medium, die Methode von der Hermeneutik hin zur Sozialwissenschaft zu verändern.

Trotz mehrerer wegweisender einschlägiger Untersuchungen[26] ist der Medienwissenschaft eine überzeugende Abgrenzung sowohl von geisteswissenschaftlichen Wurzeln wie auch von der Kommunikationswissenschaft bzw. von der Kultursoziologie nicht gelungen.

Auffällig in bezug auf medientheoretische Arbeiten im allgemeinen ist allerdings, dass etwa ab den 1990er Jahren einerseits die Zuordnung zu einer bestimmten Disziplin immer schwieriger wird, dass also Interdisziplinarität von geistes- und sozialwissenschaftlichen Ansätzen angereichert mit technikgeschichtlichen Grundlagen eher die Regel denn die Ausnahme sind, dass aber andererseits philosophische Konzepte immer stärker in den Vordergrund treten, wobei natürlich postmoderne Theorien zur Digitalisierung besonders prominent vertreten sind.[27]

Somit kann, was die Ergiebigkeit vorhandener Forschungstraditionen und -richtungen zur Klärung der Frage des Verhältnisses von Kunst und Medien betrifft, festgehalten werden:

– Die traditionellen geisteswissenschaftlich orientierten Kulturwissenschaften liefern Material, das sozusagen neu zu lesen wäre, ob und wieweit sich darin Hinweise für einen Zusammenhang zwischen der Entwicklung der Kommunikationstechnologien und der kulturellen Entwicklung finden lassen, von sich aus tragen sie zur Klärung dieser Fragestellung wenig bei.

---

25 Faulstich 1979: 9f.
26 Beispielhaft seien Knilli 1976, Faulstich/Faulstich 1977, Bosse 1981, Bentele 1981, Freier 1984, Kittler 1985, 1986, Zielinski 1989 oder Decker/Weibel 1990 genannt und in der weiteren Entwicklung vor allem Arbeiten, die postmodernen Ansätzen folgen bzw. die sich vor allem mit digitalen Medien beschäftigen (vgl. auch Fußnote 27).
27 Überblicksdarstellungen bzw. Sammelbände zum Thema Medientheorien: Gumbrecht/Pfeiffer 1988, Faulstich 1991, 1998, Klock/Spahr 1997, Pias 1999; 'postmoderne' Medientheorien: Rötzer 1991, 1995, Hartwagner u.a. 1993, Bolz 1993, Kerckhove 1995, Dery 1996, Kroker 1996/97, Hartmann 1996, 2000, Faßler 1996, Negroponte 1997, Münker/Rösler 1997, Levy 1997, Pfamatter 1998, Groll 1998 u.v.a.m., erwähnenswert sind auch einschlägige Zeitschriften, so z.B. 'Medien Kunst Passagen' oder 'telepolis – Die Zeitschrift der Netzkultur'.

– Eine vielversprechendere Möglichkeit zum Brückenschlag zwischen Kunst und Technik, zwischen Kulturschaffen und Kommunikationstechnologien liegt in einer sozialwissenschaftlich orientierten Kulturforschung, die imstande ist, die soziale Determiniertheit der Technik ebenso wie die technische und ökonomische Determiniertheit der Kultur ins Kalkül zu ziehen. Und wesentliche Ansätze zu einer solchen sozialwissenschaftlich orientierten Kulturforschung finden sich bereits in der Kunst- und Kultursoziologie, in der Kommunikations- und in der Medienwissenschaft, wobei vielfach eine genauere Zuordnung einzelner Arbeiten (seien sie theoretischer oder empirischer Art) zu einer dieser Forschungsrichtungen bereits unmöglich ist und letztlich auch nicht nötig erscheint, nicht zuletzt deshalb, weil vermutlich die fruchtbarsten Erkenntnisse zum Verhältnis von Kultur/Kunst und Technik im interdisziplinären Bereich zu erzielen sind.

2. Kapitel

Was ist 'Kunst'?

Kriterien für eine sozialwissenschaftliche Sichtweise der Kunst

Der Kunst-Begriff wurde in den bisherigen Ausführungen eher vorsichtig verwendet, er wurde z.B. mit dem Kultur-Begriff oder dem Terminus 'Kulturschaffen' zu umschreiben bzw. zu ersetzen versucht. Dies geschah aus einem guten Grund: wenn man sich aus sozialwissenschaftlicher Sicht mit dem Phänomen 'Kunst' auseinandersetzt – und sei es auch nur in deskriptiver Absicht – so muss man sich über den Gegenstandsbereich, den man ins Auge fasst, klar werden. Wenn nun schwerwiegende Indizien dafür sprechen, dass die Abgrenzung eben dieses Gegenstandsbereiches etwa auf Grund gesellschaftlicher Veränderungen oder konkurrierender Werthaltungen problematisch sein könnte, ist Vorsicht bei dessen Festlegung geboten. Es scheint daher naheliegend, vorerst zu fragen, wie sich die Kategorie 'Kunst' historisch entwickelt hat und wie sie sich weiter entwickeln könnte, um eine Gegenstandsbestimmung vornehmen zu können, die den aktuellen Gegebenheiten – und nicht bloß herkömmlichen Konventionen – entspricht.

Vorneweg soll aber betont werden, dass es sich im Folgenden in erster Linie um Begriffsbestimmungen handelt und dementsprechend keine tiefergehenden analytischen Überlegungen angestellt werden können. Es geht vor allem darum zu klären, was in der vorliegenden Publikation unter den Begriffen 'Kunst', 'Kunstschaffen', 'Kulturschaffen' oder 'kulturelle Kommunikation' verstanden werden soll, wobei die Bezugnahme auf die entsprechende Literatur nur exemplarisch erfolgen kann bzw. so knapp wie möglich gehalten wird, da ein ausführliches Eingehen auf das Thema der Begriffsbestimmung von Kunst naturgemäß den vorliegenden Rahmen weit überschreiten müsste.

Die Feststellung, dass sich das, was unter 'Kunst' verstanden wird, im Laufe der Geschichte verändert (hat), scheint trivial. Die Tatsache des Wandels der Geschmackskriterien, Schönheitsbegriffe und Formenkonventionen[1], wie er in der Kunstgeschichte beschrieben wird, ist zu offensichtlich, um Anlass für Diskussionen zu geben. Etwas umstrittener sind schon die Gründe, die für diese Veränderungen angeführt wer-

---

1 Vgl. Hauser 1974: 439.

den. Zwar bestehen kaum mehr Zweifel daran, dass sich Kunst in Abhängigkeit von gesamtgesellschaftlichen Entwicklungen wandelt, doch die Frage wird damit nur auf die Ebene ebendieses gesellschaftlichen Wandels verlagert (und damit zum Teil ausgelagert), wo bekanntlich verschiedenste Geschichtsphilosophien (z.B. idealistische mit materialistischen, 'moderne' mit 'postmodernen') konkurrieren.[2]

Vielfach beschränkte sich die Kulturgeschichtsschreibung daher auf die bloße Identifikation historisch voneinander abgrenzbarer Kunstepochen und versuchte bestenfalls Gesetzmäßigkeiten in der Abfolge derselben zu finden[3].

Weniger ambitiös und spekulativ, dafür aber näher an soziologischen Tatsachen orientiert, agiert die kunstsoziologische Perspektive. Sie liefert Befunde über gesellschaftliche Faktoren, die das System[4] Kunst beeinflussen, indem sie das Beziehungsgefüge innerhalb dieses Systems verändern. So identifiziert Gerhardt Kapner[5] historische, gesellschaftlich induzierte Schwerpunktverlagerungen im Beziehungsgefüge von Auftraggeber, Künstler, Vermittler und Rezipient, die u.a. Veränderungen des Werkcharakters, der Rezeptionsweisen und damit letztlich auch dessen, was unter Kunst zu verstehen ist, bewirken:

"Durch diesen Wandel ändern sich nicht bloß Stile von Kunst, sondern es wechselt das, was – zumindest im Nachhinein und auch da noch inadäquat – überhaupt jeweils als Kunst bezeichnet werden kann."[6]

Ähnlich argumentiert Gerhard Leithäuser, wenn er z.B. feststellt, dass "Kultgegenstände und Herrschaftsembleme (...) gewissermaßen posthum in der bürgerlichen Gesellschaft über ihre Integration in den entwickelten Kunstmarkt in den Rang von Kunstwerken erhoben (...) würden, obwohl uns ihr gesellschaftlicher Entstehungszusammenhang nur noch in Ausnahmefällen zugänglich ist."[7] Und vor diesem Hintergrund erscheint die Anmerkung Claus Grimms, dass die Kategorie Kunst für jene historisch-soziologischen Phänomene, die vor den letzten 200

---

2 Vgl. dazu Rohbeck 2000, Daniel 2001.
3 Z.B. Sorokin 1953.
4 Ich verwende die Begriffe 'System Kunst', 'Institution Kunst' bzw. 'künstlerisches Feld' weitgehend synonym, wohl wissend, dass diese unterschiedlichen theoretische Ansätze ensprechen. Im Rahmen der vorliegenden Arbeit, in der es ja nicht um einen Vergleich der Brauchbarkeit dieser Ansätze geht, scheint mir aber das Gemeinsame bedeutsamer als das Trennende zu sein: nämlich die Benennung eines Beziehungsgefüges von Akteuren, die mit 'Kunst' bzw. 'Kulturschaffen' zu tun haben.
5 Kapner 1987, 1991.
6 Kapner 1987: 87.
7 Leithäuser 1978: 22f.

Jahren entstanden sind, "nicht mehr und nicht weniger angemessen (wäre), wie der Demokratiebegriff zur Aufhellung des Investiturstreits oder der Machtkämpfe der Adelsparteien im Absolutismus."[8] nur auf den ersten Blick pointiert.

Und spätestens seit der breiteren Rezeption der kunst- und kultursoziologischen Analysen Pierre Bourdieus[9], aber auch im Anschluss an zahlreiche Arbeiten, die im Rahmen der Cultural Studies[10] oder des 'Production of Culture'-Ansatzes[11] entstanden sind, sowie einschlägigen eher sozialphilosophisch ausgerichteten Beiträgen aus dem Umfeld des Poststrukturalismus bzw. der Postmoderne[12] ist klar, dass die Konzeption von 'Kunstsoziologie' im traditionellen Sinne genauso wenig aufrechtzuhalten ist wie die (hegemoniale) Konzeption des traditionellen, also des bürgerlichen Kunstbegriffs, der sich erst im 18. Jahrhundert durchzusetzen begonnen hat, und der durch Produktorientierung (Originalität, universelle Gültigkeit des 'Werks'), durch Medien der Vermittlung, die lebendige Teilhabe abverlangen (Konzert-Opernhäuser, Theater, Museen, Buchlektüre), sowie durch kontemplative Rezeptionshaltung charakterisierbar ist und der gerne mit dem Geniebegriff und Hochkultur assoziiert wird. Es gilt mittlerweile als zumindest soziologische Selbstverständlichkeit, davon auszugehen, dass 'Kunst' ein Ergebnis gesellschaftlicher Auseinandersetzungen[13] bzw. – in der Begrifflichkeit der Cultural Studies – gesellschaftlicher Verhandlungen ist. D.h. alles und jedes kann als Kunst, als künstlerisch wertvoll angesehen werden, wenn sich nur eine gesellschaftliche Gruppierung findet, die imstande ist, u.d.h. die mächtig genug ist, eine entsprechende Werthaltung gesellschaftlich durchzusetzen, zu einer gesellschaftlich legitimen Werthaltung zu machen.[14]

---

8   Grimm 1979: 551.
9   Vor allem Bourdieu 1982 und 2001, vgl. auch Gebauer/Wulf 1993.
10 Z.B. Willis 1991, Fiske 1989, Grossberg 2000.
11 Z.B. Peterson 1994, einen Überblick gibt Gebesmair 2001.
12 Z.B. Welsch 1993.
13 Vgl. dazu z.B. Zembylas 1997.
14 Vor diesem Hintergrund wäre es vermutlich auch besser, von einer Soziologie der Ästhetik, also einer Soziologie, die sich mit den gesellschaftlichen Bestimmungsfaktoren der sinnlichen Wahrnehmung befasst, zu sprechen, als von Kunstsoziologie. Im Rahmen einer solchen Soziologie der Ästhetik wäre dann sinnliche Wahrnehmung, die gemäss den Bestimmungsfaktoren des traditionellen Kunstbegriffs funktioniert (d.h.: bestimmte Funktionen erfüllt), nur eine Form der sinnlichen Wahrnehmung unter vielen anderen, ebenfalls im Kontext einer Soziologie der Ästhetik zu behandelnden Erscheinungsformen sinnlicher Wahrnehmung (also z.B. auch von Populärkultur, von Volkskultur, von Kitsch, von Werbung, von Design etc.).

Es muss also davon ausgegangen werden, dass das traditionelle Verständnis von Kunst, wie es auch heute noch in weiten Teilen des einschlägigen Wissenschaftsbereichs Gültigkeit beansprucht, nur einen bestimmten historisch und soziokulturell angebbaren Ausschnitt des Kulturschaffens meint – nämlich die 'bürgerlich autonome' Kunst[15]. Alle anderen Formen des Kulturschaffens werden an deren ästhetischen und ideologischen Maßstäben gemessen, von ihr vereinnahmt (wie manche vorbürgerliche Formen der sakralen Kunst oder der Repräsentationskunst) oder gemäß ihrer Definitionsmacht zur Nicht-Kunst erklärt (wie etwa weite Teile der Volkskunst oder der Populärkultur, wie Trivialkunst oder Kitsch).

Aus dem hier vertretenen Blickwinkel der soziologischen Befassung mit Kunst ist die Frage, was denn nun 'wirklich' Kunst sei und was nicht, vollkommen irrelevant. Eine Definition von Kunstsoziologie, die von einem so verstandenen allgemeinen Kunstbegriff und nicht von einem bestimmten, nämlich bürgerlichen Kunstbegriff ausgeht, könnte folgendermaßen lauten:

Kunstsoziologie beschäftigt sich mit der gesellschaftlichen und historischen Formbestimmung von Kunst, sie geht also der Frage nach, welche Phänomene in einer gegebenen Gesellschaft zu einem gegebenen historischen Zeitpunkt von bestimmten, angebbaren Teilkulturen bzw. Gruppierungen dieser Gesellschaft als 'Kunst' angesehen werden, wie der jeweils spezifische Umgang mit diesen Phänomenen formell und informell geregelt ist und warum dies so ist – also nach den Funktionen der als Kunst definierten Phänomene. Und sie fragt im Falle der Veränderungen dieser gesellschaftlichen Umgangsweisen und Funktionsbestimmungen von Kunst nach den Faktoren, die diese Veränderungen bewirken, seien sie sozialer, wirtschaftlicher, politischer, ideologischer oder eben auch medialer, technischer Art.

Im Rahmen der vorliegenden Arbeit wird vor allem versucht, die Hypothese zu überprüfen, ob denn nicht möglicherweise die Nichtbeachtung der 'Medien' den Blick auf die Transformationen des Kunstbegriffs erschwert, oder – anders formuliert – ob denn nicht eine systematische, u.d.h. theoretisch wie empirisch fundierte Einbeziehung der Medien – als grundlegende Dimension jeglicher künstlerisch/kulturellen Kommunikation – einen klareren Blick auf die Transformationen des Kunstbegriffs ermöglichen würde? Damit eng in Verbindung wäre dann eine weitere Hypothese zur Diskussion zu stellen, nämlich die, dass jede Veränderung der Medien bzw. der Kommunikationstechnologien auch eine Veränderung der 'Kunst' bzw. des Kulturschaffens mit sich brin-

---

15 Zum Autonomiebegriff vgl. z.B. Bürger 1974 oder Müller u.a. 1974.

gen. Gibt es eine mediale Formbestimmung des Kulturschaffens, und wenn ja, mit welchen Kategorien ist sie beschreibbar und welchen Gesetzmäßigkeiten folgt sie?

Enzensberger formulierte bereits 1970 den bemerkenswerten Satz: "Was bisher Kunst hieß, ist in einem strikt hegelianischen Sinn durch die Medien und in ihnen aufgehoben." Und er meint weiter: "Für die ästhetische Theorie bedeutet das die Notwendigkeit eines durchgreifenden Wechsels der Perspektive. Statt die Produktion der neuen Medien unter dem Gesichtspunkt älterer Produktionsweisen zu betrachten, muss sie umgekehrt das, was mit den hergebrachten 'künstlerischen' Medien hervorgebracht wird, von den heutigen Produktionsbedingungen her analysieren."[16]

Ähnlich argumentiert Eco, allerdings nicht auf die Kunst, sondern auf die Kultur bezogen, wenn er feststellt, "dass jede Veränderung der kulturellen Werkzeuge in der Menschheitsgeschichte eine tiefreichende Krise des überkommenen oder geltenden 'Kulturmodells' auslöst. (...) Die Erfindung der Schrift (...) ist dafür ein Beispiel, die der Druckerpresse oder der audiovisuellen Medien ein anderes. Wer die Druckerpresse nach den Kriterien einer auf mündliche oder visuelle Verständigung gegründeten Kultur bewertet, verhält sich, historisch und anthropologisch, kurzsichtig."[17] Und man könnte ergänzen: dasselbe gilt, wenn man die elektronischen Medien nach den Kriterien einer Schriftkultur bewertet. Beide Autoren stellen aber fest, dass die von ihnen geforderte Sichtweise nicht oder nur in Ansätzen – Eco verweist auf McLuhan – beobachtbar ist.

Zwischenbilanz:

Wenn in der gegenwärtigen Situation von 'Kunst' die Rede sein soll, ist aus sozialwissenschaftlicher Sicht eine unkritische Übernahme des traditionellen Verständnisses von Kunst nicht zu rechtfertigen, vielmehr ist der Begriff möglichst offen zu halten um etwaige, heute noch nicht klar erkennbare Erweiterungen desselben gegebenenfalls integrieren zu können. Um dem in den folgenden Ausführungen auch terminologisch Rechnung zu tragen, soll vor allem vom 'Kulturschaffen', von den 'Strukturen des Kulturschaffens', wenn es um den Bereich der Produktion geht, bzw. von 'künstlerisch-kultureller Kommunikation' oder von 'kultureller Kommunikation' die Rede sein, wenn es um die bereiche der Distribution und Rezeption geht. Der Gebrauch des 'Kunst-Begriffs' dagegen soll, so gut es geht, vermieden werden.

---

16 Enzensberger 1970: 179.
17 Eco 1984: 38.

Zur weiteren Vorgangsweise

Um eine Klärung möglicher Veränderungen des Kunstbegriffs leisten und damit die Situation des Kulturschaffens, wie sie sich gegenwärtig darstellt, analysieren zu können, ist es u.a. notwendig, das Verhältnis des Kulturschaffens zu den Kommunikationstechnologien zu untersuchen. Dazu bedarf es einer Theorie der Medien, die imstande ist, nicht nur die aktuellen, auffälligen Einflüsse der gerade neuesten Medien auf das Kulturschaffen zu erfassen, sondern gefragt ist eine Theorie, die jegliches Kulturschaffen zu den ihm zugrunde liegenden Kommunikationstechnologien in Beziehung zu setzen vermag. Eine solche 'Medientheorie' müsste also nicht nur auf Massenmedien, sondern auf jegliche Medien, und weiter, nicht nur auf künstlerische Kommunikation, sondern in letzter Konsequenz auf jegliche Kommunikation anwendbar sein. Nur so ist zu garantieren, dass bestimmte Erscheinungsformen nicht von vornherein aus der Analyse ausgeschlossen werden und etwaige Effekte von Transformationen unbeachtet bleiben.

Das Ziel, alle möglichen Erscheinungsformen künstlerisch/kultureller Kommunikationstechnologien zunächst theoretisch zu erfassen, um dann deren Einfluss auf das Kulturschaffen systematisch untersuchen zu können, legt weiters eine historische Perspektive nahe. Erst der Vergleich der Kommunikationstechnologien, die der bürgerlich-autonomen Kunst zugrunde liegen mit jenen, die 'vorbürgerliches' oder 'nachbürgerliches' Kulturschaffen ermöglicht haben oder ermöglichen, lässt Transformationen erkennbar werden.

3. Kapitel

Medientheoretische Begriffsbestimmungen

Medien

Im Gegensatz zu den Begriffsbestimmungen in Bezug auf 'Kunst' und 'Kulturschaffen' werden die Auseinandersetzungen mit dem Medien-Begriff tiefgreifender ausfallen, da ja einer der wesentlichen Ansprüche der vorliegenden Arbeit genau darin besteht, eine tragfähige 'Medientheorie' zu entwickeln, mit deren Hilfe dann z.B. die historische Formbestimmung von Kunst besser beschrieben werden kann.

Der Medien-Begriff findet vielfältige Verwendung und dementsprechend schillernd ist sein Bedeutungsspektrum[1]. Mit ihm werden 'Maschinen' und Verfahren, Institutionen der Kultur- und Bewusstseinsindustrie ebenso bezeichnet wie spezifische Arten von Kodes (das Medium Musik, das Medium Sprache). Werner Faulstich streicht einerseits die Bedeutung von 'Menschmedien'[2] in der Frühgeschichte gesellschaftlicher Kommunikation heraus, andererseits werden im Rahmen des Strukturfunktionalismus bzw. der Systemtheorie auch Phänomene wie Macht, Geld, Liebe etc. als Medien begriffen, und zwar als 'soziale Interaktionsmedien'[3] bzw. als 'symbolisch generierte Interaktionsmedien'[4]. Obwohl der Bedeutungsgehalt, der dem Medien-Begriff im Rahmen dieser Arbeit zugrunde liegen soll, schon mehrfach angesprochen worden ist, soll er hier nochmals verdeutlicht werden: Es handelt sich um die Kommunikationskanäle, -mittel und -techniken, also um die materiellen (physikalischen, chemischen) Grundlagen jeder Kommunikation, unabhängig von den institutionellen, soziokulturellen und politökonomischen Rahmenbedingungen und natürlich unabhängig von den Inhalten dieser Kommunikation.

Dieser gleichsam 'basale' Medien-Begriff kommt jenem, der in der Publizistik- und Kommunikationswissenschaft etwa von Harry Pross[5] verwendet wird, sehr nahe: Pross unterscheidet zwischen primären, sekundären und tertiären Medien, wobei unter primären Medien der

---

1 Vgl. z.B. Knilli 1979, Faulstich 1998, Schanze 2001.
2 Faulstich 1996, 1997, 1998, konkret fallen darunter Schamanen, Rhapsoden, Schauspieler, Druiden, Hofnarren, Bettelmönche, Sänger, Fahrende etc.
3 Parsons 1980.
4 Luhmann 1984.
5 Pross 1972.

menschliche Organismus und die von diesem unmittelbar und ohne Zuhilfenahme eines Geräts evozierten sinnlich wahrnehmbaren Ereignisse (z.B. die in Schwingung versetzte Luft beim Sprechen oder Singen) zu verstehen sind, d.h. der Körper wird als Medium verbaler und nonverbaler Äußerungen aufgefasst.

Sekundäre Medien sind jene Geräte und Techniken, die Menschen zur Mitteilung benutzen, wobei allerdings der Empfänger kein Gerät zur Dekodierung der Botschaft benötigt, es handelt sich also um alle Arten von grafischen Geräten, und zwar sowohl zur Anfertigung von bildlichen (ikonischen) wie von schriftlichen (symbolischen) Botschaften.

Und tertiäre Medien schließlich sind jene Geräte und Techniken, die Botschaften in einen sinnlich nicht unmittelbar wahrnehmbaren Kode transformieren und zu deren Rücktransformierung der Empfänger daher ebenfalls wieder ein Gerät benötigt – also alle Formen der elektronischen Medien, aber auch der Film.

Es geht bei diesem Verständnis des Medien-Begriffs also um eine rein technische Sichtweise und die zentrale Frage, die in der vorliegenden Arbeit im Hinblick auf das Kulturschaffen behandelt werden soll ist eben, ob und wenn ja, wie die spezifische innere Struktur eines jeweiligen Mediums Einfluss nimmt auf die soziokulturellen und politökonomischen Faktoren, die mit der gesellschaftlichen Anwendung eben dieses Mediums notwendig verbunden sind, Faktoren, die in manch anderen Konzeptionen des Medien-Begriffs in diesem bereits impliziert sind.

Ein auf den ersten Blick ähnliches Verständnis von 'Medien' liegt den in vieler Hinsicht von Harold Innis[6] inspirierten Arbeiten Marshall McLuhans zugrunde. Er versteht unter Medien "Erweiterungen bestimmter menschlicher Anlagen – seien sie psychisch oder physisch"[7]. Darunter kann zunächst einmal ganz sicher der materielle Aspekt – die Trägermaterialien und Kommunikationskanäle – und die Technologien zur Manipulation dieser Materialien und Kanäle – verstanden werden: geschriebene Zeichen erweitern das Gedächtnis, das graphische Gerät 'erweitert' den Finger, der Zeichen in ein Material prägt und die elektronische Signalübertragung erweitert die Reichweite der menschlichen Stimme – um einige Beispiele zu nennen. (Man könnte auch sagen, 'sekundäre' und 'tertiäre' Medien sind Erweiterungen des 'Primärmediums' menschlicher Organismus.)

Im Zusammenhang seiner Analysen, die in die These 'das Medium ist die Botschaft' münden, verwischt McLuhan allerdings die Unterschiede

---

6 Innis 1950, 1951.
7 McLuhan 1969: 26.

zwischen Kanal, Kode und Botschaft beim Gebrauch eines äußerst undifferenzierten Medien-Begriffs[8]. Letztlich wird jedes Phänomen, das McLuhan interessiert, zu einem Medium, sei es reine Technologie oder reines Gerät, sei es ein materiell nicht fassbarere Kode oder sei es die Struktur, die die Anwendung dieser Technologie im gesellschaftlichen Zusammenhang hervorruft. Klar wird dies spätestens dann, wenn er im Zusammenhang mit der Feststellung, "dass der Inhalt eines jeden Mediums stets ein anderes Medium, oder eine Kombination von anderen Medien" sei[9] als Beispiele u.a. anführt, dass das 'Denken' Inhalt der Medien 'Sprache', 'Gesang' sei oder das Medium 'Sprache' Inhalt des Mediums 'Schrift', aber auch, wenn er so unterschiedliche Phänomene wie die Kleidung, das elektrische Licht oder Geld als Medien diskutiert. Hier wird ganz offensichtlich Ungleiches gleichgesetzt, hier fehlt es an analytischen Differenzierungen. Eine solche Vorgangsweise wäre legitim, wenn diese verschiedenen Dimensionen eines Begriffs deutlich herausgearbeitet und differenziert behandelt werden, wie dies etwa Luhmann tut, wenn er das Verständigungsmedium 'Sprache' von 'Verbreitungsmedien' (Druck, AV-Medien) und symbolisch generalisierten Medien (Überzeugungsmedien wie Geld, Macht, Kunst, Liebe etc.) unterscheidet.[10]

Um solche Missverständnisse zu vermeiden, will ich daher anhand des Beispiels der verbalen Sprache versuchen, eine eindeutige Bestimmung des Medien-Begriffs – wie er in dieser Arbeit verwendet werden soll – vorzunehmen. Die Frage lautet also: welche Aspekte der Sprache können als mediale Aspekte im engeren Sinn verstanden werden, welche nicht und wie ist das Verhältnis medialer und nichtmedialer Aspekte der Sprache beschaffen.

Kodes und Kodierungen

Verbale Sprache ist sicherlich über verschiedene Kanäle transportierbar: in der Form der Rede über Luftschwingungen oder Radiowellen, in Form der Schrift über verschiedene grafische Medien (Handschrift, Druck, Bildschirmtext u.a.). Aber akustisch wahrnehmbare Rede ist nicht ident mit Sprache, ebenso wie ein beschriebenes Blatt Papier nicht Sprache ist. Sprache – wie wir sie hier verstehen wollen – ist vielmehr ein Regelsystem, ein Kode, mit dessen Hilfe wahrnehmbare Phänomene (wie Laute, Linien, Punkte etc.) nach ganz bestimmten

---

8 Vgl. dazu die Kritik Ecos 1984: 260f.
9 McLuhan 1978: 48f.
10 Vgl. Luhmann 1984: 216ff., in Bezug auf Kunst 1995: 165ff.

Regeln zueinander (qua Konventionen) in sinnvolle Beziehungen gesetzt werden.

Ich verwende den Kode-Begriff im Sinne des Semiotikers Ivan Bystrina[11], der Kodes als relativ invariante Regelsysteme für Informationsprozesse definiert. Ein Kode besteht demnach aus Elementen, Relationen zwischen diesen Elementen und aus Regeln, die diese Relationen festlegen. Elemente, Relationen und Regeln bilden ein System: das Regelsystem (bzw. den Kode). Entscheidend für die nähere Beschreibung eines Kodes ist in jedem Fall, welche Einheiten als 'Elemente' definiert werden. Damit lassen sich verschiedene Niveaus von Kodes bestimmen. Bezogen auf die für den Sinnesapparat kleinstmöglichen, gerade noch unterscheidbaren Einheiten (Töne, Formen, Farben, Bewegungen etc.) spricht Bystrina von Wahrnehmungskodes oder primären Kodes, bezogen auf sinnbehaftete Einheiten (Worte, Melodien, Bilder, Gesten etc.) spricht er von sprachlichen Kodes oder sekundären Kodes, bezogen auf ganze Texte als Einheiten ist die Rede von kulturellen Kodes oder tertiären Kodes. Im Folgenden werde ich diese Differenzierung, die bei eingehenderer Auseinandersetzung mit der Thematik von tragender Bedeutung ist, nicht weiter berücksichtigen, da dies den Rahmen der vorliegenden Arbeit sprengen würde[12].

Die verbale Sprache stellt den vermutlich bedeutendsten Kode dar, doch muss in jedem Fall festgehalten werden, dass der Kode-Begriff umfassender ist: Bilder (ikonische Kodes), Musik, aber auch Speisen, Architektur, Bekleidung, Design etc. und vor allem und nicht zuletzt die unmittelbaren Äußerungen des menschlichen Körpers sind durch Kodes geregelt, sofern sie Sinn transportieren sollen und wollen. Zu bemerken ist hier auch, dass im semiotischen Kontext die beiden Termini 'Kode' und 'Sprache' weitgehend synonym verwendet werden. Wenn also von Sprache im alltäglichen Verständnis die Rede ist, muss dies im vorliegenden Kontext als 'verbale Sprache' konkretisiert werden.

Aufgabe verbaler (aber natürlich auch anderer) Sprachen ist es, Gedanken und Gefühle kommunizierbar zu machen (auf die Einbeziehung anthropologischer bzw. sprach- und kommunikationsphilosophischer Literatur soll in diesem Zusammenhang verzichtet werden) u.d.h. sie so äußern zu können, dass sie sinnlich wahrnehmbar werden. Das Regelsystem Sprache muss also auf sinnlich wahrnehmbare Materialien einwirken, muss diese gemäß einem dem Kode entsprechenden Verfahren sinnvoll und sinngebend gestalten. Diese Materialien und

---

11 Bystrina 1983.
12 Ich habe mich an anderer Stelle am Beispiel der Musik eingehender mit dieser Differenzierung beschäftigt, vgl. dazu Smudits 1999.

Techniken nun sind die 'Medien': "Die Artikulation von Sinn bedarf, um informativen, mitteilbaren und erkennbaren Wert zu bekommen, der Objektivation in einem Medium."[13]

Kodes realisieren sich also in und mittels Medien. Allerdings ist die Wahl des Mediums mittels dessen ein Kode realisiert wird nicht ohne Bedeutung für die Botschaft. Denn jedes Medium, u.d.h. jedes Material, das einen Kode objektiviert und damit eine konkrete Botschaft (einen Text, eine Geste) erst sinnlich wahrnehmbar und damit mitteilbar macht, hat eine je spezifische innere Logik, die die Möglichkeiten und Grenzen der Mitteilbarkeit absteckt. Hierzu formuliert der Kommunikationssoziologe Henning Luther: "Intendierter Sinn kann somit niemals rein, sondern nur gebrochen durch die eigengesetzliche Struktur des jeweiligen Mediums in Erscheinung treten"[14]

Zwischen Kodes und Medien besteht also ganz offensichtlich ein dialektisches Verhältnis. Indem Kodes sich bestimmter Materialien bedienen, formen sie diese in mitteilbare Gesten oder Texte um, gleichzeitig müssen sich die Kodes der allgemeinen Beschaffenheit und den typischen Spezifika der jeweiligen Medien anpassen. Entsprechend den eingangs angeführten drei Typen von Medien lassen sich nun drei ebenso grundlegende Typen von 'Kodierungen' (bzw. von 'Dekodierungen') identifizieren:

- Beim primären Medium 'Körper' handelt es sich um unmittelbare, aktuell realisierbare physische oder vokale Ausdrucksformen, um 'lebendige' Kodierungen: die sprechende oder singende Stimme, Mimik, Gestik, Bewegungsabläufe etc. Wesentlich ist im Falle der 'lebendigen Kodierung' die Präsenz der an der Kommunikation teilhabenden Akteure.

- Sekundäre Medien oder ganz allgemein gesagt: 'grafische Medien' – jetzt noch unabhängig von den Möglichkeiten der Vervielfältigung gedacht – gehen einher mit 'grafischer Kodierung', wobei zu unterscheiden ist zwischen 'symbolischer grafischer Kodierung' (Schrift) und 'ikonischer grafischer Kodierung' (Bilder). Vor allem bei der 'symbolisch grafischen Kodierung' ist die Beherrschung des Kodes – die Kompetenz – von wesentlicher Bedeutung (während bei der ikonisch- grafischen Kodierung noch eher der Präsenz zentrale Bedeutung zukommt – auf eine detailliertere Auseinandersetzung mit dieser Problematik gehe ich hier nicht ein).

---

13 Luther 1973: 33.
14 Ebenda.

- Tertiären Medien entspricht eine 'technische Kodierung', wobei es sich heutzutage überwiegend um eine 'elektronische Kodierung' handelt. Während 'lebendige' und 'grafische Kodierungen' im Bereich sinnlicher Wahrnehmung stattfinden, wird nun die Botschaft in einen für unsere Sinne nicht wahrnehmbaren – elektronischen – Kode übersetzt und zum Zweck der Rezeption rückübersetzt. Wichtig wird nunmehr also die zur Kodierung und Dekodierung nötige technische Apparatur.

Versucht man nun die wesentlichen Voraussetzungen der drei Grundformen von Kodierung und Dekodierung zu identifizieren, so ist dies

- im Falle der lebendigen Kodierung
  (und z.T. bei der ikonisch grafischen Kodierung)
  - die Präsenz
- im Falle der (symbolisch) grafischen Kodierung
  - die Kompetenz
- im Falle der technischen Kodierung
  - die technische Apparatur.

Natürlich bedarf es bei der lebendigen Kodierung oder der ikonisch grafischen Kodierung auch kommunikativer Kompetenzen, und im Falle der symbolisch grafischen Kodierung auch der Präsenz (d.h. der tatsächlichen Verfügbarkeit von Büchern, Zeitungen usw.). Auch bei der technischen Kodierung bedarf es spezifischer Kompetenzen und der Präsenz – vor allem bei Übertragungsmedien. Doch charakteristische Voraussetzungen sind die oben genannten. Man könnte auch formulieren: lebendige Kodierung und ikonisch grafische Kodierung sind präsenzintensiv, symbolisch grafische Kodierung ist kompetenzintensiv und technische Kodierung ist technikintensiv.

Kommunikationstechnologien und Texte

Die Verbindung zwischen Kodes und Medien wird mittels bestimmter, den jeweils spezifischen Kodes und Medien angepassten und sich historisch verändernden Verfahrensweisen hergestellt. Diese Verfahrensweisen wollen wir als Kommunikationstechnologien bezeichnen. Was die Techniksoziologen Bungard/Lenk ganz allgemein für technische Systeme formulieren gilt auch für Kommunikationstechnologien: Sie "ermöglichen, konstituieren und begrenzen soziale Verhaltensweisen, vergegenständlichen gleichsam kulturelle und soziale Prozesse, verfestigen diese überindividuell in Systemen, institutionalisieren sie gleichsam Handlungsträgern."[15]

Im Terminus 'Kommunikationstechnologie' ist also sowohl die materiell fassbare, 'mediale' wie die immateriell strukturierende, 'kodierende' Grundlage jeder Kommunikation enthalten. Weiterentwicklungen im Bereich der Kommunikationstechnologien bestehen darin, dass sich bestimmte Aspekte der Kodes vergegenständlichen – sei es im Gerät, sei es im Material – und die Anwendung der Kodes aufs Material damit standardisiert, rationalisiert wird. Ein Beispiel dafür im Bereich des Kodes 'verbale Sprache' stellt etwa die Erfindung der phonetischen Schrift – des Alphabets – dar. Hier handelt es sich um einen technischen Fortschritt beim Umgang mit Schriftzeichen insofern, als ein beinahe unendliches Reservoir von verschiedenen symbolischen (Wort-)Zeichen – wie es etwa heute noch in der traditionellen chinesischen Schrift existiert – auf 20 bis 30 Lautzeichen reduziert wird, mit deren Hilfe nun unendlich viele Worte gebildet werden können. (Es muss nicht betont werden, dass im Zusammenhang dieses Fortschritts natürlich auch Qualitäten alter Kommunikationstechnologien verloren gehen, die vermutlich erste diesbezüglich überlieferte Kritik findet sich bei Platon[16]).

Die sinnlich wahrnehmbaren Ergebnisse der Verbindung von Kodes und Medien mittels Kommunikationstechnologien stellen jeweils konkrete 'Gesten' (im Sinne von Herbert Mead[17]) oder 'Texte' dar. Während sich eine 'Geste' im Vollzug erschöpft, also nur im Falle der Primärmedien auftreten kann (lebendige Darbietung) handelt es sich bei einem Text um "jene bestimmte mediale Verobjektivierung einer kommunikativen Aussage (bzw. eines Sinnzusammenhangs), die von einer konkreten Kommunikationssituation unabhängig geworden ist bzw. gar nicht erst in Beziehung auf eine solche bestimmte Situation hin konzipiert wurde.(...) Texte können sowohl materiell (Schriftstücke, Tonbandaufzeichnungen, Filme, Bilder etc.) als auch immateriell sein (bestimmte idiomatische Redewendungen, zeremonielle Gestik, Handlungsriten etc.)."[18]

Es handelt sich also um ein umfassendes Verständnis von Texten und nicht um ein auf schriftliche Texte beschränktes. Umgekehrt bezeichnen 'Gesten' nicht bloß körpersprachliche Äußerungen, sondern auch verbalsprachliche (Mead verwendet hier den Begriff der 'vokalen Ge-

---

15 Bungard/Lenk 1988: 11f.
16 Vgl. Platon 1957: 274c-278b.
17 Mead 1934.
18 Luther 1973: 37.

ste'). Wesentlich ist, dass 'Texte' sinnlich wahrnehmbar, empirisch beobachtbar sind, denn die Analyse kann nur bei den beobachtbaren Phänomenen ansetzen, bei den Medien – den Kanälen und Geräten – und bei den Verfahrensweisen – den Kommunikationstechnologien – einerseits sowie bei Texten und Gesten andererseits. Gesten können Inhalt von Texten werden – das ist z.B. bei beinahe allen Formen der Ton- und Bildaufzeichnung der Fall. Die systematische Analyse von Gesten allerdings setzt die Protokollierung derselben, also deren Transformation in Texte voraus. Erst aus dem Vergleich von Texten können Kodes, die ja nur in den Köpfen von Menschen existieren, rekonstruiert werden. Und erst durch den Vergleich von Texten, die die Vermittlung desselben Sinns, aber unter Zuhilfenahme verschiedener Medien intendieren, kann der Grad der medialen Formbestimmung jeder Kommunikation abgeleitet werden.

Bestimmte Textsorten können sich durch ihre dominante Rolle in bestimmten historischen Etappen des Prozesses gesellschaftlicher Kommunikation soweit verselbständigen, dass sie selbst wiederum formbestimmend auf die Kommunikation wirken (und damit gemeinhin ebenfalls als Medien bezeichnet werden), z.B. der Brief, das Buch, die Zeitung etc. Diese Phänomene können als 'Mediengattungen' bezeichnet werden.

Darstellung 1

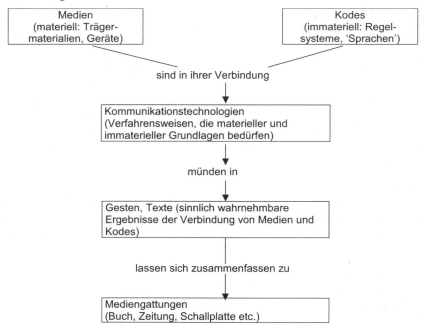

Die Schwierigkeit bei der Schaffung begrifflicher Klarheit besteht vor allem darin, den wesentlichen Unterschied, der zwischen den Kodes (Regelsystemen, z.B. 'verbale Sprache'),den Medien (Trägermaterialien, z.B. Schallwellen, Papier etc.) den Kommunikationstechnologien zur Herstellung von Gesten oder Texten (z.B. Rede, Schrift, Druck etc.) und den 'Mediengattungen' (z.B. Brief, Buch, Zeitung etc.), die ja eigentlich Textsorten darstellen, immer im Auge zu behalten. Eine begrifflich saubere Trennung ist allerdings vermutlich auch bei präzisesten Definitionen kaum durchzuhalten.

Der hier vorgeschlagene Medien-Begriff meint also im engeren Sinn nur die materiell-technischen Grundlagen der Kommunikation, beinhaltet aber die aus diesen Grundlagen ableitbaren formbestimmenden Einflüsse der Kommunikationstechnologien. Der Einfluss dominanter Textsorten, von Mediengattungen also, ist mittelbar ebenfalls als Funktion der Kommunikationstechnologien anzusehen, sodass, wenn dieser Zusammenhang bewusst ist, eine strikte Trennung nicht unabdingbar erscheint.

Um nochmals auf das Beispiel der verbalen Sprache zurückzukommen: sie ist ein Kode, also ein Regelsystem, bei dem unterschiedliche Ausprägungsformen syntaktischer, semantischer und pragmatischer Art unterschiedliche Erscheinungsformen (französisch, englisch, aber auch Dialekte etc.) ermöglichen. Der Kode 'verbale Sprache' ist als solcher nur in den Köpfen der Menschen existent und daher sinnlich nicht wahrnehmbar (auf den Stellenwert neurophysiologischer Prozesse in diesem Kontext möchte ich hier nicht eingehen). Insofern hat die Sprache mit Denken zu tun – Sprache regelt die Gedanken. Sprache wird aber erst sinnlich wahrnehmbar und damit zur Grundlage der Kommunikation, wenn sie sich medial objektiviert. Die Medien, über die Sprache sich realisiert sind Trägermaterialien oder Geräte, wie z.B. die Sprechorgane des Menschen und die von diesen in Schwingungen versetzbare Luft (primäre Medien), Papier und Schreibmaterial, Schreibmaschinen, Druckerpressen (sekundäre Medien), Radiowellen, Tonaufzeichnungsgeräte (tertiäre Medien). Und die sinnlich wahrnehmbaren Ergebnisse des Zusammenwirkens von sprachlichen Kodes und Medien bzw. Kommunikationstechnologien sind vokale Gesten ('Rede') oder Texte bzw. Mediengattungen (beschriebenes, bedrucktes Papier; Bücher, Zeitungen etc.).

<u>Kodes 'bedienen' sich also der Medien und formen diese gemäß ihren Regeln. Umgekehrt begrenzen oder erweitern aber jeweils spezifische Medien die Möglichkeiten von Kodes sich in Texten zu realisieren. Konkret-historische Medien wirken somit kraft ihrer jeweils eigengesetzlichen Struktur auf die Kodes zurück, indem sie die Potentiale der</u>

selben fördern, entfalten oder hemmen. Indem die Medien den Kodes Grenzen setzen, bestimmte Kodes zulassen, in den Vordergrund stellen, andere zurückdrängen, ja verdrängen, beeinflussen sie letztlich das Denken.

Dies ist die wesentliche These McLuhans. Er überbetont allerdings den Einfluss der Medien auf die individuellen und gesellschaftlichen Wahrnehmungs- und Denkweisen genauso, wie er die soziokulturelle und politökonomische Bestimmtheit der Medien ignoriert. Für McLuhan fallen die Medien 'vom Himmel' und verändern gleich einer Naturgewalt das Denken und Fühlen der Menschen. Er vertritt damit genau jene technikphilosophische Position, der gemäß die technische Entwicklung als eine von gesellschaftlichen Faktoren unabhängige Variable anzusehen ist. Indem er behauptet, dass die Medien die Wahrnehmungs- und Denkmuster determinieren und gesellschaftliche Veränderungen als Folgen dieser von den Medien induzierten Veränderungen im Bereich des Denkens angesehen werden, ist McLuhans Ansatz tendenziell idealistisch. Andererseits ist der Kerngedanke, dass die Medien das Denken prägen, im Gegensatz dazu höchst materialistisch, ja mechanistisch: hier bestimmt die materielle Basis – der Kommunikation – eindeutig den Überbau – das Bewusstsein. Diese zentrale These, die im Zusammenhang anderer Theorien zum Prozess gesellschaftlicher Kommunikation in dieser eindeutigen Formulierung nie so auftaucht, mag als Anregung dienen, den Prozess gesellschaftlicher Kommunikation in seinem Wandel nicht als bloßen Reflex politökonomisch determinierter gesellschaftlicher Verhältnisse und deren Veränderungen anzusehen, sondern die mögliche Eigendynamik bestimmter Aspekte dieses Prozesses zu analysieren.

Eine Perspektive, die die Kernthese McLuhans mit den politökonomischen Faktoren gesellschaftlicher Entwicklung naheliegenderweise verbindet ist jene, die Medien als Produktionsmittel (und Kommunikationstechnologien als Produktivkräfte) zu begreifen – denn nichts anderes tut McLuhan eigentlich, ohne allerdings jemals wirklich politökonomisch konsequent zu werden.[19]

Hierzu finden sich aus dem Bereich der Publizistik- und Kommunikationswissenschaft bzw. aus dem Bereich der Kommunikationssoziologie nur vereinzelte Ansätze[20]. Zumeist werden die Kommunikations-

---

19 McLuhan beschäftigt sich intensiv mit der Wirkkraft neuer Kommunikationstechnologien, vor allem des Buchdrucks und des Fernsehens, auf die Wahrnehmung, auf das Denken oder auf das 'Weltbild' der Menschen, auf damit im Zusammenhang stehende unterschiedliche gesellschaftliche Interessen, auf wirtschaftliche oder politische Konsequenzen geht er bestenfalls am Rande ein.
20 Z.B. Hund/Kirchhoff-Hund 1980.

technologien und insbesondere die Massenmedien – also eher bestimmte Mediengattungen – als Reflex der kapitalistischen Produktionsweise und damit als von dieser politökonomisch formbestimmt analysiert bzw. kritisiert[21]. Die Analyse der Kommunikationstechnologien als Produktivkräfte, die zwar in eine historisch-konkrete Produktionsweise eingebunden sind, aber dennoch eine über ihre spezifische Funktion hinausgehende Eigendynamik entwickeln können, findet man kaum, was für ein gewisses Widerstreben spricht, Kategorien, die für die Analyse der materiellen Produktion entwickelt worden sind, auf Bereiche, die gemeinhin dem Überbau zugerechnet werden, anzuwenden. Ich komme auf diese Problematik im nächsten Kapitel zurück.

Mediamorphosen: die Verbindung von sozialem und medialem Wandel

Eine brauchbare 'Medientheorie' muss nicht nur imstande sein, die Bedeutung von 'Medien' in einer gegebene Gesellschaft zu erklären, sondern sie muss auch imstande sein, Veränderungen der Gesellschaft in Beziehung zu den jeweils existierenden Kommunikationstechnologien bzw. umgekehrt, neue Kommunikationstechnologien in Beziehung zur gesellschaftlichen Entwicklung setzen zu können. <u>Ein Ansatz, bei dem sozialer Wandel und historisch neu auftretende Medien gleichermaßen berücksichtigt werden, der also die mediale Formbestimmung der Kommunikation (und des Bewusstseins) mit der politökonomischen Formbestimmung verbindet, könnte etwa folgender Argumentation folgen: Ab einem gewissen Zeitpunkt ihrer gesellschaftlichen Verbreitung bzw. ihrer historischen Durchsetzung schaffen sich neue Kommunikationstechnologien einen ihren eigengesetzlichen Strukturen angemessenen institutionellen Rahmen, wobei dieser institutionelle Rahmen (ökonomisch, politisch, rechtlich, sozial und kulturell) aber gleichermaßen von den gesamten politökonomischen Rahmenbedingungen – der herrschenden Produktionsweise – mitbestimmt wird.</u>

<u>Ich will also davon ausgehen, dass in einer gegebenen Gesellschaft die Kommunikation im Allgemeinen bzw. die kulturelle Kommunikation im Besonderen doppelt bestimmt ist: einmal durch die politökonomischen und ideologischen Rahmenbedingungen und ein zweites Mal durch die eigengesetzliche Struktur der jeweils existierenden Kommunikationstechnologien.</u>

Veränderungen im Bereich gesellschaftlicher und kultureller Kommunikation, die eher im Zusammenhang mit dem gesamtgesellschaftlichen

---

21 Z.B. Holzer 1976.

Wandel, den Veränderungen der politökonomischen und ideologischen Rahmenbedingungen zu sehen sind, sollen als Transformationen bezeichnet werden. Ein nicht unbeträchtlicher Teil dieser Transformationen wird aber von den eigengesetzlichen Strukturen, die den jeweiligen Kommunikationstechnologien anhaften, bewirkt. Diesen Aspekt einer Transformation kultureller Kommunikation, der also von den technischen Innovationen im Bereich der Medien getragen wird, soll daher gesondert als 'Mediamorphose' bezeichnet werden.

Dieses Konzept wurde von Kurt Blaukopf und mir gegen Ende der 1980er Jahre entwickelt [22] und in verschiedenen Publikationen vorgestellt[23]. Ganz offensichtlich unabhängig davon gelangte der US-amerikanische Kommunikationswissenschaftler Roger Fidler Mitte der 1990er Jahre ebenfalls zum Begriff der 'Mediamorphose': in dem Buch mit dem Titel 'Mediamorphoses. Understanding New Media' definiert er Mediamorphose als

„The transformation of communication media, usually brought about by the complex interplay of perceived needs, competitive and political pressures, and social and technological innovations."[24]

Er geht also davon aus, dass es sich bei Mediamorphosen um äußerst komplexe Entwicklungszusammenhänge handelt, ein Gedanke, der nur zu unterstreichen ist.

Doch zurück zum hier verwendeten Mediamorphosen-Begriff und seinen konkreten historischen Erscheinungsformen. Ohne an dieser Stelle schon allzu sehr ins Detail gehen zu können, können grosso modo folgende wesentliche Transformationen der gesellschaftlichen und kulturellen Kommunikation bzw. Mediamorphosen identifiziert werden:

– Die 'schriftliche Mediamorphose', die man auch als 'erste grafische Mediamorphose' bezeichnen könnte und die vor allem mit der Erfindung der Schriftzeichen einhergeht (Auf den Aspekt der ikonisch grafischen Kodierung, von der Höhlenmalerei 'aufwärts', gehe ich später näher ein).

– Die (zweite) 'graphische Mediamorphose', die sich mit der Erfindung des Buchdrucks markieren lässt und in deren Zuge die grafische Kodierung erst tatsächlich eine umfassendere gesellschaftliche Verbreitung findet. Bezogen auf die Kodierungsform befördert die grafische Mediamorphose das Entstehen einer kompetenzintensiven (Schreib- und Lese-) Kultur.

---

22 Näheres zur Entstehungsgeschichte findet sich in Smudits 2000.
23 Vgl. Blaukopf 1989, Smudits 1988, 1998b.
24 Fidler 1997: 22.

– Die erste technische, die 'chemisch-mechanische Mediamorphose'; die mit der Erfindung der Fotografie, des Grammophons, sowie in weiterer Folge des Films einsetzt. Diese Mediamorphose bringt die erste Form der technischen Kodierung mit sich und stellt damit einen radikalen Einschnitt in der Entwicklung der Kommunikationstechnologien dar.

– Die zweite technische, die 'elektronische Mediamorphose', die die technische Kodierung vorantreibt und in deren Zuge alle Arten von Ton- und/oder Bildaufzeichnung und/oder -übertragung möglich werden, bewirkt das Entstehen einer technikintensiven Kommunikationskultur. Es besteht zunehmend die Tendenz, alle anderen Formen der Kodierung, die grafischen ebenso wie die lebendigen der technischen Kodierung zugänglich zu machen, also in elektronische Kodes zu übersetzen.

– Zuletzt ist die dritte technische, nämlich die 'digitale Mediamorphose' zu nennen, die mit der Erfindung des Computers ihren Anfang nahm und deren Auswirkungen zum gegenwärtigen Zeitpunkt noch gar nicht abschätzbar sind.

Im Unterschied dazu identifiziert – wie schon erwähnt – Roger Fidler drei große Mediamorphosen[25]: die erste Mediamorphose, die mit der Entwicklung der verbalen Sprache (spoken language) einsetzt und an deren Endpunkt also der sprachfähige Mensch steht, die zweite Mediamorphose, die mit der Erfindung der Schrift einsetzt (written language) und an deren Ende Buchdruck und Presse stehen und die dritte Mediamorphose, die mit der Elektrifizierung einsetzt und an deren Ende (?) die digitalisierten Medien (digital language) – Computernetzwerke und virtuelle Realitäten – stehen. Allerdings misst er – im Gegensatz zum hier verstandenen Mediamorphosen-Begriff – dem Buchdruck und der 'Elektronisierung' nicht jene Bedeutung zu, die es rechtfertigen würde, diese Entwicklungsschübe als eigenständige Mediamorphosen zu bezeichnen. Hier mag das unterschiedliche Erkenntnisinteresse eine mögliche Begründung sein: denn Fidler geht es 1) vor allem um die digitale Mediamorphose und 2) um die Rolle der Kommunikationsmedien im gesamten gesellschaftlichen Zusammenhang, während in der vorliegenden Arbeit das zentrale Augenmerk auf das Kulturschaffen gelegt ist und hier gerade zur digitalen Mediamorphose nur vorsichtige Hypothesen formuliert werden. Für eine weiterreichende Beschäftigung mit der Digitalisierung könnte allerdings Fidlers Buch ertragreich sei.

---

25 Vgl. Fidler 1997: 53ff.

In Bezug auf die hier identifizierten Mediamorphosen kann festgehalten werden, dass eine Form der Kodierung jeweils mehrere Mediamorphosen 'durchmachen' kann und dass sie auch von Mediamorphosen, die eigentlich eine andere Kodierungsform betreffen, beeinflusst werden kann. So wurde die grafische Kodierung etwa durch die Erfindung der Schrift ermöglicht, durch die Erfindung des Alphabets rationalisiert, durch den Buchdruck (und im weiteren durch die Rotationspresse) weiterentwickelt, um schließlich im Zuge der elektronischen Mediamorphose (Textverarbeitung) erneut eine Veränderung zu erfahren.

Es muss nicht besonders betont werden, dass die 'Herauslösung' des Phänomens 'Mediamorphose' aus dem Gesamtprozess kultureller Transformationen idealtypisch zu verstehen ist und dass also Mediamorphosen nie in 'Reinkultur' – unabhängig von gesamtgesellschaftlichen Prozessen – zu beobachten sein werden.

Denn wenn man davon ausgeht, dass der Einsatz neuer Kommunikationstechnologien nicht gleich einer Naturgewalt erfolgt, sondern ein gesellschaftliches Projekt darstellt, dann wird auch einsichtig, dass nur mit der jeweils gegebenen gesellschaftlichen Produktionsweise zumindest in Ansätzen kompatible Kommunikationstechnologien überhaupt erst die Chance auf eine entsprechende Verbreitung erhalten, dass hier also eine erneute politökonomische Formbestimmung der Medien in Betracht zu ziehen ist: <u>Mediamorphosen sind sowohl Funktionen als auch Initiatoren gesamtgesellschaftlicher Veränderungen.</u>

Die gesonderte Betrachtung erfolgt aber aus einem gutem Grund: Denn bezüglich der durch die neuen Kommunikationstechnologien bewirkten oder zu erwartenden Veränderungen der kulturellen Kommunikation existiert ein Rest von Unabwägbarkeiten, der aus den, bei ihrer Einführung z.T. noch weitgehend unbekannten eigengesetzlichen Strukturen der neuen Kommunikationstechnologien herrührt. Diese Unabwägbarkeit kann zu einer neuen Qualität der Stabilisierung herrschender gesellschaftlicher Produktionsverhältnisse ebenso führen wie zu deren Aufweichung.

Dem durch die eigengesetzliche Struktur der Medien mitverursachten Anteil der Formbestimmung des Prozesses gesellschaftlicher Kommunikation soll in den vorliegenden Überlegungen gezielt Beachtung geschenkt werden. Dies vor allem deshalb, weil es um das Kulturschaffen und dessen Verhältnis zur allgemeinen gesellschaftlichen Entwicklung geht und weil dieses Verhältnis ganz besonderen Gesetzmäßigkeiten unterliegen dürfte. In der Einleitung der 'Grundrisse' notiert Karl Marx zum Verhältnis von Kunst und Gesellschaft: "Bei der Kunst bekannt, dass bestimmte Blütezeiten derselben keineswegs im Verhältnis zur allgemeinen Entwicklung der Gesellschaft also auch der materiellen Grundlage, gleichsam des Knochenmarks ihrer Organisation, stehen. (...) Die Schwierigkeit besteht nur in der allgemeinen Fassung dieser Widersprüche. Sobald sie spezifiziert werden, sind sie schon erklärt."[26]. Möglicherweise leistet eine eingehende Auseinandersetzung mit den Kommunikationstechnologien im Bereich des Kulturschaffens durch die Identifikation, Beschreibung und Analyse von voneinander unterscheidbaren Mediamorphosen wenn schon nicht einen Beitrag zur allgemeinen Fassung dieser Widersprüche, so doch zumindest zu deren teilweiser Spezifikation.

---

26 Marx 1982: 44.

4. Kapitel
Kunstsoziologie und 'Medien'

Im Bereich der Kultur- und Kunstsoziologie finden sich vereinzelte Bemühungen, Technik bzw. Medien als formbestimmende Elemente des Kulturschaffens zu analysieren. Bedenkt man aber, dass es der Kunstsoziologie vorwiegend um die außerästhetischen Bestimmungsfaktoren des Kulturschaffens geht bzw. gehen sollte, ist es beinahe verwunderlich, dass eine systematische, umfassende Auseinandersetzung mit dem Verhältnis von Kunst und Technik bislang nicht vorliegt. Hier werden also nur mögliche theoretische Grundlagen zur Beschreibung und Analyse von 'Mediamorphosen' zu sichten sein, die es dann im Kontext eines eigenständigen Ansatzes, in dessen Rahmen Kommunikationstechnologien als Produktivkräfte verstanden werden, zu diskutieren gilt.

Zur Vermeidung von Missverständnissen ist es vielleicht sinnvoll an dieser Stelle zu betonen, dass es bei der Auseinandersetzung mit den folgenden AutorInnen und Ansätzen in erster Linie darum geht, die jeweilige Sichtweise der 'Kunst/Technik-Thematik' herauszustellen, und nicht darum, die jeweiligen AutorInnen oder Ansätze insgesamt in bezug auf seine kunstsoziologische Relevanz zu referieren – das erklärt, warum z.B. auf Max Weber ausführlicher einzugehen ist als etwa auf Adorno.

Max Weber: Kunst und technischer Fortschritt

Bereits 1913[1] – also lange vor der Einführung elektronischer Massenmedien – formulierte Max Weber gleichsam programmatisch für die Kunstsoziologie:

"Allein der richtig verstandene 'technische' Fortschritt ist gerade die Domäne der Kunstgeschichte, weil gerade er und sein Einfluss auf das Kunstwollen das am Ablauf der Kunstentwicklung rein empirisch, das heißt, ohne ästhetische Bewertung Feststellbare enthält."[2]

Als technischen Fortschritt fasst er den 'rationalen und deshalb eindeutigen Fortschritts-Begriff' auf, "dessen Brauchbarkeit für die empirische Kunstgeschichte eben daraus folgt, dass er sich ganz und gar auf die Feststellung der technischen Mittel beschränkt."[3]

---

1 Vgl. Blaukopf 1984: 162.
2 Weber 1956: 286f.
3 Weber 1956: 287.

Diese Sätze finden sich in der Schrift "Der Sinn der Wertfreiheit der Sozialwissenschaften". Wie der Titel vermuten lässt, geht Weber nur beispielhaft auf Fragen der Kunst und Kunstsoziologie ein. Das darin in Ansätzen formulierte kunstsoziologische Programm ist gleichsam als Nebenprodukt entstanden und ebenso ist wohl sein Hinweis auf den zentralen Stellenwert, der der Technik im Rahmen einer solchen Kunstsoziologie zukäme ein – wenngleich notwendiges – Nebenergebnis seiner beispielhaften Ausführungen zur Kunst. Das ist vermutlich auch ein Grund, warum die kunstsoziologisch relevanten Thesen des 'Wertfreiheit'-Aufsatzes in der kunstsoziologischen Literatur lange Zeit keine Beachtung fanden, geschweige denn, dass sie schulbildend hätten werden können. Erst Kurt Blaukopf bzw. Alphons Silbermann 'entdeckten' Webers diesbezügliche Thesen[4] ebenso wie das schwer zugängliche musiksoziologische Fragment[5] für die Musiksoziologie wieder[6].

Zur Illustration des Stellenwerts der Technik in der Kunst nennt Weber einige Beispiele, so etwa die Baukunst der Gotik als "Resultat der technisch gelungenen Lösung eines an sich bautechnischen Problems der Überwölbung von Räumen bestimmter Art."[7]. Und er stellt diesbezüglich exemplarisch fest, "dass die kunstgeschichtliche und kunstsoziologische Betrachtung ihre rein empirische Aufgabe erschöpft, wenn sie die sachlichen, technischen, gesellschaftlichen, psychologischen Bedingungen dieses neuen Stils aufzeigt."[8]

Die Beispiele, die Weber zur Musik anführt, fasst Blaukopf folgendermaßen zusammen:

> "a) Die veränderte musikalische Stimmung als Voraussetzung für die 'Entstehung der Terz in deren harmonischer Sinndeutung'.
>
> b) Die Schaffung einer rationalen Notenschrift, 'ohne welche keine moderne Komposition auch nur denkbar wäre.'
>
> c) Dieser durch die Technik der Notenschrift ermöglichte Fortschritt wäre allerdings nicht möglich gewesen ohne die Leistungen des Mönchtums, welches 'ohne eine Ahnung von der späteren Tragweite seines Tuns die volkstümliche Polyphonie für seine Zwecke rationalisierte.'

---

4 Vgl. Blaukopf 1969, 1972, 1984.
5 Weber 1972.
6 Vgl. Silbermann 1963, später Braun 1992, Smudits 1997.
7 Weber 1956: 287.
8 Ebenda.

d) Die durch bestimmte Lebensformen der Renaissancegesellschaft ausgelöste Übernahme und Rationalisierung des Tanztakts, des 'Vaters der in die Sonate ausmündenden Musikformen.'

e) Die Konstruktion des Klaviers endlich, 'eines der wichtigsten technischen Träger der modernen musikalischen Entwicklung.'

All dies, so fügt Weber hinzu, sind 'Fortschritte' der **technischen** Mittel der Musik, welche deren Geschichte sehr stark bestimmt haben. 'Diese Komponenten der historischen Entwicklung wird die empirische Musikgeschichte entwickeln müssen, ohne ihrerseits eine **ästhetische** Bewertung der musikalischen Kunstwerke vorzunehmen.'"[9]

Webers Betonung des 'Technischen' zielt vor allem gegen ästhetische oder moralische Bewertungen künstlerischer Phänomene und Entwicklungen aus kunstsoziologischer und kunsthistorischer Perspektive. Keinesfalls will er aber etwa den künstlerisch-ästhetischen Fortschritt durch den technischen ersetzt wissen: "Die Schaffung neuer technischer Mittel bedeutet zunächst nur zunehmende Differenzierung und gibt nur die **Möglichkeit** zunehmenden 'Reichtums' der Kunst im Sinne der Wertsteigerung. Tatsächlich hat sie nicht selten den umgekehrten Effekt der 'Verarmung' des Formgefühls gehabt.[10] Aber für die empirisch-**kausale** Betrachtung ist gerade die Änderung der 'Technik' (im höchsten Sinn des Wortes) das wichtigste allgemein feststellbare Entwicklungsmoment der Kunst."[11]

Und an anderer Stelle meint Weber sogar, dass es im Gegensatz zur Wissenschaft im Bereich der Kunst keinen Fortschritt gäbe, außer den, der sich in material- und formgerechtem Kunstschaffen niederschlägt und der damit wiederum technisch vermittelt ist: "Es ist nicht wahr, dass ein Kunstwerk einer Zeit, welche neue technische Mittel oder etwa die Gesetze der Perspektive sich erarbeitet hatte um deswillen rein künstlerisch höher stehe als ein aller Kenntnis jener Mittel und Gesetze entblößtes Kunstwerk, – wenn es nur material- und formgerecht war, das heißt: wenn es seinen Gegenstand so wählte und formte, wie dies ohne Anwendung jener Bedingungen und Mittel kunstgerecht zu leisten war."[12]

Dieser Gedanke erhält natürlich einige Brisanz, wenn man das Kulturschaffen im Zeitalter der elektronischen Medien und die Diskussion um

---

9 Blaukopf 1984: 175. Alle Zitate im Zitat: Weber 1956: 288f.; Blaukopf zitiert aus einer anderen Ausgabe, Hervorhebungen nach Blaukopf.
10 Hier handelt es sich m.E. allerdings bereits um eine wertende Aussage Webers.
11 Weber 1956: 290, Hervorhebungen im Original.
12 Weber 1956a: 315.

die Produkte der Kulturindustrie ins Auge fasst, auf die Weber in all seinen Ausführungen interessanterweise nicht einging. Zur Zeit der Abfassung des 'Wertfreiheit'-Aufsatzes gab es zwar erst Grammophon und Stummfilm, nicht aber den Rundfunk, dennoch ist auffällig, dass Webers oben angeführte Beispiele allesamt dem traditionellen Kunstverständnis entsprechen. Dass Tonträger oder Filme technische Mittel sind, die – ganz in seinem Sinne – die Geschichte der Kunst (Drama, Musik) stark bestimmen können, ist dem sicherlich nicht als weltfremd zu bezeichnenden Soziologen Weber keine Überlegung wert, was die Vermutung nahe legt, dass er sie nicht als technische Mittel des Kunstbereichs angesehen hat – oder anders gesagt: dass er – als bekanntlich sehr musischer Mensch – so sehr einem traditionellen Kunstverständnis verhaftet war, dass er die kulturell-künstlerische Bedeutung dieser in seiner Zeit neuesten Kommunikationstechnologien nicht sehen konnte oder wollte.

Webers offensichtliche Schwierigkeit, das Potential neuer technischer Mittel für das Kulturschaffen zu erkennen kann als symptomatisch angesehen werden, für die grundsätzliche Schwierigkeit Phänomene zu bewerten, die ihre Existenz direkt oder vermittelt den Massenmedien verdanken: denn dass die Massenmedien einen technischen Fortschritt darstellen, steht außer Zweifel. Wären oder sind ihre Produkte aber überhaupt unter 'Kunst' subsumierbar? Und würden sie dann in den Gegenstandsbereich der Kunstsoziologie fallen? Diese Fragen sind ja noch gut hundert Jahre nach dem ersten Auftreten der technischen Medien Film, Schallplatte und Rundfunk nicht klar beantwortet, wenngleich mit dieser Problematik mittlerweile sicher differenzierter umgegangen wird als z.B. noch in der Mitte des 20. Jahrhunderts, wo ästhetische Wertungen der traditionellen Kulturwissenschaften diese Diskussion stark prägten.

Die – ohnehin nur erahnbare – Schwierigkeit Webers, den Gegenstandsbereich der Kunstsoziologie über das traditionelle Kunstverständnis seiner Zeit hinauszudenken, und seine gleichzeitige sehr nüchterne Sicht auf die technischen Mittel bei wertender Enthaltsamkeit, verweist auf die Schwäche seines Zugangs, die aber gleichzeitig die Stärke sozialwissenschaftlicher Kulturforschung darstellt. Letztlich verschiebt er den hermeneutischen Zirkel, der die ästhetisch wertenden Kulturwissenschaften kennzeichnet auf eine gesellschaftliche Ebene, allerdings unter Außerachtlassung der gesellschaftlichen Kräfteverhältnisse, also der kulturellen Hegemonie. Unter Kunst wird nun anscheinend doch nur das zugelassen, was mit den jeweils 'herrschenden' gesellschaftlichen Vorstellungen von Kunst übereinstimmt. Als Indiz dafür kann z.B. angesehen werden, dass Weber – wohl in Anlehnung an Alois Riegl – vom 'Kunstwollen ganzer Epochen' spricht, ohne zu spezifizieren, woher dieses Kunstwollen kommt.

Das mag in Bezug auf die Geschichte der Künste teilweise sogar legitim sein, insofern als die historisch jeweils dominanten gesellschaftlichen Vorstellungen davon, was innerhalb einer bestimmten Gattung als Kunst anzusehen ist, rekonstruierbar und in bezug auf ihre technischen Grundlagen analysierbar sind – dies im Gegensatz zu den weniger dominanten Vorstellungen von Kunst, in bezug auf die ein geringeres Interesse bezüglich Dokumentationswürdigkeit anzunehmen ist.

Dass die gesellschaftlichen Vorstellungen davon, was als Kunst anzusehen ist, aber das Ergebnis gesellschaftlicher Auseinandersetzungen zwischen verschiedensten Gruppierungen dieser Gesellschaft sind, und sich ständig ändern können, davon wird in einem solchen Verständnis von Kunst weitgehend abstrahiert. Für eine Kunstsoziologie, die auf einer solchen Prämisse aufbaut, ist aber die Erkenntnis neuerer Entwicklungen, z.B. befördert durch neue technische Mittel, schwierig bis unmöglich (so wie vermutlich für Weber im oben beschriebenen Fall). Für eine aktualitätsbezogene Kunstsoziologie, die u.a. auch Auskunft über die Lage der Kunst hier und jetzt geben soll und an die möglicherweise sogar prognostische Anforderungen zu stellen sind, bleibt aber die Frage, ob ein Phänomen als Kunst oder als etwas anderes, als Werbung z.B. oder als Populärkultur zu klassifizieren ist, auch bei einer Berücksichtigung der technischen Voraussetzungen unbeantwortet. Anders gesagt: die Festlegung des Gegenstandsbereichs der Kunstsoziologie wird durch Webers Forderungen nicht notwendigerweise frei von ästhetischen Vorurteilen sein, solange nicht eine Mitberücksichtigung gesellschaftlich jeweils (noch) 'nicht-dominanter' künstlerischer Äußerungen zum Programm erhoben wird.

Dies ist umso schwieriger und problematischer, je rascher der soziale und auch technische Wandel erfolgt und je komplexer die Gesellschaft, um deren Kulturschaffen es geht, wird. Beide Male steht die Kunstsoziologie vor dem Problem, mit konkurrierenden Vorstellungen davon, was Kunst sei, konfrontiert zu werden. Die Alternative dazu, hier eindeutig und damit notwendigerweise ästhetisch wertend Stellung zu beziehen – entweder für einen etablierten Kunstbegriff oder für einen über diesen hinausweisenden – scheint tatsächlich nur darin zu bestehen, möglichst alle Phänomene des Kulturschaffens (und hier wird der Begriff bewusst im Gegensatz zum Kunstschaffen gesetzt) gleichermaßen zu berücksichtigen und dies – wie Weber fordert – mit besonderem Augenmerk auf die technischen Mittel, die ihrer Realisation zugrunde liegen, zu tun.[13] Von hier aus könnte dann, wenn man will, der Frage nachgegangen werden, bei welchen Objektivationen aus dem breiten Spektrum des Kulturschaffens das Kriterium der Material- und Formgerechtigkeit angesichts der diesen Objektivationen zugrunde liegenden Technologien als erfüllt angesehen werden kann und die daher in eine Kunstsoziologie im engeren Sinn zu integrieren wären.

Ein weiteres Defizit der Kunstsoziologie Webers kann darin gesehen werden, dass die Einbettung der Entwicklung der technischen Grundlagen des Kulturschaffens in die politökonomischen Rahmenbedingungen nicht ausdrücklich angesprochen wird. Dies ist jedoch vermutlich auf den fragmentarischen Charakter ebendieses kunstsoziologischen Entwurfs und auf die Tatsache, dass er im Zusammenhang mit der Kritik eines ästhetisch-wertenden Fortschrittsgedankens formuliert wurde, zurückzuführen. Möglicherweise hat aber auch die historische Erfahrung der sich entfaltenden Kulturindustrie gefehlt, denn es ist sicher kein Zufall, dass kunstsoziologische Ansätze, die die Produktivkraft der Kommunikationstechnologien ansprechen, vor allem auf die neuen technischen Mittel des Kulturschaffens bezug nehmen.

Walter Benjamin: Produktivkräfte des Kulturschaffens

Als Walter Benjamin in seiner 1935 verfassten Schrift "Das Kunstwerk im Zeitalter seiner technischen Reproduzierbarkeit"[14] Kategorien zur Analyse und Beschreibung der gesellschaftlichen Produktion (der 'Basis') auf den Bereich des Kulturschaffens (den 'Überbau') anwendete, war er vermutlich nicht der erste, der dies tat – eine solche Denkweise dürfte im Umfeld des Frankfurter Instituts für Sozialforschung der frühen 1930er Jahre gleichsam in der Luft gelegen sein. Bereits 1932 spricht Adorno von 'musikalischer Produktion' und 'Konsumtion' oder von der 'Industrialisierung der Produktion' der leichten Musik.[15]

Was aber Benjamins Ansatz so bemerkenswert macht ist die Tatsache, dass er seine Analyse einerseits in einen umfassenden historischen Kontext stellt ohne dabei andererseits neue Entwicklungen mit dem Maßstab eines traditionellen Kunstverständnisses zu messen. Kurz: Er enthält sich weitgehend ästhetischer Bewertungen und stellt

---

13 Wobei klar sein muss, dass diese Ausweitung von Vertretern eines traditionellen Kunstbegriffs erneut als ästhetische Wertung interpretiert und kritisiert werden wird.
14 Benjamin 1976.
15 Adorno 1973: z.B. 152ff., 194.

statt dessen gesellschaftliche und politische Aspekte der Kunst in den Vordergrund seiner Betrachtungen. Möglich wird diese Enthaltsamkeit beim ästhetischen Bewerten anscheinend aber eben dadurch, dass seine Analyse zuallererst bei den technischen Grundlagen, also den Produktivkräften des Kulturschaffens und deren Veränderungen ansetzt. Damit schafft sein Ansatz die Voraussetzungen für die Identifikation und Analyse von Mediamorphosen.

Kurz zusammengefasst lautet seine These folgendermaßen:

Neue Produktivkräfte im Bereich der Kunst schaffen ein neues Verständnis dessen, was Kunst ist oder sein kann, sie verändern zunächst die innere Struktur und dann vor allem den gesellschaftlichen Stellenwert und damit die politische Bedeutung der Kunst. Dass im Zuge dieses Prozesses auch ästhetische Traditionen gesprengt werden, ist gleichsam notwendiges Begleitwerk. Benjamin hat diesen seinen Ansatz in dem eher kurzen 'Kunstwerk'-Aufsatz theoretisch nur skizziert und praktisch-empirisch natürlich nur andeutungsweise einlösen können. (Ähnlich wie übrigens Brecht[16] in seiner 'Radiotheorie', auf die ich hier nicht näher eingehen will.) Benjamins Interesse galt auch vor allem den damals neuen Reproduktionstechniken – also einem neuen Stand der Produktivkräfte – des Kulturschaffens und ihren Auswirkungen auf die Kunstrezeption und die politische Funktion der Kunst – also auf die Produktionsverhältnisse des Kulturschaffens – angesichts dramatischer gesellschaftlicher Veränderungen, und nicht der Konzeption einer umfassenden Theorie der Kunstentwicklung.

Konkret identifiziert Benjamin eine durch das Auftreten der neuen Reproduktionstechnologien (Fotografie und Film) hervorgerufene dramatische qualitative Veränderung des Wesens und der Funktion von Kunst. In der im 'Kunstwerk'-Aufsatz verwendeten eigentümlichen Terminologie spricht er vom Verkümmern der 'Aura' traditioneller Kunstwerke als Folge ihrer technischen Reproduzierbarkeit: Deren Originalität und materielle Dauer, ihre Fundierung aufs Ritual und ihre Einbindung in Tradition werden erschüttert. Die im Zuge der bürgerlichen Revolution teilweise schon erfolgte Emanzipation der Kunst aus dem Ritual, die ihren Ausdruck darin findet, dass der Kultwert gegenüber dem Ausstellungswert zurückgedrängt wird, wird durch neue technische Reproduktionsmöglichkeiten weiter vorangetrieben und zwar bis zu einem Punkt, an dem möglicherweise eine völlig neue Fundierung der Kunst – Benjamin spricht von der Fundierung auf Politik – erkennbar werden könnte. Diese Veränderungen der gesellschaftlichen Funktion von Kunst gehen einher mit Veränderungen der Wahrnehmung von Kunst.

---

16 Brecht 1999.

Anstelle der kontemplativen Betrachtung, der Versenkung im Werk, tritt die zerstreute Rezeption als "Symptom von tiefgreifenden Veränderungen der Apperzeption"[17] in fortgeschrittenen industrialisierten Massengesellschaften.

Auffällig ist, dass Benjamin sich in seiner Argumentation im Wesentlichen nur auf Beispiele aus dem Bereichen der Bildenden Kunst (Malerei, Grafik, Fotografie, Architektur) und der szenischen Künste (Theater, Film) bezieht, nicht aber auf Literatur oder Musik, wo doch gerade in Bezug auf die Musik mit der Schallplatte und dem Radio in den 1930er Jahren bereits mächtige 'Apparaturen' das diesbezügliche Kulturschaffen prägten. Möglicherweise ist diese ignorierende Haltung Benjamins aber auch darin begründet, dass sich an der Musik der Verlust der 'Aura' durch technische Reproduktion nicht so überzeugend argumentieren lässt wie für die visuellen Künste... Doch das nur nebenbei: Ich will hier nicht näher auf gattungsspezifische Unschärfen, Fragen der Rezeption und der politischen Funktion von Kunst, wie sie Benjamin unter dem Eindruck des Faschismus diskutierte, eingehen, sondern vielmehr die grundsätzliche Bedeutung seines Ansatzes für die Analyse des Kulturschaffens hervorstreichen, wie sie aus dem 'Kunstwerk'-Aufsatz herausgelesen werden kann.

Der folgende Versuch einer Zusammenfassung der Thesen Benjamins stellt allerdings eine Extrapolation dar. In dieser begrifflichen Zuspitzung finden sich seine Überlegungen im 'Kunstwerk'-Text nicht, sie ist allerdings meines Erachtens aus seinen Ausführungen gut begründet ableitbar: Benjamin versteht Kulturschaffen als Produktion im marxistischen Sinn, dementsprechend können für diesen speziellen gesellschaftlichen Produktionsbereich 'Kunst' auch Produktionsmittel, Produktivkräfte und Produktionsverhältnisse identifiziert werden und einer – vom Bereich der gesamten gesellschaftlichen Produktion getrennten – spezifischen Analyse unterzogen werden. (Was nicht bedeutet, dass die Analyse des Produktionsbereichs Kunst nicht zur gesamtgesellschaftlichen Produktion in Relation gesetzt werden kann und soll.) Und weiters können auch historisch unterscheidbare Produktionsweisen des Kulturschaffens, die sich aus dem Spannungsverhältnis von Produktivkräften und Produktionsverhältnissen ergeben (und die dann natürlich auch wieder zur gesamtgesellschaftlichen Produktionsweise in Relation stehen) identifiziert werden.

Benjamins Konzeption geht also von der materiellen Basis des Kulturschaffens aus, von den Reproduktionstechniken, von der Apparatur und – obwohl Benjamin diesen Ausdruck nicht verwendet, kann man

---

17 Benjamin 1976: 48.

zweifellos ergänzen: – von den 'Medien', weswegen sein Entwurf, wie Enzensberger[18] etwa es tut, durchaus als 'Medientheorie' verstanden werden kann. Indem er den technischen Aspekt der Kunst aber in den Zusammenhang einer dialektisch-materialistischen Produktivkrafttheorie stellt, erweitert er notwendigerweise die Perspektive über eine bloß deskriptive Feststellung der technischen Grundlagen des Kulturschaffens hinaus. Die Analyse des Verhältnisses von Technik und Kunst wird untrennbar mit dem Anspruch verbunden, sowohl die soziale wie die historische Bestimmtheit dieses Verhältnisses zu berücksichtigen. Das unterstreicht die Notwendigkeit, Mediamorphosen als einen Teil gesamtgesellschaftlicher Transformationen und dennoch gesondert zu untersuchen.

Hans Magnus Enzensbergers Benjamin-Rezeption

Trotz der Bedeutung, die dem 'Kunstwerk'-Aufsatz im allgemeinen sowohl von kunstsoziologischer wie von medienwissenschaftlicher Seite zugemessen wird, finden sich nur wenige Versuche, den Ansatz Benjamins produktiv aufzugreifen und weiterzutreiben. Dies ist umso merkwürdiger, als die rasante Entwicklung der Kommunikationstechnologien die Brisanz der Thesen Benjamins weitgehend untermauert. Erst 1970 versucht Hans Magnus Enzensberger eine Aktualisierung zentraler Gedanken Benjamins im Hinblick auf die elektronischen Medien. Zu einer Theorie der Medien schreibt er: "Mit der Entwicklung der elektronischen Medien ist die Bewusstseinsindustrie zum Schrittmacher der sozio-ökonomischen Entwicklung spätindustrieller Gesellschaften geworden."[19] Und in Bezug auf die Kunst: "Die Umwälzung der Produktionsbedingungen im Überbau hat die herkömmliche Ästhetik unbrauchbar gemacht. (...) Auszugehen wäre von einer Ästhetik, die dem neuen Stand der Produktivkräfte – wie er durch die elektronischen Medien erreicht wird – angemessen ist. (...) Die Tendenzen die Benjamin seinerzeit am Beispiel des Films erkannt und in ihrer ganzen Tragweite theoretisch erfasst hat, sind heute mit der rapiden Entwicklung der Bewusstseins-Industrie manifest geworden."[20]

Enzensberger plädiert für eine emanzipatorische Theorie der Medien, insofern ist seine Benjamin-Rezeption in erster Linie einmal politisch-pragmatisch zu verstehen: "Der Kapitalismus der Monopole entfaltet die Bewusstseins-Industrie rascher und weitgehender als alle anderen Sektoren der Produktion; er muss sie zugleich fesseln. Eine so-

---

18 Enzensberger 1970.
19 Enzensberger 1970: 159.
20 Enzensberger 1970: 178f.

zialistische Theorie der Medien hat an diesem Widerspruch zu arbeiten."[21] In diesem Zusammenhang liefert er aber einige Hinweise für die mangelnde Auseinandersetzung vor allem marxistisch orientierter Kunstsoziologen mit der Konzeption Benjamins. Er stellt nämlich fest, dass mit der Ausnahme Benjamins "die Marxisten die Bewusstseins-Industrie nicht verstanden und an ihr nur die bürgerlich-kapitalistische Rückseite, nicht ihre sozialistischen Möglichkeiten wahrgenommen" haben[22]. "Das unzulängliche Verständnis, das die Marxisten für die Medien aufgebracht, und der fragwürdige Gebrauch, den sie von ihnen gemacht haben, erzeugte in den westlichen Industrieländern ein Vakuum, in das folgerichtig ein Strom nichtmarxistischer Hypothesen und Praktiken eingedrungen ist."[23] Allen voran McLuhan, "dem zwar alle analytischen Kategorien zum Verständnis gesellschaftlicher Prozesse fehlen", der aber "von der Produktivkraft der neuen Medien (...) im kleinen Finger mehr verspürte als alle ideologischen Kommissionen der KPdSU."[24] Benjamin dagegen sei der einzige marxistische Theoretiker, "der die emanzipatorischen Möglichkeiten der neuen Medien erkannt hat (...). Sein Ansatz ist von der seitherigen Theorie nicht eingeholt, geschweige denn weitergeführt worden."[25]

Enzensberger kritisiert hier die grundsätzlich kulturpessimistische Haltung, die vor allem marxistisch inspirierte Autoren wie Lukacs, Adorno oder Horkheimer neuen Kommunikationstechnologien gegenüber einnahmen.

Vordergründig könnte man meinen, Benjamin habe etwa im Vergleich mit der Sicht der Kritischen Theorie die Entwicklung der Medien zu optimistisch eingeschätzt. Doch das Problem sitzt tiefer und liegt vermutlich in der Radikalität Benjamins begründet, mit der er die dialektisch-materialistische Kategorien auf den Bereich der Kunst anwendet. Denn indem er dies tat, musste er erkennen, dass die Kategorien der traditionellen Ästhetik zur Bewertung künstlerischer Phänomene, die unter neuen Produktionsbedingungen entstanden sind, nicht mehr angemessen sind. Die Schlüsse, die er zog, sind jedoch keineswegs eindeutig optimistisch, denn seine Diagnose zur möglichen Entwicklung lautet ja: Fundierung der Kunst auf Politik u.d.h.: Politisierung der Ästhetik oder Ästhetisierung der Politik[26]. Ist ersteres die emanzipatorische, sozialistische Version des 'neuen' Kunstbegriffs, so ist letztere

---

21 Enzensberger 1970: 159.
22 Enzensberger 1970: 176.
23 Enzensberger 1970: 177.
24 Enzensberger 1970: 177.
25 Enzensberger 1970: 178f.
26 Vgl. Benjamin 1976: 51.

dessen affirmative, warenästhetische – und nur im Extremfall faschistische – Version. (Dass Benjamin die faschistische Bedrohung anspricht, liegt in der aktuellen Situation begründet, aus der heraus der 'Kunstwerk'-Aufsatz entstand.)

Dass bei den Vertretern der Kritischen Theorie nur die pessimistische Variante zur Diskussion stand (und bei deren 'Nachfolgern' z.T. noch steht), ist vermutlich nicht darauf zurückzuführen, dass ihre Analysen fundierter waren (oder sind), oder zu einer Zeit erfolgten, als die Hoffnung auf eine sozialistische Variante nicht mehr aktuell war, sondern wohl darauf, dass sie den radikalen Bruch mit der traditionellen Ästhetik, mit den traditionellen Vorstellungen davon, was Kunst sei oder zu sein habe nie in der Weise wie Benjamin zu vollziehen imstande waren. Ihre Kritik an einer Kunst, die einem neuen Stand der Produktivkräfte entspricht, erfolgte und erfolgt noch immer anhand von Kategorien, die sich einem überkommenen Stand der Produktivkräfte verdanken. Deutlich zu erkennen ist dieses Dilemma dann, wenn die Kategorien zur Analyse der gesellschaftlichen Produktion von dieser Seite – etwa bei Adorno – auf den Bereich Kunst angewandt werden, oder aber wenn Benjamins Konzept kritisiert wird – wie z.B. bei Bürger.

Theodor W. Adorno: Produktivkräfte der Kunst als Metapher

Einerseits hat Adorno die Begriffe Produktivkräfte und Produktionsverhältnisse mehrmals explizit auf Phänomene des Kulturschaffens bezogen (dies im Gegensatz zu Benjamin, der ja im Hinblick auf neue Reproduktionstechnologien nur von neuen Produktionsbedingungen sprach), andererseits aber wendet er diese Begriffe in recht unterschiedlicher Weise an: So schreibt er einmal in der 'Einleitung zur Musiksoziologie':

"Ohne Gewaltsamkeit ist auf die Musiksoziologie die gesellschaftliche Frage nach dem Verhältnis von Produktivkräften und Produktionsverhältnissen anzuwenden. Zur Produktivkraft rechnet dabei nicht nur Produktion im engeren musikalischen Sinn, also das Komponieren, sondern auch die lebendige künstlerische Arbeit der Reproduzierenden und die gesamte, in sich inhomogen zusammengesetzte Technik: die innermusikalisch-kompositorische, das Spielvermögen der Reproduzierenden und die Verfahrensweisen der mechanischen Reproduktion, denen heute eminente Bedeutung zukommt. Demgegenüber sind Produktionsverhältnisse die wirtschaftlichen und ideologischen Bedingungen, in die jeder Ton, und die Reaktion auf einen jeden, eingespannt ist. Im Zeitalter der Bewusstseins- und Unbewusstseinsindustrie ist, in einem Maß, das zu erforschen eine der zentralen Aufgaben der Musiksoziologie sein müsste, ein Aspekt der Produktionsverhältnisse auch die musikalische Mentalität und der Geschmack der Hörer."[27]

Hier ist die Analogie zur Marxschen Begrifflichkeit evident: Produktivkräfte sind Arbeitsgegenstand (das Trägermaterial, das 'Werk'), Arbeitsmittel (Geräte) und Arbeitsvermögen[28] (Kompetenzen), Produktionsverhältnisse die polit-ökonomischen und ideologischen Rahmenbedingungen, in denen die Produktivkräfte zum Tragen kommen. Nur wenige Absätze nach dem angeführten Zitat reduziert aber Adorno die Produktivkräfte auf die individuelle Kreativität und die Produktionsverhältnisse auf die tradierten Formen: "Als ein geistiges ist musikalische Produktion selbst gesellschaftlich vermittelt, kein Unmittelbares. Strengen Sinnes ist Produktivkraft an ihr allein die von den Vermittlungen nicht abzulösende Spontaneität. Unter gesellschaftlichem Blickpunkt wäre es die Kraft, die über die bloße Wiederholung der von Typen und Gattungen vertretenen Produktionsverhältnisse hin ausgeht."[29]

Ganz offensichtlich soll hier der Sondercharakter künstlerischer Produktion gegenüber der 'gewöhnlichen' gesellschaftlichen Produktion gerettet werden. Der gesamte technische Aspekt im Sinne der Produktionsmittel wird aus dem Produktivkraft- Begriff herausgenommen und die Produktivkräfte werden somit zum reinen 'Arbeitsvermögen' reduziert. Im Klartext: Künstlerisches Schaffen ist unabhängig von den jeweils historisch gegebenen Produktionsmitteln zu denken. Noch deutlicher wird dieser Grundgedanke Adornos, wenn er zur Technik selbst Stellung bezieht: "Nur dem Namen nach ist der Begriff der Technik in der Kulturindustrie derselbe wie in den Kunstwerken. Der bezieht sich auf die Organisation der Sache in sich, ihre innere Logik. Die kulturindustrielle Technik dagegen, vorweg eine der Verbreitung und mechanischer Reproduktion bleibt ihrer Sache darum immer zugleich äußerlich."[30]

Einmal meint Adorno Arbeitsvermögen, das andere Mal Produktionsmittel mit Technik. Er übersieht dabei, dass es für die Herstellung jedweden Kunstwerks (in seinem Sinne) auch Produktionsmittel und zur Herstellung jedweder kulturindustrieller Produkte Arbeitsvermögen be-

---

27 Adorno 1968: 234.
28 Marx setzt Arbeitsvermögen synonym mit Arbeitskraft (vgl Marx 1962: 181) und verwendet ersteren Begriff kaum, letzteren vor allem um Arbeitsbeziehungen zu analysieren, Negt/Kluge (1981) entwickeln in Anschluss an Marx ein umfassenderes Konzept menschlicher Kompetenzen und Fähigkeiten anhand des Begriffs 'Arbeitsvermögen', weswegen ich ihn für die vorliegenden Zwecke bevorzuge.
29 Adorno 1968: 236f.
30 Adorno 1973: 63f.

darf. Indem diese Trennung aber vollzogen wird, verliert der Produktivkraft-Begriff seine analytische Kraft künstlerische Produktion allgemein zu erfassen, seine Verwendung hat nur mehr, wie Bürger[31] herausstreicht, metaphorischen Charakter. Es zeigt sich also, dass die Verwendung der Marxschen Terminologie bei Adorno nicht konsequent erfolgt. Damit wird aber eine Analyse des Kunstschaffens im weltgeschichtlichen Maßstab[32] verunmöglicht. Ganz offensichtlich handelt es sich um eine historisch bestimmte Form der Kunstproduktion, bei der 'Spontaneität' als Produktivkraft verstanden wird, nämlich um die bürgerlich-autonome. Denn welche Produktivkraft würde jener künstlerischen Tätigkeit zugrunde liegen, deren Ziel es gerade ist, dem Ideal eines herrschenden Formenkonsenses möglichst zu entsprechen (und nicht von ihm abzuweichen, also etwa über ihn hinauszugehen). Der Kunst in der Patronage[33] läge demzufolge – überspitzt formuliert – keine Produktivkraft zugrunde, sie wäre als Kunst disqualifiziert.

Der künstlerische Produktivkraft-Begriff Adornos ist also ein historisch bestimmter: der Bezugspunkt, an dem jede weitere Entwicklung der Kunst – etwa unter dem Einfluss sich verändernder Produktivkräfte – gemessen wird, bleibt immer der bürgerlich-autonome Kunstbegriff. Adornos Kritik an der Kulturindustrie wird damit nicht obsolet. Bloß: sie erfolgt nicht mit den allgemeinst-möglichen Analyse-Kategorien. Vorzuwerfen ist Adorno nicht die Kritik an den neuen Produktivkräften und Produktionsverhältnissen des Kulturschaffens, sondern das – im Verhältnis zu dieser Kritik- weitgehend unkritische Ausgehen von einem ebenfalls nur historisch bestimmten Kunstverständnis.

Peter Bürgers Kritik an Benjamin

Benjamins 'Produktivkrafttheorie' der Kunst wurde ebenso kritisiert wie seine 'kunsthistorische' Konzeption. Peter Bürger[34] wendet gegen die von Benjamin vorgeschlagene Periodisierung der Kunst ein, dass er sowohl die sakrale wie die profane bürgerliche Kunst unter dem Sammelbegriff 'auratische Kunst' subsumiert, ohne notwendige Unterscheidungen in Bezug auf den jeweiligen Rezeptionsmodus zu treffen. Hier ist Bürger zuzustimmen, ja die Kritik ist noch weiter auszudehnen auf die relativ unklare Bestimmung der Kategorien 'Kultwert' und 'Ausstellungswert', wobei letzterer vermutlich der 'Kunst als Ware'-These sehr nahe kommt. Diese begrifflichen Unschärfen sind aber zum Gutteil

---

31 Vgl. Bürger 1980: 172.
32 Vgl. Benjamin 1976: 21.
33 Vgl. Kapner 1987.
34 Vgl. Bürger 1974: 36f.

wohl dem fragmentarischen Charakter des 'Kunstwerk'-Aufsatzes zuzuschreiben und umso mehr wäre es die Aufgabe der Kunstsoziologie, eine Ausarbeitung z.B. kunsthistorischer Periodisierungen vor dem Hintergrund einer allgemeinen Produktivkraft- Theorie des Kulturschaffens vorzunehmen.

Aber auch diese selbst wird von verschiedenen AutorInnen kritisiert, allerdings ist die geäußerte Kritik beinahe jedes Mal auf den impliziten Gebrauch eben eines historisch bestimmten Kunst- und Medienbegriffs zurückzuführen.

Bürger etwa hält die Brauchbarkeit eines Begriffs der künstlerischen Produktivkräfte für fraglich "und zwar deshalb, weil in der künstlerischen Produktion die Subsumtion der Fähigkeiten und Fertigkeiten der Produzenten und des Entwicklungsstandes der materiellen Produktions- und Reproduktionstechniken unter einen Begriff schwierig sein dürfte. Künstlerische Produktion ist bislang ein Typus einfacher Warenproduktion (und dies auch noch in der spätkapitalistischen Gesellschaft), in dem die materiellen Produktionsmittel eine relativ geringe Bedeutung haben für die Qualität des Werkstücks. Wohl aber haben sie Bedeutung für die Möglichkeit der Verbreitung und Wirkung derselben."[35]

Wenn Bürger hier ästhetische Qualitäten des Werkstücks anspricht, ist ihm zuzustimmen, doch gilt dies ganz allgemein für alle künstlerischen Erzeugnisse, seien sie 'handwerklich', seien sie 'industriell' angefertigt. Meint er mit Qualität aber doch die gesellschaftliche Funktion, so ist ihm zu widersprechen. Dass es auch ihm letztlich um die grundsätzliche Trennung von Produktionsmittel und Arbeitsvermögen bzw. um ein eingeschränktes Verständnis von Produktivkräften geht, wird an anderer Stelle ersichtlich:

"Um Gebrauchsgüter herzustellen, sind sowohl Produktionsmittel (Maschinen) erforderlich, als auch die Fähigkeit, sich ihrer zu bedienen; das Entstehen eines Kunstwerks ist aber von den Reproduktionstechniken, die es verbreiten, relativ unabhängig."[36]

Augenscheinlich setzt Bürger Produktionsmittel einerseits mit Maschinen, also mit einer historisch bestimmten Form von Produktionsmitteln und im Bereich des Kulturschaffens mit ebensolch historisch bestimmten Reproduktionstechnologien gleich. Dass für die Entstehung jedweden Kunstwerks aber Produktionsmittel – vom Pinsel bis zur Computer-Maus, von den Sprechorganen übers Klavier zum Musikcomputer –

---

35 Bürger 1974: 39.
36 Bürger 1980: 174.

nötig sind, übersieht er. Ähnlich wie Adorno will er künstlerisches Schaffen unabhängig von den jeweils zur Verfügung stehenden Produktionsmitteln definieren und damit auf bloßes Arbeitsvermögen (Kreativität) reduzieren. Andererseits räumt Bürger – eigentlich inkonsequenterweise – ein, dass es das Verdienst des Benjaminschen Ansatzes sei, zweierlei gezeigt zu haben: "einmal die Erkenntnis, dass Rezeptionsweisen nicht einfach von sich aus wirken, dass vielmehr ihre Wirkung entscheidend durch die Institution (also durch die Produktionsverhältnisse; A.S.) bestimmt ist, in der die Werke funktionieren; zum anderen, dass Rezeptionsweisen sozialgeschichtlich zu fundieren sind: die auratische z.B. im bürgerlichen Individuum. Was Benjamin entdeckt, ist die Formbestimmtheit der Kunst (im Marxschen Sinn des Begriffs)."[37]

Allerdings zielt diese Formbestimmtheit nach Bürger nur auf die Beziehung zwischen Werk und Rezipient, die Produktion bleibt vermeintlich unangetastet. Wendet man seine Schlüsse auf die Produktion an: dass also die Produktivkräfte als konstituierendes Element der Institution Kunst das Kulturschaffen formbestimmend beeinflussen, wäre dem nichts mehr hinzuzufügen.

Auf andere kritische Einwände gegen die Benjaminsche Konzeption künstlerischer Produktivkräfte soll hier noch nicht näher eingegangen werden. Z.T. gehen sie davon aus, dass eine spezielle Analyse des gesellschaftlichen Teilbereichs Kunst nicht akzeptabel sei und behaupten, eine solche könne nur eingebettet in eine Analyse der gesamtgesellschaftlichen Produktionsweise erfolgen[38], z.T. verwechseln sie politische Programmatik mit wissenschaftlichen Erkenntnismöglichkeiten: wenn etwa die Produktivkraft-Theorie der Kunst als inadäquat angesehen wird, weil die neuen Reproduktionstechniken als Produktivkräfte die alten Produktionsverhältnisse nicht sprengen konnten, sondern von der kapitalistischen Produktionsweise vereinnahmt worden seien, so liegt dem ein eingeschränktes Verständnis vom 'Sprengen der Produktionsverhältnisse' zugrunde.[39] Grundsätzlich fällt auf, dass in den 1990er Jahren die kritische Benjamin-Rezeption und damit auch die Beschäftigung mit 'Medien' als Produktionsmittel der Kommunikation abbricht, bestenfalls findet sich eine referierende Berücksichtigung dieser Theorietradition in Überblicksdarstellungen zur Medientheorie[40].

---

37 Bürger 1974: 40.
38 Holzer 1976, Fredel 1974.
39 Z.B. Fredel 1974, z.T. auch Bürger 1974: 39.
40 Z.B. Faulstich 1991, Kloock/Spahr 1997, Pias 1999.

Medien- und Kommunikationssoziologie nach bzw. jenseits der 'Benjamin-Debatte'

Die Gründe für das 'Verschwinden' materialistischer Medientheorien sind leicht nachvollziehbar: Mit dem Ende der Sowjetunion, bzw. des Realsozialismus in Osteuropa war auch zunächst jedwede marxistisch anmutende Theoriediskussion diskreditiert. Einzig im Globalisierungskontext finden sich noch rudimentär materialistische Ansätze, und hier mit einem stark gesellschaftskritischem Zug[41]. Medien- und Kommunikationssoziologie im engeren Sinn ist seither vorwiegend rezipientenorientiert angelegt[42], auch dann, wenn sie in Anknüpfung an die Kulturindustrie-Diskussion nach Adorno versucht, die Kulturindustrie einer Neubewertung zu unterziehen[43]. Die Kommunikationswissenschaft dagegen ist vor allem medienhistorisch[44], und wenn es um die Entwicklung neuerer theoretischer Perspektiven geht, konstruktivistisch bis systemtheoretisch ausgerichtet[45], ohne allerdings Anknüpfungspunkte für eine Medientheorie zu bieten.

Hervorzuheben wäre allerdings der durchaus auch medien- und kommunikationstheoretisch relevante Ansatz, der sich in der Gesellschaftstheorie des Soziologen Niklas Luhmann findet und der auch in seinem Buch 'Die Kunst der Gesellschaft'[46] einen zentralen Stellenwert einnimmt. Da es allerdings unmöglich ist, der sehr komplexen 'Medientheorie' Luhmanns einigermaßen gerecht zu werden, ohne zumindest ein ausführliches Kapitel dazu zu schreiben[47], sei an dieser Stelle nur darauf verwiesen, dass der – im übrigen sehr präzise definierte – Luhmannsche Medienbegriff meiner Einschätzung nach dem in der vorliegenden Arbeit entwickelten Medienbegriff stellenweise sehr nahe steht, wenngleich die Terminologie ein wenig verschoben ist, z.T. gibt es allerdings beinahe McLuhansche Uneindeutigkeiten[48]:

Luhmann unterscheidet grob gesagt zwischen dem Medium (z.B. der Luft) und der Form (z.B. die Schwingungen, in die wir beim Sprechen dieses Medium versetzen), die dem Medium gleichsam Kontur gibt, sodass es Bedeutungsträger werden kann.

---

41 Z.B. Schiller 1991, Tomlinson 1991, Herman/McChesney 1997, Mattelart 1999.
42 Z.B. Holzer 1994, Neumann Braun/Müller-Doohm 2000.
43 Z.B. Steinert 1992, 1998, Resch 1999, Lash/Urry 1994.
44 Vgl. Fußnote 22 im 1. Kapitel.
45 Z.B. Krieger 1997, Weber 1999.
46 Luhmann 1995.
47 Eine brauchbare auf Musik bezogene Einführung bietet Tadday 1997.
48 Vgl. oben Kapitel 3. die entsprechende Kritik an McLuhans Medien-Begriff.

Hier ist das, was Luhmann als Form bezeichnet, wohl dem sehr nahe, was ich als Kode definiere, während er unter Medium annähernd dasselbe meint wie ich. Auch seine Differenzierung zwischen dem Medium Sprache (sekundärer Kode), den Verbreitungsmedien (Medien) und den symbolisch generalisierten Medien[49] lässt sich gut mit der hier entwickelten Medientheorie vereinbaren, ebenso wie die Sichtweise einer historischen Abfolge von verschiedenen Stadien gesellschaftlicher Kommunikation.

Allerdings unterscheidet Luhmann auch zwischen Primär- und Sekundärmedien, und hier wird die Sache verworren: Denn als Primärmedien identifiziert er zunächst Optik und Akustik, dann allerdings argumentiert er dass die Kunst Regeln etabliere, "denen die Differenz von Medium und Form als Medium dient."[50] Die Wahrnehmung von innermusikalischen Formen setzt also die Unterscheidung von Musik und Geräusch schon voraus. So wird Musik also zu einem Sekundärmedium, ebenso wie das Alphabet, das Luhmann als Primärmedium der Literatur ansieht. Hier taucht also mutatis mutandis der McLuhansche Gedanke, dass ein Medium Inhalt eines anderen Medium sein kann, wieder auf[51], womit die Präzision der Unterscheidung von Medium und Form einiges an Überzeugungskraft verliert.

Luhmann entfaltet die Potentiale seiner Medientheorie nicht in Hinwendung zu einer soziologisch fundierten und empirisch untermauerten Kommunikationsgeschichte, sondern stellt meiner Einschätzung nach eher sozialphilosophische Betrachtungen an, die in die Richtung gehen, zu klären, was denn das Wesen der Kunst sei, bzw. in Luhmannscher Schreibart, was denn die Kommunikation mit und über Kunst erst möglich macht und welche Funktion diese erfüllt. Die Brauchbarkeit dieser Überlegungen für den hier angestellten Versuch, eine empirisch anwendbare Medientheorie zu entwickeln, ist meines Erachtens allerdings gering.

Zwei Theoriestränge, die von der angloamerikanischen bzw. französischen Kultur- und Sozialwissenschaft ausgehen, können im vorliegenden Zusammenhang nicht unerwähnt bleiben, nicht zuletzt, weil sie zumindest am Rande auf Benjaminsche Konzepte bzw. deren Weiterentwicklung eingehen: Es handelt sich um den französischen (Post-)Strukturalismus und um den zunächst britischen, dann vor allem an-

---

49 Diesen drei Kategorien entsprechen 'sekundäre Kodes', 'Medien' und 'tertiäre Kodes', auch der von Luhmann verwendete Begriff der 'Wahrnehmungsmedien' hat im Terminus 'primäre Medien' seine Entsprechung, vgl. Smudits 1999, wo ich diese Ausdifferenzierung in bezug auf Musik eingehender darstelle.
50 Luhmann 1986: 9.
51 Ohne dass – soweit ich sehe – Luhmann auf McLuhan bezug nimmt.

gloamerikanischen Ansatz der Cultural Studies, der gelegentlich auch als kultureller Materialismus[52] bezeichnet wird. Dass hier beide Male den 'Medien' mehr als eine bloß partikuläre Rolle im Prozess gesellschaftlich-kultureller Entwicklung zugestanden wird, wird schon allein aus den Titeln zweier einschlägiger Arbeiten ersichtlich: 'Pour une critique de l'economie politique du signe' des Franzosen Jean Baudrillard[53] und 'Contributions to a political economy of mass- communication' des Briten Nicholas Garnham[54].

Eine politische Ökonomie der Zeichen: Poststrukturalismus, Postmoderne etc.

Eine Fülle von AutorInnen, die dem (Post-) Strukturalismus bzw. der Postmoderne zugeordnet werden (wiewohl sie selbst sich vielfach dagegen verwehren) hat Überlegungen angestellt, die zweifellos auch medientheoretischen Charakter haben. Oftmals handelt es sich um das Bemühen, einen grundlegenden gesellschaftlichen Wandel, der gerne als Wandel von der sogenannten 'Moderne' in einen Zustand der 'Postmoderne' begriffen wird, auf vorwiegend (sozial)philosophischer Basis zu analysieren[55]. Die Medien – und hier vor allen die mit der Digitalisierung einhergehenden und ermöglichten Tendenzen zu einer umfassenden Informatisierung – spielen dabei eine wesentliche Rolle insofern, als sie eine Verlagerung des als gesellschaftlich relevant erachteten Schwerpunkts von der materiellen Produktion hin zur immateriellen Informationsvernetzung bzw. Simulation befördern.[56]

Aufgrund der Unterschiedlichkeit der einzelnen Konzepte – sowohl was die Herkunft bezogen auf Wissenschaftsdisziplinen betrifft, wie den konkreten Untersuchungsgegenstand aber auch das Erkenntnisinteresse – ist es unmöglich, (post-) strukturalistische bzw. postmoderne medientheoretische Ideen auch nur ansatzweise zusammenzufassen: Paul Virilio[57] etwa stellt das Phänomen der Geschwindigkeit ins Zentrum seiner Untersuchungen, in denen er sich insbesondere mit militärischer Entwicklung (Waffentechnologie), Kino und – beides verbindend – mit der Veränderung der Wahrnehmung beschäftigt. Vilém Flusser setzt sich in philosophischen Essays mit verschiedenen Kommunikationstechnologien und deren Wirkung auf die conditio humana auseinander[58] und Friedrich Kittler[59] zeichnet mediengeschichtliche

---

52 Z.B. Göttlich 1996.
53 Baudrillard 1981.
54 Garnham 1986.
55 Z.B. Lyotard 1982.
56 Vgl. die Ausführungen im 1. Kapitel/Medienwissenschaft und die dort in Fußnote 27 zitierte Literatur.

Entwicklungen (Schreibmaschine, Grammophon, Film) unter Zuhilfenahme psychoanalytischer, literaturwissenschaftlicher und philosophischer Kategorien nach.

Allen gemeinsam ist der vornehmlich philosophisch-geisteswissenschaftliche, semiotisch beeinflusste Zugang. Es geht, wenn auf die Medien bezug genommen wird, eher um Erkenntnistheorie, ästhetische Theorie, Theorie der Subjektivität, Technikphilosophie, denn um eine soziologisch orientierte Medientheorie.[60]

In einem sozialwissenschaftlichen Kontext verwertbar scheinen noch am ehesten die Gedanken Jean Baudrillards zu sein, dessen medientheoretischen Überlegungen u.a. an Benjamin, McLuhan, Enzensberger, aber auch an Lefebvre und Marx anschließen. Von Henri Lefebvre[61] übernimmt er die Kategorie der 'Simulation' und stellt gleichsam mit ihrer Hilfe Marx auf den Kopf. In seiner 'Theorie der strukturellen Revolution des Wertes' behauptet Baudrillard nämlich, dass in der gegenwärtigen gesellschaftlichen Entwicklung die Simulakren zweiter Ordnung, denen die industrielle Produktion und das 'Marktgesetz des Wertes' entsprechen, abgelöst werden durch Simulakren dritter Ordnung, denen die Simulation (anstelle der Produktion) und das 'Strukturgesetz des Wertes' entsprechen.[62] Eine ganz wesentliche Rolle in diesem Szenario kommt den Kommunikationstechnologien zu, die die Reproduktion und schließlich die Simulation ermöglichen (deshalb sein Bezug auf Benjamin und McLuhan). So wie die industrielle Produktion und damit einhergehend das 'Marktgesetz des Wertes' die Verbindung zwischen Gebrauchs- und Tauschwerten zerstörte und in Folge dessen letztlich alle Güter als bloße Tauschwerte zirkulieren und ihre Bedeutung als Gebrauchswerte verlieren, so zerstört jetzt – im Zeitalter der Reproduktion bzw. Simulation – das Strukturgesetz des Wertes die Verbindungen zwischen Signifikanten und Signifikaten. Die Zeichen und Bilder verweisen auf nichts mehr als auf sich selbst oder auf andere Zeichen und Bilder – sie haben keine Bedeutung mehr (verweisen auf kein Signifikat) – die Zeichen flottieren, wie Baudrillard erneut in Anlehnung an Lefebvre formuliert.

---

57 Virilio 1986, 1996.
58 Flusser 1983, 1985, 1987, 1997.
59 Kittler 1985, 1986.
60 Vgl. dazu beispielhaft bzw. als Überblick Kunstforum 97, 98 und 103, Rötzer 1991, Levy 1997 oder verschiedenste Kataloge zur seit 1979 jährlich in Linz stattfindenden Ars Electonica, eine Rückschau bietet Druckrey 1999.
61 Lefebvre 1977.
62 Vgl. Baudrillard 1982: 79.

Damit rückt die formbestimmende Kraft der Kodes – und nicht der Medien – ins Zentrum der Analyse und der Emanzipationsmöglichkeiten[63], weswegen er auch von einer Kritik der politischen Ökonomie der Zeichen spricht. Damit weist sich dieser Ansatz aber als einer aus, dem letztendlich ein technologischer Determinismus zugrunde liegt, denn die Ursache für die wachsende Vorherrschaft des 'Strukturgesetzes des Wertes' wird zweifellos in einer gleichsam naturwüchsigen Technikentwicklung gesehen.

Eine politische Ökonomie der Massenkommunikation: Kultureller Materialismus bzw. Cultural Studies

Eine andere Entwicklung als im deutschsprachigen Raum hat die materialistisch orientierte Kulturtheorie in Großbritannien genommen. Ausgehend von einem eher anthropologischen Kulturbegriff ging es weniger um die Auseinandersetzung mit Phänomenen der Kunst oder auch der Massenkultur, sondern vielmehr um die ganzheitliche Analyse der Lebensweisen von Gruppen (Subkulturen) oder Klassen (Stammkulturen), wobei kulturellen Gütern dann eben jeweils ganz spezifische Funktionen zukommen, die zum Gegenstand der Analyse werden.[64] Kultur- oder Kunstgeschichte wird aus dieser Perspektive immer notwendig in Verbindung mit Sozialgeschichte, Technikgeschichte, politischer Geschichte etc. zu behandeln sein.

Eine zentrale Rolle im Konzept der Cultural Studies spielt die von Antonio Gramsci[65] entwickelte Kategorie der 'kulturellen Hegemonie', also die Mechanismen der Errichtung und Erhaltung 'geistiger Macht'. Da bei der Vermittlung kultureller Hegemonie naturgemäß die 'Massenmedien' eine immer unübersehbarere Rolle spielen, liegt es nahe, dass ihnen im Rahmen der Cultural Studies vermehrt Beachtung geschenkt wurde und wird. Neben den Subkultur- und Jugendkultur-Studien des Centre for Contemporary Cultural Studies[66] vor allem der 1960er und 1970er Jahre, fanden sich daher bald Arbeiten zur Massenkommunikation bzw. zur Populärkultur, wobei allerdings das Interesse in erster Linie dem Medienverhalten der Rezipient/inn/en galt (audience studies) oder der Analyse populärkultureller Texte, und weniger den Produktionsbedingungen oder deren technischen Voraussetzungen.[67] Bemerkenswert dabei ist die weitgehend fehlende Bezugnahme auf die ein-

---

63 Baudrillard 1978.
64 Einen Überblick bieten z.B. Turner 1990 oder Winter 2001.
65 Gramsci 1980, vgl. auch Harris 1992.
66 CCCS bzw. 'Birmingham School', vgl. z.B. Clarke u.a. 1981, Willis 1978, 1979.
67 Vgl. z.B. Hall 1980, Collins u.a. 1986, Fiske 1989, Gurevich 1990, Göttlich 1996, Hepp/Winter 1997, Hepp 1999.

schlägige deutschsprachige Theorietradition (Benjamin, Adorno) und die Berufung auf (britische) AutorInnen, die an der Entwicklung einer eigenständigen marxistischen Kulturtheorie beteiligt waren, wie etwa Richard Hoggart, E.P. Thompson und Raymond Williams, aber auch auf marxistisch orientierte französische Autoren, wie Luis Althusser und Pierre Bourdieu.[68]

In bezug auf die im vorliegenden Zusammenhang interessante Frage, ob und in welcher Art und Weise die Kommunikationstechnologien im Rahmen dieses Ansatzes thematisiert werden, finden sich einige wichtige Hinweise bei Raymond Williams, einem der wichtigsten Theoretiker des kulturellen Materialismus. Für ihn sind die Künste zunächst und grundsätzlich einmal "intensive Formen der Kommunikation"[69] und weiters kommt er, indem er sich gegen vulgärmarxistische Interpretationen des 'Basis-Überbau'-Schemas wendet u.a. zu dem bemerkenswerten Schluss, dass man notwendigerweise eine Ausweitung des Produktivkraft-Begriffs vornehmen muss, wenn man von der seines Erachtens nicht haltbaren Annahme abgeht, dass die Basis einzig der primären Produktion, also im wesentlichen der Schwerindustrie, entspricht.[70]

Während dieser Gedanke – der ja die Annahme von Produktivkräften künstlerischer Kommunikation nahe legt – in seinen früheren kulturhistorischen Analysen noch einigermaßen implizit bleibt[71], so fordert er in einer späteren Arbeit explizit die Analyse der großen modernen Kommunikationssysteme, die mittlerweile ganz offensichtlich zu Schlüsselinstitutionen fortgeschrittener kapitalistischer Gesellschaften geworden seien, ein und stellt fest "... these analyses force theoretical revision of the formula of base and superstructure and of the definition of productive forces, in a social area in which large scale capitalist economic activity and cultural production are now inseparable."[72] Eine Forderung, die Nicholas Garnham[73] mit dem Entwurf einer 'Politischen Ökonomie der Massenkommunikation' beantwortet und in dem er Tendenzen der Industrialisierung von Kultur theoretisch zu fassen versucht.

Ohne ausdrückliche Bezugnahme auf die marxistische Theoriediskussion – und gleichsam mit einem impliziten Produktivkraft- Ansatz – hat Williams selbst bereits 1974 eine Untersuchung vorgelegt, in der er das Fernsehen als technische und kulturelle Form analysiert. Indem er

---

68 Vgl. z.B. Turner 1990 oder Winter 2001.
69 Williams 1983: 30.
70 Vgl. Williams 1983: 187.
71 Z.B. Williams 1963.
72 Williams 1977: 136.
73 Garnham 1986.

– u.a. auch in einem kleinen medienhistorischen Exkurs – aufzeigt, wie untrennbar verwoben technische, soziale und kulturelle Entwicklungen zu betrachten sind, führt er nicht nur theoretisch, sondern gleichsam angewandt vor, dass Kulturanalyse jenseits der Trennung von Kultur und Technik möglich und notwendig ist. Und in einem 1980 veröffentlichtem Aufsatz formuliert Williams explizit im Titel: 'Means of Communication as Means of Production'.[74] Williams Verständnis von Medien als Produktionsmittel bezieht immer soziale Praktiken mit ein. Udo Göttlich fasst dies unter dem Begriff 'Medien als Durchgangspunkte sozialer Praxis'[75] zusammen und es ist durchaus angebracht, davon auszugehen, dass Williams der Eigengesetzlichkeit jeweils bestimmter Medien formbestimmende Kraft für die Art und Weise der Produktion und auch für die Struktur der Produkte des Kulturschaffens (Genres, Sujets etc.) wie für die Qualitäten, die Möglichkeiten und Grenzen der Rezeption (der Aneignung) kultureller Produkte oder Prozesse zuschreibt (ohne, dass dies seine Terminologie wäre).

Im breiten Betätigungsfeld der Cultural Studies fand dieser produktionsorientierte Ansatz von Williams allerdings keine große Resonanz, bislang liegen nur vereinzelte Arbeiten vor, die in die Richtung der Medienanalyse gehen, die bei den 'Produktionsmitteln' ansetzt.[76]

Eine politische Ökonomie der Kommunikation?

Eine kritische Zusammenfassung der vorgestellten kunstsoziologischen Ansätze vor dem Hintergrund der bereits erarbeiteten Definition des Medien-Begriffs zeigt, dass es in der einschlägigen deutschsprachigen Theorietradition u.a. auch darum geht, die materiellen Grundlagen künstlerisch- kultureller Kommunikation als Produktivkräfte zu begreifen und auch zu analysieren. Als hemmend zur Realisierung eines solchen Vorhabens erweisen sich allerdings entweder die strikte Trennung von kultureller Produktion einerseits und gesellschaftlicher Produktion andererseits (kulturelle 'geistige' Produktion folgt anderen Gesetzen als gesellschaftlich 'materielle' Produktion) oder die Einschätzung kultureller Produktion als bloßes Anhängsel, als Reflex gesellschaftlicher Produktion (kulturelle 'geistige' Produktion ist nur aus der 'materiellen' gesellschaftlichen Produktion heraus verstehbar).

Der (post)strukturalistische Ansatz stellt die Analyse der Kodes in den Mittelpunkt, versucht also nachzuzeichnen, wie sich die den Medien in-

---

74 Williams 1980.
75 Vgl. dazu auch Göttlich 1996, vor allem S. 255ff.
76 Eine der ersten diesbezüglichen Arbeiten im deutschsprachigen Raum wurde von Zielinski (1989) vorgelegt, erwähnenswert ist auch Gay 1997.

newohnenden Strukturen auf die Strukturen subjektiver Wahrnehmung und entsprechender gesellschaftlicher Organisation übertragen, vernachlässigt aber dabei die soziale Determiniertheit der Medien selbst. Das Programm einer 'politische Ökonomie der Zeichen' verweist zwar auf ein umfassenderes Verständnis von kultureller Kommunikation, trifft aber nur die eine Seite der Medaille 'Produktivkräfte', nämlich die Kodes.

Der Kultur-Begriff und damit der Ansatz der Cultural Studies erlaubt eine uneingeschränktere Analyse von kulturell-künstlerischer Produktion, als dies in der deutschsprachiger Theorietradition der Fall ist. Es wurde aber bislang verabsäumt, ein allgemein theoretisches Instrumentarium zu entwickeln, denn die Forderung nach einer 'politischen Ökonomie der Massenkommunikation' zielt eher auf die adäquate Auseinandersetzung mit aktuellen Entwicklungen des Prozesses gesellschaftlicher Kommunikation, etwa im Sinne einer Fokussierung der ökonomischen Grundlagen und der politischen Rahmenbedingungen und Funktionsweisen der Massenkommunikation, denn auf die theoretische Einbettung dieser Probleme in eine umfassende Medientheorie, die auch Formen vorindustrieller kultureller Produktion und Kommunikation zu erfassen imstande ist.

Einer 'politischen Ökonomie der Zeichen' und einer 'politischen Ökonomie der Massenkommunikation' übergeordnet wäre dann wohl eine allgemeine 'politische Ökonomie der Kommunikation' – und die Grundlage einer solchen bestünde in einer 'Produktivkrafttheorie der Medien'.

5. Kapitel

Entwurf einer Produktivkrafttheorie der Medien

Kommunikationstechnologien als Produktivkräfte der Kommunikation

Zur Rekapitulation: Ich habe versucht eine eindeutige Bestimmung des Medien-Begriffs vorzunehmen und dabei mehrere dialektisch miteinander verbundene Dimensionen identifizieren können, die den Medien-Begriff ausmachen, nämlich Kode, Medium/Trägermaterial, Kommunikationstechnologie und Text. Den Einfluss technischer Innovationen auf den Wandel der kulturellen Kommunikation habe ich schließlich mit dem Terminus 'Mediamorphose' festzumachen versucht. Weiters habe ich in der Absicht, ein Instrumentarium zur Identifikation, Beschreibung und Analyse von Mediamorphosen zu erstellen, jene kunst- kultur- und mediensoziologische Konzepte diskutiert, in denen versucht wird, die technisch/materiellen Grundlagen des Kulturschaffens (Technik, Apparatur, Reproduktionstechnologie), aber auch der Kommunikation im allgemeinen, ins Zentrum der Analyse zu rücken. Als allgemeinste Kategorie zur Erfassung all dieser technischen Aspekte in ihren jeweiligen gesellschaftlichen und historisch bestimmten Erscheinungsformen bietet sich die Kategorie der 'Produktivkraft' an. Ich möchte nun zum Abschluss des theoretischen Teils dieser Arbeit die bereits entwickelten Dimensionen des Medien-Begriffs in die Terminologie des Produktivkraft-Ansatzes übersetzen, d.h. ich möchte zunächst den allgemeinen Prozess gesellschaftlicher Kommunikation als Produktion (von Sinn, von Wissen, von Kultur, von Gesellschaft) auffassen.

Die Produktivkräfte bezeichnen den Stand der technologischen Entwicklung einer Gesellschaft und zwar umfassen sie sowohl die Geräte, Werkzeuge, Maschinen als gegenständliche, materiell fassbare Produktionsmittel, wie auch die Arbeitsvermögen[1], also die Fähigkeiten und Verfahrensweisen der Menschen, mit diesen Produktionsmitteln umzugehen, sie kompetent zu bedienen.

Auf den Prozess gesellschaftlicher Kommunikation bezogen, liegt es nahe, die Medien (im Sinne von Geräten, Trägermaterialien oder Kanälen) als Produktionsmittel und die Beherrschung der Kodes (kommunikative Kompetenzen), die sich mittels dieser oder auf die-

---

1 Zu diesem Begriff vgl. Fußnote 28 im 4. Kapitel.

sen Produktionsmitteln medial verobjektivieren lassen als Arbeitsvermögen aufzufassen.

So wie Produktionsmittel und Arbeitsvermögen sind auch Medien und Kodes untrennbar miteinander verbunden. Und so wie jene beeinflussen sich diese wechselseitig und entwickeln sich in Abhängigkeit voneinander. Die Kategorie, die dieses dialektische Verhältnis von Kodes und Medien zum Ausdruck bringt und zusammenfasst zugleich, ist die der Kommunikationstechnologien. Im Bereich der Kommunikation entsprechen den Produktivkräften also die Kommunikationstechnologien. Im Gegensatz zu Medien und Kodes, die immer auch abstrakt, ahistorisch denkbar sind, können als Produktivkräfte verstandene Kommunikationstechnologien immer nur als gesellschaftlich und historisch bestimmt gedacht werden. Medien und Kodes realisieren ihre gesellschaftlich-kommunikativen Potentiale erst, indem sie zu Produktivkräften werden und als solche befinden sie sich in einer ständigen Entwicklung. Die Ergebnisse der materiellen Produktion sind Güter und Dienstleistungen, ihre Qualität hängt vom Stand der Produktivkräfte ab. Analog sind die Ergebnisse des produktiven Zusammenhanges von Medien und Kodes Gesten oder Texte. Die Qualität der Gesten oder Texte ist abhängig von den jeweils zur Verfügung stehenden Kommunikationstechnologien, d.h. sie sind medial formbestimmt.

Schließlich noch zur Beziehung zwischen Produktivkräften und Produktionsverhältnissen: Die Produktionsverhältnisse in ihrer allgemeinen Bedeutung sind jene Verhältnisse, die Menschen als gesellschaftliche Wesen notwendigerweise eingehen müssen und die die Arbeit und die Verteilung der Arbeitsergebnisse regeln. Auf den Prozess der gesellschaftlichen Kommunikation bezogen beschreiben kommunikative Produktionsverhältnisse dementsprechend die Strukturen sozialer und kultureller Ungleichheit, die bezüglich der Verbreitung der und des Zugangs zu historisch gegebenen Kommunikationstechnologien und deren Produkten (Texten) existieren. In der folgenden Darstellung (2A) werden die Analogien zwischen den Dimensionen des Medien-Begriffs und der Begrifflichkeit des Produktivkraft-Ansatzes zusammengefasst. (Vgl. dazu auch Darstellung 1)

Darstellung 2

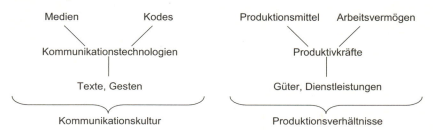

Die kommunikativen Produktionsverhältnisse – man könnte sie als Kommunikationskultur[2] bezeichnen – wiederum sind unmittelbar mit den allgemeinen Produktionsverhältnissen verbunden. Zur medialen Formbestimmtheit kommt also die politökonomische Formbestimmtheit der gesellschaftlichen Kommunikation hinzu. Oder anders gesagt: Die allgemeinen gesellschaftlichen Produktionsverhältnisse und die diesen Produktionsverhältnissen entsprechenden, historisch gegebenen ökonomischen, rechtlichen, sozialen, kulturellen und ideologischen Rahmenbedingungen – kurz: die Produktionsweise – beeinflussen sowohl die kommunikativen Produktivkräfte wie die kommunikativen Produktionsverhältnisse. Manche AutorInnen gehen daher überhaupt davon aus, dass eine Analyse der Kommunikationskultur sinnvollerweise nur im Rahmen einer Analyse der allgemeinen Produktionsweise stattfinden kann.[3]

Wenngleich der Einfluss der allgemeinen Produktionsweise auf die Kommunikationskultur weder zu ignorieren noch zu unterschätzen ist[4], so ist dennoch davon auszugehen, dass den kommunikativen Produktivkräften ein eigenständiger Wert zukommt, und dass deren gesonderte Analyse Ergebnisse erbringen kann, die im Rahmen einer Analyse, die nur von der allgemeinen Produktionsweise einer Gesellschaft ausgeht – die also nur eine politökonomische Formbestimmung des Prozesses gesellschaftlicher Kommunikation anerkennt – gar nicht erst sichtbar würden. Möglicherweise gilt dieses 'Mehr', das eine an den

---

2   Ich habe mich damit an anderer Stelle eingehender auseinandergesetzt, vgl. Smudits 1987.
3   Das ist natürlich vor allem die Position der Kritischen Theorie, aber auch 'orthodoxerer' marxistischer Positionen, wie sie z.B. von Holzer 1976 oder Hund/Kirchhoff-Hund 1980 vertreten werden. Auffällig dabei ist auch, wie wenige AutorInnen sich überhaupt mit dieser Thematik eingehender beschäftigen.
4   Eine Gefahr, die vor allem dann besteht, wenn die Idee, 'Kunst' als zunehmend selbstreferentielles, von andern gesellschaftlichen Teilsystemen weitgehend unabhängiges System (z.B. im Sinne Luhmanns) zu verstehen, überstrapaziert wird.

kommunikativen Produktivkräften orientierte Sichtweise an Erkenntnis liefern kann vor allem für den Bereich der künstlerisch kulturellen Kommunikation. Denn gerade hier verdecken ideologisch-ästhetische Wertungen allzu leicht die Sicht auf die materielle Basis, also auf die kommunikativen Produktivkräfte, die diese spezifischen Formen gesellschaftlicher Kommunikation ermöglichen.[5]

Wenn die Produktivkraft-Theorie des Prozesses gesellschaftlicher Kommunikation im Hinblick auf den Bereich 'Kunst' spezifiziert werden soll, so geschieht dies in der Absicht, das Instrumentarium für eine grundlegende materialistische Analyse des Kulturschaffens zu entwickeln, in der das Hauptaugenmerk auf der medialen Formbestimmung künstlerisch-kultureller Kommunikation liegt, in der aber politökonomische Rahmenbedingungen deswegen im weitern nicht ignoriert werden sollen.

Kommunikationstechnologien als künstlerische Produktivkräfte:
Die mediale Formbestimmtheit der Kunst

Die Übertragung der Produktivkraft-Theorie des Prozesses gesellschaftlicher Kommunikation auf den Bereich des Kulturschaffens bedarf keiner grundsätzlich neuen Beschreibung der einzelnen Dimensionen dieses Prozesses. Die Abgrenzung von künstlerisch- kultureller und nicht-künstlerischer Kommunikation ist vor allem gattungsspezifisch unterschiedlich und sie ist weiters historisch und gesellschaftlich bestimmt. Eine sinnvolle Spezifikation kann daher immer nur auf der Basis eines historisch-konkreten Standes kommunikativer Produktivkräfte erfolgen.

Erst im Rahmen einer solch empirisch-historischen Analyse einer konkreten Mediamorphose kann die mediale Formbestimmung der jeweiligen künstlerisch-kulturellen Kommunikation identifiziert werden.[6]

Um das Verständnis von Kommunikationstechnologien als künstlerische Produktivkräfte zu vertiefen, will ich hier nur ganz allgemein bzw. anhand einiger Beispiele ausführen, wie die einzelnen Dimensionen zu verstehen sind. Die Produktivkräfte des Kulturschaffens setzen sich aus den künstlerischen Arbeitsvermögen und den Medien zusammen, die in einer gegebenen historischen Situation vorzufinden sind. 'Künst-

---

5 Man denke nur an die Ideologie des autonomen, genialen Künstlertums, die durchaus auch materialistische Ansätze, etwa den Adornos stark beeinflusst (hat).
6 Diese Problematik wird vor allem im zweiten Teil der vorliegenden Arbeit eingehend behandelt werden.

lerische Arbeitsvermögen' sind dabei künstlerische Techniken im Sinne individueller bzw. gesellschaftlich vermittelter Verfahrensweisen, sind also handwerkliches Können und Kreativität. Handwerkliches Können äußert sich in der kompetenten Anwendung gegebener (gattungsspezifischer) künstlerischer Kodes, Kreativität in der Verfeinerung oder optimalen Ausnutzung vorhandener Kodes bzw. in der Überwindung derselben. Künstlerische Arbeitsvermögen und Medien stehen in einem wechselseitigen Abhängigkeitsverhältnis. Ohne den Begriff 'Produktivkraft' zu gebrauchen, weist Blaukopf auf das diesbezüglich bestehende dialektische Verhältnis am Beispiel musikalischen Schaffens hin: „Das Technische, das wir hier meinen, schließt nicht nur den Apparat der klanglichen Realisierung ein, sondern auch die im historischen Prozess erworbenen Fähigkeiten, diesen Apparat in bestimmter Weise zu handhaben – das heißt auch die 'Schreibweise' des Komponisten, die, so individuell sie auch sein mag, auf den historisch erworbenen Schreibweisen beruht. Dass diese Schreibweise selbst wiederum von den technischen Eigenheiten des zur Verfügung stehenden Klangapparats geprägt ist (...), steckt ein weiteres Mal die chronologische Grenze ab."[7]

Da also die Realisierung künstlerischer Arbeitsvermögen immer von den Werkzeugen und Materialien, den Medien also, abhängt, ist davon auszugehen, dass eine Überwindung gegebener Kodes immer auch mit einer Innovation im Medien-Bereich zusammen hängt (sofern die Potentiale der bislang existierenden Medien bereits ausgelotet sind). Entweder verdinglichen sich neue individuell oder kollektiv erarbeitete Verfahrenstechniken in vorhandenen Medien und treiben damit die Grenzen des in und mit diesen Medien Möglichen im Sinne eines Rationalisierungsprozesses weiter voran oder das Werkzeug oder Trägermaterial selbst wird sprungartig verändert.[8]

Veränderungen im Medien-Bereich können innerkünstlerisch motiviert erfolgen, vielfach kommt der Anstoß dazu aber nicht von den Kulturschaffenden selbst, sondern gleichsam von außen – etwa aus der Kommunikations- oder Kriegstechnologie – und die KünstlerInnen sind schlagartig herausgefordert, diese neuen Medien für ihre Kunst zu erobern, d.h. alte Kodes ihnen anzupassen oder neue Kodes zu entwickeln – sich den Herausforderungen einer neuen Mediamorphose zu stellen. Ob und in welchem Maße neue Medien für das Kulturschaffen erschlossen werden können, hängt natürlich weiter von den jeweiligen gesellschaftlichen Rahmenbedingungen ab.[9] Von hier aus werden

---

7 Blaukopf 1984: 89.
8 Vgl. Weber (1972: 59ff.), der z.B. in bezug auf die Musik zwischen einer innermusikalischen und einer außermusikalischen Rationalisierung unterscheidet.

Grenzen, aber auch Anreize verschiedenster Art vorgegeben, auf die die Kulturschaffenden reagieren. Kurz: Die Entwicklung künstlerischer Produktivkräfte hängt nicht nur vom Innovationswillen der Kulturschaffenden, von deren Kreativität ab, sondern auch von den kommunikativen Produktionsverhältnissen ab (ideologische, ästhetische Barrieren, Nachfrage und Angebot etc.) und den allgemeinen Produktionsverhältnissen (politökonomische, rechtliche Rahmenbedingungen). Andererseits bewirken reale Veränderungen des Stands der künstlerischen Produktivkräfte ab einem gewissen Zeitpunkt notwendigerweise Veränderungen der Produktionsverhältnisse des Kulturschaffens. Diese Veränderungen stehen aber wiederum in einem engen Zusammenhang mit den politökonomischen Rahmenbedingungen. Die Entwicklung und Anpassung des Urheberrechts an jeweilige Schübe der künstlerischen Produktivkraftentwicklung (Buchdruck, AV-Medien) mag hier als Beispiel dienen (ich werde noch ausführlicher darauf eingehen).

Zur Illustration: Beispiele der Entwicklung künstlerischer Produktivkräfte

An den Beispielen des Alphabets, der Notenschrift und der Digitalisierung[10] lässt sich jene Entwicklung künstlerischer Produktivkräfte gut veranschaulichen, die durch Innovationen im Bereich der Kodes vorangetrieben wird:

Die Einführung des **phonetischen Alphabets** im antiken Griechenland[11] stellt eine Rationalisierung des schriftliche Kodes dar, als deren Folge neue Potentiale der Kommunikationstechnologie 'Schrift' – u.a. auch im Bereich der Dichtung[12] entfaltet werden. Die mediale Verdinglichung dieser Entwicklung schlägt sich im Gebrauch einer begrenzten Zahl wohldefinierter Zeichen nieder, erfolgt grundsätzlich also relativ unabhängig von Medien (Trägermaterial, Geräten), denn prinzipiell ist es möglich, mit einem Stock im Sand, mit einem schmutzigen Finger an einer Wand zu schreiben. Der immer intensivere Gebrauch der phonetischen Schrift legt allerdings nahe, möglichst praktikable Medien zu entwickeln (Papier, graphische Geräte). Einer solchen Rationalisierung der Geräte standen lange Zeit gesellschaftliche Hemmnisse entgegen. Die kulturelle Produktivkraft – und gesellschaftliche Sprengkraft

---

9 So wird das Telefon im Gegensatz z.B. zum Radio bis heute nicht als künstlerisches Medium genutzt, allerdings ist das Internet gerade dabei, die künstlerischen Potentiale des Telefons, also der one-to-one Kommunikation zu erschließen.
10 Vgl. z.B. Goodman 1973, Schanze 2001.
11 Vgl. Goody u.a. 1986, 80f, Hiebel u.a. 1998: 37.
12 Vgl. z.B. Havelock 1976, Schanze 2001.

– der phonetischen Schrift wurde von den jeweils Herrschenden mehr oder weniger bewusst im Zaum gehalten: nur wenige Auserwählte durften diesen Kode beherrschen und dementsprechend wurden keine Anstrengungen unternommen, die Medien zu rationalisieren. Erst mit der Erfindung des Papiers und später des Buchdrucks wurde eine neue Stufe der Produktivkraft 'Schrift' mit den bekannten kulturellen und gesellschaftlichen Folgen erreicht.

Die Entwicklung der **Notenschrift** kann an Bedeutung mit der des phonetischen Alphabets verglichen werden. Auch hier wird ein Kode – der musikalische – rationalisiert und in Zeichen verdinglicht. Auf die Bedeutung der Notenschrift für die Entwicklung des abendländischen Musikschaffens haben verschiedene AutorInnen hingewiesen[13]. Christian Kaden spricht explizit von der Notenschrift als „Produktivkraft", die imstande ist „die kompositorische Entscheidungsfindung zu organisieren."[14]

Alphabet und Notenschrift stellen kulturelle Produktivkräfte dar, deren Entwicklung zwar primär auf einer Verbesserung der Kodes basiert, ihre volle Produktivkraft entfalten konnten sie aber erst im Zusammenwirken mit entsprechenden Medien (Papier, Druck).

Ein Beispiel für die von der anderen – der medialen – Seite her vorangetriebenen Produktivkraftentwicklung stellt z.B. das **Klavier** dar. Eine Verbesserung dieses Instruments, die u.a. durch allgemeine technisch-ökonomische Entwicklungen ermöglicht wurde (nämlich durch die Eisenproduktion, die die Verwendung von Eisenrahmen und Eisenverspreizungen beim Klavierbau nahe legte), bewirkte eine Herausforderung an die künstlerischen Arbeitsvermögen u.d.h. an die herrschenden musikalischen Kodes. „Aus dem fünfoktavigen stillen Tasteninstrument der Mozartzeit war das siebenoktavige Virtuoseninstrument geworden, das auch ein Orchester zu ersetzen vermochte."[15] Und das Potential dieses neuen 'Mediums' Klavier galt es erst auszuloten, wodurch es zur Produktivkraft musikalischen Schaffens wurde.

Das aktuellste Beispiele für eine mediale Entwicklung, die notwendigerweise zur Entwicklung neuer künstlerischer Kodes führen muss und auch schon führt, stellt der **binäre Kode** und das **Medium Computer** dar. Hier wird erneut und besonders drastisch der enge Konnex zwischen der Entwicklung von Kodes (Software) und Medien (Hardware) deutlich und auch das hier vorgeschlagene Verständnis von Medien und Kodes bestätigt, denn zur Unterscheidung von Software und Hard-

---

13 Vgl. M. Weber 1972: 53ff., Blaukopf 1984: 227ff.
14 Kaden 1984: 335.
15 Blaukopf 1984: 96.

ware wird von Fachleuten gerne die auch für Laien leicht nachvollziehbare Definition verwendet: 'Hardware ist alles am Computer, was man angreifen kann, Software ist alles, was man nicht angreifen kann'. Dasselbe gilt auch für Medien und Kodes. Computerprogramme sind demgemäss Texte, die Verfahrensregeln im binären Kode zum Inhalt haben, diese Regeln kann man aber eben nicht 'angreifen', nur das Trägermaterial, die Diskette, die CD-ROM kann man angreifen. Computerprogramme sind also spezifisch entwickelte 'Grammatiken', die der allgemeinsten Grammatik des binären Kodes folgen. Die Produktivkraft des binären Kodes besteht also wie die des Alphabets darin, zur Entwicklung von prinzipiell unendlich vielen Sprachen (Computerprogrammen) als Grundlage zu dienen.

Grundsätzlich handelt es sich beim digitalen bzw. binären Kode[16] um eine schon im 17. Jahrhundert von Francis Bacon bzw. Wilhelm Leibnitz entwickelte Rechensprache, die vor allem den Zweck erfüllen sollte, leistungsfähige mechanische Rechenmaschinen zu ermöglichen. Anfang des 19. Jahrhundert entwickelte Charles Babbage einen Rechner, der mit Lochkarten arbeitete und in den 1930er Jahren wurden erste Rechner auf der Basis von elektrischer Röhrentechnik entwickelt. 1958 schließlich wurde der erste 'Chip' hergestellt (die Integration mehrerer Bauteile auf einem Kristallplättchen), womit im Prinzip der Weg frei war für die Entwicklung von Rechnern auf mikroelektronischer Basis, also von Computern im heutigen Sinn. Diese Rationalisierungen der Medien (immer kleinere, immer leistungsfähigere Rechenmaschinen) wurde nur möglich durch die ständige Entwicklung komplexerer und also leistungsfähigerer Programme (Rationalisierung der Kodes) und der 'Verdinglichung' ebendieser Software-Entwicklungen in Form von Chips. D.h. ein 'Chip' kann durchaus als eine vergegenständlichte rechnerische Verfahrensweise angesehen werden, die als physischer Teil in die Hardware implementiert wird um deren Leistungsfähigkeit zu steigern. Diese enge Interdependenz von Rationalisierung des Kodes (Software) und Rationalisierung der Medien (Hardware) erklärt sich vor allem aus dem Umstand, dass es sich – ebenso wie beim analogen elektronischen Kode – um technikintensive Formen der Kommunikation handelt. Es gibt keine 'Stöcke', mit denen man in den Sand einen binären Kode zeichnen kann, und dabei den selben Effekt erzielt, nämlich grundsätzlich verstanden zu werden, als würde man mit dem Computer arbeiten. Wahrnehmbare Texte müssen mittels nicht wahrnehmbarer digitaler Kodes in maschinenlesbare und für den menschlichen Wahrnehmungsapparat nicht wahrnehmbare Texte übersetzt wer-

---

16 Zur Geschichte und Funktionsweise des Computers aus kultur- bzw. medienwissenschaftlicher Sicht vgl. z.B. Negroponte 1995, Hiebel 1998, Schanze 2001.

den, diese Texte können 'im Computer' bearbeitet (auch gespeichert, übertragen) werden um dann in wiederum wahrnehmbare Texte rückübersetzt zu werden. Weiters ist erwähnenswert, dass sämtliche Kodes – verbal-sprachliche, ikonische, graphische, akustische – in einen binären Kode übersetzbar sind, mit der Kommunikationstechnologie Computer also sämtliche kulturellen Ausdrucksformen erfassbar, bearbeitbar und vermittelbar sind.

Die künstlerischen Produktivkräfte, die in der Kommunikationstechnologie Computer stecken, sind gegenwärtig erst dabei, sich zu entfalten. Zum Teil wird noch versucht mit traditionellen Kodes zu operieren, doch dabei zeigen sich schon neue Qualitäten, die durch die eigengesetzliche Struktur des Computers zu erklären sind, z.T. wird schon in Richtungen experimentiert, die weit über den Gebrauch traditioneller Kodes hinausweisen. Interessanterweise kommen die anregendsten theoretischen Impulse zur Klärung des Potentials dieser neuen künstlerischen Produktivkräfte von KünstlerInnen selbst.[17] Ich komme auf diese Phänomene systematischer noch im Rahmen der Auseinandersetzung mit den einzelnen historisch unterscheidbaren Mediamorphosen zurück.

Grenzen und Möglichkeiten des Produktivkraft-Ansatzes

Das zentrale Anliegen besteht darin, die materiellen Grundlagen des Kulturschaffens zum Ausgangspunkt einer Analyse desselben zu machen. Daher fasse ich Kulturschaffen in erster Linie als Produktion auf. Als materielle Basis künstlerischer Produktion werden die Geräte und Trägermaterialien mittels bzw. auf denen sich künstlerische Kodes realisieren lassen identifiziert. Diese können als Medien (Produktionsmittel) und im weiteren – im Zuge ihrer realen historischen Entfaltung – als Kommunikationstechnologien (Produktivkräfte) aufgefasst werden. Zur Analyse der künstlerischen Produktion ist daher von einer allgemeinen Produktivkraft-Theorie des Prozesses gesellschaftlicher Kommunikation auszugehen und diese ist auf den Bereich künstlerisch-kultureller Kommunikation anzuwenden.

Grundlegend ist dabei die Hypothese der medialen Formbestimmung des Kulturschaffens. D.h. die allgemeine Theorie der gesellschaftlichen Produktion wird im Rahmen eines kommunikationstheoretischen Para-

---

17 Vgl. z.B. Kriesche 1985, Franke 1987, Weibel 1987, Rötzer 1991, Dinkla 1997, Council of Europe 1997, Gendolla 2001.

digmas neu formuliert und auf den Bereich des Kulturschaffens angewendet.

Das ruft einige Fragen nach der Legitimität und Brauchbarkeit, nach Vor- und Nachteilen, nach Möglichkeiten und Grenzen dieses Ansatzes auf, die zum Abschluss dieses theoretischen Teils noch angesprochen werden sollen.

'Medien' als allgemeine Kategorie

Zunächst zur Frage, ob es tatsächlich gerechtfertigt ist, künstlerische Produktion im Rahmen eines kommunikationstheoretischen Paradigmas zu fassen. Warum sind Kommunikationstechnologien als Produktivkräfte des Kulturschaffens interpretierbar und gilt dies auch für alle Formen des Kulturschaffens?

Es wurde bereits darauf hingewiesen, dass es vermutlich kein Zufall ist, dass kunstsoziologische Ansätze, die die Produktivkraft der Kommunikationstechnologien ansprechen, vor allem auf die Reproduktionstechnologien im Bereich der Kunst, auf die Massenmedien also, bezug nehmen.

Hier wäre zu bemerken, dass das Kulturschaffen zu Beginn des 20.Jahrhunderts mit der Einführung neuer Reproduktionstechnologien industrialisiert und daher als Produktionssektor im herkömmlichen Sinn erkennbar und beschreibbar wird. Und zwar vermutlich erst dann. Vor der Erfindung und Verbreitung von Film und Radio, Tonträgern aber auch schon der Fotografie war der Charakter von Kommunikationstechnologien als Produktivkräfte nicht erkennbar. Die Gründe dafür sind vermutlich sowohl medienimmanente wie gesellschaftlich-ideologische. Die 'archaischen' Kommunikationstechnologien (Rede, Schrift, Instrumente, Bilder) legten die Trennung von Medium und Kode, von Produktionsmittel und Arbeitsvermögen, nicht nahe. Diese Kategorien waren gleichsam noch nicht in ihrer Allgemeinheit entfaltet bzw. durch ihre historische Bestimmtheit nicht als allgemeine Kategorien erkennbar.[18] Und der Buchdruck und das sich damit entwickelnde Verlagswesen hätten zwar durchaus schon früh Anlass gegeben, über diese Medien als Produktionsmittel nachzudenken, doch stand dem wohl die traditionell-bürgerliche 'Kunst'-Ideologie im Wege.

Erst die neuen technischen Medien eröffnen also den Blick auf die mediale Formbestimmung auch von Formen traditionellen, insbesonde-

---

18 Vgl. Bürger 1974: 20ff, der ähnlich in bezug auf die allgemeine Kategorie der Kunstmittel argumentiert.

re des bürgerlichen Kulturschaffens. Dass diese Sichtweise weitgehend noch nicht praktiziert wird, liegt vermutlich an jenen ideologischen Barrieren des bürgerlichen Kunstverständnisses, man denke nur an den Geniekult[19], die es schon schwer genug machen, Kunst als Produktion aufzufassen. Noch mehr versperren sie vermutlich die Sicht auf die Produktionsmittel des Kulturschaffens, also auf die notwendige Beziehung von Technik und Kunst, die jedem Kunstschaffen in Form von Kommunikationstechnologien zugrunde liegen. Denn eine solche Sichtweise müsste ja den herrschenden Kunstbegriff als nicht nur historisch-gesellschaftlich (wie es in der Kunstsoziologie geschieht) sondern auch – noch tiefer liegend – als medial formbestimmt erkennen und dementsprechend entmystifizieren.

Das heißt nun umgekehrt: Ein allgemeiner Begriff von Kommunikationstechnologien sollte es ermöglichen, eine Analyse des Kulturschaffens vorzunehmen, die nicht von einer historisch bestimmten (z.B. der bürgerlichen) Form ausgeht und andere Formen an deren Kriterien misst, sondern die imstande ist, jeweils spezifische historisch-konkrete Strukturen und Funktionen des Kulturschaffens, wie sie erst durch die entsprechenden Kommunikationstechnologien ermöglicht werden, zu beschreiben.

Ästhetisch-wertende Enthaltsamkeit

Die Vorteile eines solchen Ansatzes sind offensichtlich gleichzeitig auch die Nachteile: ästhetisch-wertende Kategorien finden in ihm keinen Platz. Die Grenzen zwischen Kunst und Nicht-Kunst, sei es aus der Sicht der jeweiligen Zeit, sei es aus heutiger Sicht, sind durch eine von den Kommunikationstechnologien ausgehende Analyse nicht fassbar. Aber die Gefahr, wesentliche Phänomene des Kulturschaffens aufgrund ästhetischer (Vor-)Urteile nicht zu berücksichtigen wird vermieden. Die spezifische Analyse der Produktivkräfte des Kulturschaffens liefert für eine allgemeine – auch die gesellschaftliche Bestimmung von Kunst einbeziehende – Beschäftigung mit dem Kulturschaffen das vermutlich unverzichtbare und bislang zu wenig beachtete Fundament, nicht mehr und nicht weniger.

Besondere Bedeutung kommt einem von den Kommunikationstechnologien ausgehenden Ansatz dann zu, wenn es darum geht, mögliche zukünftige Entwicklungen des Kulturschaffens abzuschätzen. Denn eine vom tradierten Kunstverständnis ausgehende Prognose wird vermutlich Veränderungen immer als Bedrohung ebendieses tradierten

---

19 Z.B. Zilsel 1990.

Kultur- und Kunstmodells ansehen und nicht imstande sein, die möglichen Potentiale gerade stattfindender Mediamorphosen objektiv zu beurteilen[20]. Prognosen zur Entwicklung des Kulturschaffens müssen also naheliegenderweise von der Analyse der eigengesetzlichen Strukturen neuer Kommunikationstechnologien ausgehen um dann – auf dieser Basis – die gesellschaftlichen Nutzungsmöglichkeiten aufzeigen und verschiedene Optionen zur Diskussion stellen zu können. Erst an diesem Punkt dürften die konkurrierenden ästhetisch-ideologischen Werthaltungen verschiedenster gesellschaftlicher Gruppierungen ins Spiel kommen und im Rahmen kulturpolitischer Auseinandersetzungen aufeinandertreffen.

Fortschritt und Kunst

Wenn eine Produktivkraft ihr Potential entfaltet, wird eine Entwicklung vorangetrieben, das Vorantreiben einer Entwicklung kann auch als Fortschritt verstanden werden. Nun ist die Idee des Fortschritts in der Kunst eine recht umstrittene. Max Weber hat sich in Bezug auf die Möglichkeit von Fortschritt in der Kunst – wie schon ausgeführt – äußerst skeptisch geäußert[21]. Allerdings meine ich, dass der Produktivkrafttheorie-Ansatz durchaus die Idee eines Fortschritts in der Kunst objektiv (und nicht bloß im Sinne einer subjektiven Bewertung) nachvollziehbar macht und gleichzeitig den Ansprüchen Max Webers genügen kann.

Zur Rekapitulation: Für Max Weber heißt Fortschritt Rationalisierung, und Rationalisierung wiederum heißt Optimierung der Zweck-Mittel-Relation: Bessere Mittel um denselben Zweck zu erreichen oder sogar die Ermöglichung neuer Zwecke durch bessere Mittel. Da es sich bei den Mitteln der künstlerischen Kommunikation um das Zusammenspiel von Medien und Kodes handelt, bedeutet Fortschritt in diesem Zusammenhang entweder die Einführung neuer Mittel (neuer Medien) oder die Änderung (Verfeinerung, Überwindung) der Arbeitsvermögen, also der Kodes.

Was heißt nun Fortschritt in diesem Zusammenhang? Welche Kriterien müssen erfüllt sein, damit eine künstlerische Entwicklung vor dem Hintergrund auf Weber basierenden, theoretischen Überlegungen als Fortschritt in der Kunst bezeichnet werden kann?

Zwei Möglichkeiten sind idealtypisch unterscheidbar: Einmal ist es möglich, dass – aus welchen Gründen immer – ein vollkommen neues

---

20 Vgl. die abschließenden Bemerkungen im 2. Kapitel.
21 Vgl. den Abschnitt zu Max Weber im 4. Kapitel.

Medium zur Verfügung steht. Hier ist der Fortschritt also technisch-außerkünstlerisch bedingt. Neue, individuell oder kollektiv erarbeitete Verfahrenstechniken werden in vorhandenen Medien verdinglicht und damit werden die Grenzen des in und mit diesen Medien Möglichen im Sinne eines Rationalisierungsprozesses weiter vorangetrieben oder das Werkzeug oder Trägermaterial selbst wird sprungartig verändert. Beide Male handelt es sich aber noch –streng genommen – um einen rein technischen Fortschritt. Der Buchdruck, die Lithografie, das Klavier, die Fotografie, das Mikrophon und der Verstärker, Film, Fernsehen, Video, Tonträger, Radio, der Graphik- oder Musik-Computer wären Beispiele für solche Quantensprünge der Medienentwicklung, die weitgehend außerkünstlerisch[22] motiviert waren. Es handelt sich nun sicher um einen Fortschritt, solch ein neues Medium zu erproben, alte, vorhandene Kodes an ihnen auszuprobieren, eigenständige, diesem Medium adäquatere zu entwickeln.

Womit auch die zweite idealtypische Variante von künstlerischem Fortschritt angedeutet ist: Sie liegt in der Auslotung der Möglichkeiten der Kodes innerhalb eines gegebenen Medienspektrums. Hier handelt es sich also um kunstimmanenten Fortschritt. Denn mit der Einführung eines neuen Mediums sind die diesem Medium innewohnenden künstlerischen Potentiale ja nicht schlagartig verfügbar, sondern sie müssen oft über Generationen hinweg erarbeitet werden.

Fortschritt im künstlerischen Bereich im engeren Sinn heißt also: Ausdifferenzieren vorhandener Kodes und – falls hier die Grenzen erreicht sind – Entwickeln neuer Kodes. Das Ausdifferenzieren vorhandener Kodes kann z.B. im Falle der Musik darin bestehen, ein Medium (ein Instrument) immer perfekter zu beherrschen: Franz Liszt hat einen Beitrag dazu beim Klavier geleistet, Charlie Parker in bezug auf das Saxophon, Jimi Hendrix für die Elektrogitarre. Der 'Franz Liszt des Musik-Computers' besucht derzeit möglicherweise eine Musikhochschule und wird später vielleicht hauptsächlich als das, was wir gegenwärtig noch als 'TonmeisterIn' oder 'Producer' bezeichnen, arbeiten.

Für die beinahe zwingende künstlerische Notwendigkeit neue Kodes zu entwickeln kann als Beispiel die 'Erfindung' der Zwölftonmusik angesehen werden. Das Potential des abendländischen Tonsystems war mit den (melodisch-harmonisch) hochkomplexen Werken der Klassik und Romantik weitgehend 'ausgereizt': mit dieser Tonsprache konnte nichts wirklich neues mehr gesagt werden. Angedeutet bereits mit dem Tristan-Akkord Richard Wagners und radikal eingelöst von der Zwölf-

---

22 Vor allem bei den elektronischen Medien ist das ursprüngliche Interesse oft ein kriegstechnologisches gewesen, vgl. z.B. Mattelart 1999.

tonmusik kam es zu Beginn des 20.Jahrhunderts zu einer umfassenden Neudefinition des musikalischen Kodes, die zumindest im Bereich der Kunstmusik für nachhaltige Diskussionen sorgte.

Für die weitere Entwicklung als relevant müssen die elektronischen Medien erwähnt werden, die zunächst einen bloß technischen Fortschritt darstellten. Mit den elektronischen Medien wurde die Möglichkeit zur technischen Darbietung, also zur Aufzeichnung (Film, Tonträger) und Übertragung (Fernsehen, Rundfunk), später auch zur Generierung (Computer) jedweden künstlerischen Phänomens geschaffen. Gleichzeitig muss aber festgehalten werden, dass neue elektronische Produktionsmittel, wie z.B. die Elektrogitarre, Verstärkeranlagen, Tonstudios, vor allem aber der Musik-Computer, neue Potentiale des musikalischen Kodes erschließen und dann natürlich die Erarbeitung entsprechender Kodes herausfordern. Die Produktivkräfte, die in 'computerisierten' Kommunikationstechnologien stecken, sind erst ansatzweise zu beobachten, allerdings sind deutlich neue, durch die eigengesetzliche Struktur der jeweiligen Geräte erklärbare Qualitäten zu erkennen, die weit über die bisherigen Möglichkeiten der Produktion von künstlerisch-kulturellen Texten hinausgehen.

Dass es dabei keine geradlinige Entwicklung gibt, liegt u.a. an den vielfältigen Dimensionen künstlerischer Kodes. Bei der Musik z.B. handelt es sich vermutlich um Melodik, Harmonik, Rhythmik, Dynamik und Klangfarbe[23]. Fortschrittliche künstlerische Arbeit im Bereich der Klangfarbe (neue Sounds) etwa wird innerhalb einer Musikkultur, die traditionellerweise das Schwergewicht auf Innovation im Bereich der Harmonik (bei ziemlich kanonisierter Klangfarbe) legt, kaum bis wenig beachtet werden, vielleicht sogar als Spielerei oder Firlefanz abgelehnt werden.

Von hier weg ist es aber nun tatsächlich nur ein kleiner Schritt zur subjektiven Bewertung von Kunst. Für die Kunstsoziologie ändert sich hier die Perspektive von der medienbezogenen bzw. kunstimmanenten Analyse auf die Analyse der Funktion von Kunst für das kulturelle Selbstwertgefühl gegebener gesellschaftlicher Gruppierungen.[24]

---

23 Vgl. Smudits 1999.
24 Vgl. dazu Smudits 1999a.

Die Trennung von Produktion und Distribution

Eine Analyse, die von den Produktivkräften des Kulturschaffens ausgeht, macht die Trennung von Produktion, Distribution und Rezeption bei näherer Betrachtung hinfällig, ja unmöglich. Denn wenn die eigengesetzliche Struktur jeweiliger Kommunikationstechnologien geklärt ist, ergeben sich daraus notwendigerweise medial und historisch-gesellschaftlich bestimmte Produktionsverhältnisse u.d.h. Distributions- und Rezeptionsbedingungen des Kulturschaffens. Anders gesagt: Distribution und Rezeption sind sowohl medial wie auch gesellschaftlich formbestimmt. Der Buchdruck etwa produzierte auf Grund der inneren Logik, die in dieser Produktivkraft des Kulturschaffens steckt, ihm angemessene Distributions- (Verlage) und Rezeptionsbedingungen (Alphabetismus), die entsprechenden ökonomischen, sozialen, politischen und ideologischen Ausprägungen werden aber von der allgemeinen Produktionsweise der Gesellschaft determiniert (kommerzielle oder genossenschaftliche Verlage, Werkhonorare oder Tantiemen, Formen der Zensur, Verlagsförderung durch die öffentliche Hand usw.; Schulpflicht, öffentliche Bibliotheken usw.). Diese enge Verbindung von eigengesetzlicher Struktur der Kommunikationstechnologien und Distributionsmechanismen wurde vermutlich erst durch das Auftreten elektronischer Medien unübersehbar, zumal hier – etwa beim Rundfunk – Produktion und Distribution weitgehend zusammenfallen. Ich werde daher nicht zwischen Produktion und Distribution unterscheiden, sondern vielmehr die Produktionsverhältnisse in ihrer medialen und gesellschaftlichen Bestimmtheit analysieren.

Architektur und Design als Testfälle

Das bisher Gesagte gilt ganz sicher für diejenigen Sparten des Kulturschaffens, die eindeutig als Kommunikation begriffen werden können: Literatur, Musik, Darstellende Kunst, Film und alle anderen Formen, die über Massenmedien transportiert werden. Im Bereich der Bildenden Künste können zweifellos Malerei, Grafik und Skulptur als Formen visueller Kommunikation aufgefasst werden. Wie sieht es aber mit der Architektur aus? Auf den ersten Blick scheint es nicht akzeptabel, diese als Kommunikation aufzufassen und zwar 'weil die Objekte der Architektur scheinbar nichts mitteilen (oder zumindest nicht für Kommunikation gedacht sind), sondern nur funktionieren'[25]. Dasselbe gilt übrigens – ebenso vordergründig betrachtet – für jede Art von Design, also für die angewandte Kunst.

---

25 Vgl. Eco 1972: 295f.

Bedenkt man aber die vielfältigen Lösungen, die die Architektur (oder das Design) zur Erfüllung ein- und derselben Funktion bereitstellt und die damit einhergehenden recht unterschiedlichen Bedeutungen, die diese verschiedenen Lösungen signalisieren, wird klar, dass Architektur, von der Gestaltung der Fassade eines Hauses über Grundrisse bis zur Stadtplanung, Informationen transportiert, ganz zu schweigen von der Fülle an 'Botschaften', die Sakral- oder Repräsentationsbauten oft sehr vordergründig transportieren.

Architektur bzw. Stadtgestaltung kann daher als Zeichensystem[26], als Phänomen der Populärkultur[27] angesehen und analysiert werden: „Die Architektur bot von jeher den Prototyp eines Kunstwerks, dessen Rezeption in der Zerstreuung und durch das Kollektivum erfolgt. Die Gesetze ihrer Rezeption sind die lehrreichsten."[28] Wie ist Architektur nun aber in einem Produktivkraft-Ansatz des Kulturschaffens einordbar? Oder anders gefragt: Was sind die Medien, die Kommunikationstechnologien der Architektur? Bei näherem Hinsehen wird klar, dass bei kaum einer Sparte des Kulturschaffens mediale Formbestimmung so deutlich ausgeprägt ist wie bei der Architektur (oder dem Design), was vermutlich an der in diesen Fällen naturgemäß engen und unleugbaren Verbindung von Kunst und Technik liegt.[29] Denn die Medien sind ganz offensichtlich die Materialien, mit denen gebaut wird oder die geformt werden und die Kodes sind zunächst die naturwissenschaftlichen (physikalischen, chemischen) Erkenntnisse und Errungenschaften, die die Grenzen des Möglichen, sowohl was Materialien, wie auch was deren Verwertbarkeit betrifft, abstecken.

Gotische Kathedralen bauen zu können, setzt bestimmte Techniken voraus, die auf physikalischen Kenntnissen, auf 'Ingenieurskenntnissen', beruhen, der Funktionalismus war u.a. Produkt neuer naturwissenschaftlicher Errungenschaften, die sich in neuen Materialien (Beton) oder in neuen Verfahren, bestimmte Materialien für Bauzwecke einzusetzen oder diese massenhaft herzustellen (Glas, Stahl, Eisen) niederschlugen. Dabei handelt es sich um Produktivkräfte, wenn man die gesellschaftlich notwendige Arbeit, die sich in diesen Technologien verdinglicht, ins Auge fasst. Aber es handelt sich um Kommunikationstechnologien, wenn man die Absicht, mittels dieser Bau- und Gestaltungstechniken bestimmte kulturelle Absichten auszudrücken, zum Ausgangspunkt nimmt.

---

26 Eco 1972, Venturi u.a. 1979.
27 Vgl. Kapner 1982: 77f., Durth 1988.
28 Benjamin 1976: 46f.
29 Vgl. z.B. Le Corbusier 1963: 201ff., Benevolo 1984: 37ff.

'Lesbare' Ergebnisse architektonischer oder gestalterischer, 'designerischer' Produktivkräfte sind – in kommunikationstheoretischer Terminologie ausgedrückt – konkrete Gebäude oder Gebrauchsgegenstände, die auch als 'Texte' aufgefasst werden können. (Dabei haben 'nicht-kommunikative' Produktionsverhältnisse – also rein ökonomische Faktoren, z.B. in bezug auf die Bauindustrie – natürlich eine ganz wesentliche formbestimmende Funktion.) Ein Holzhaus stellt eine andere kulturelle Botschaft dar als ein Fertigteil-Reihenhaus, ein Porzellanteller eine andere als ein Plastikteller, ganz unabhängig von der jeweiligen spezifischen künstlerischen Gestaltung, die ja noch unausweichlich hinzukommt, auch wenn sie vorgibt, sich scheinbar vollkommen dem Material zu unterwerfen (gemäß der 'Funktionalisten-Regel': form follows function). Es zeigt sich also, dass im Falle der Architektur die künstlerische Produktivkrafttheorie der Medien nicht in Frage gestellt, sondern im Gegenteil beinahe exemplarisch untermauert werden kann, wenn man nur bereit ist, von einem Kommunikationsbegriff auszugehen, bei dem auch Architektur als Botschaft verstanden wird.

Das Problem von Ursache und Wirkung

Die zentrale Hypothese lautet, dass das Kulturschaffen u.a. auch medial formbestimmt ist und weiter, dass Veränderungen des Kulturschaffens ebenfalls wesentlich von den Medien geprägt werden. Wenngleich schon mehrmals die dialektische Beziehung der in diesen Entwicklungsprozessen des Kulturschaffens involvierten Faktoren betont worden ist, soll dennoch nochmals eindeutig darauf hingewiesen werden, dass es sich nicht um eine mechanistische Auffassung etwa der Art: 'technische Entwicklung treibt Kunst voran' handeln kann. Vielmehr habe ich mehrmals deutlich zu machen versucht, dass auch die technische Entwicklung selbst gesellschaftlich bestimmt ist und weiter, dass es nicht die technische Entwicklung alleine ist, die für Veränderungen im Bereich des Kulturschaffens verantwortlich ist.[30]

Um der Diktion Luhmanns zu folgen: „Hauptphasen der gesellschaftliche Evolution (...) sind m a r k i e r t (Hervorhebung A.S.) durch Veränderungen in den jeweils dominierenden Kommunikationsweisen"[31], womit nichts über Kausalitäten ausgesagt wird. Denn je genauer man sich einzelne Entwicklungsschübe des Kulturschaffens ansieht, umso problematischer wird es, Ursache und Wirkung zu trennen[32]. Benjamin

---

30 Vgl. dazu A. Weber (1955), der für eine multikausale Konstellationssoziologie plädiert.
31 Luhmann 1975: 16.
32 Vgl. z.B. Bürger 1974.

weist darauf recht treffend hin, wenn er schreibt: „Es ist von jeher eine der wichtigsten Aufgaben der Kunst gewesen, eine Nachfrage zu erzeugen, für deren volle Befriedigung die Stunde noch nicht gekommen ist. Die Geschichte jeder Kunstform hat kritische Zeiten, in denen diese Form auf Effekte hindrängt, die sich zwanglos erst bei einem verändertem technischen Standard, das heißt in einer neuen Kunstform ergeben können."[33]

Der neue technische Standard schafft aber, einmal etabliert, Verhältnisse, die weit über die ursprünglichen Ambitionen derer, die ihn anstrebten, hinausreichen. Dies allein rechtfertigt es, wenn sonst nichts, ein gezieltes Augenmerk auf die technische Entwicklung als Grundlage des Kulturschaffens zu richten.

---

33 Benjamin 1976: 42.

TEIL II: MEDIAMORPHOSEN DES KULTURSCHAFFENS

6. Kapitel

Transformationen des Kulturschaffens und die Rolle der Kommunikationstechnologien

Mediamorphosen umfassen den gesamten Bereich der kulturellen Kommunikation. Wenn neue Kommunikationstechnologien auf den Plan treten, verändern sich sowohl Produktions-, wie Distributions- und Rezeptionsbedingungen. Meist werden zunächst alte – den jeweils traditionellen Kommunikationstechnologien entsprechende – Inhalte über neue Kommunikationstechnologien transportiert, bis sich allmählich andere, den neuen Kommunikationstechnologien adäquatere Inhalte und Formen entwickeln – die Potentiale der neuen Produktivkräfte werden von den Kulturschaffenden ausgelotet und entfaltet. Daneben wirkt aber auch das Prinzip der Nachfrage: neue Kommunikationstechnologien gehen einher mit neuen Rezeptionsmustern und diese neuen Rezeptionsmuster erzeugen neue 'Nachfragen', erzeugen ein Bedürfnis nach neuen 'Textqualitäten', dem die Produzenten entgegenkommen müssen.

Mediamorphosen – induziert durch neue Kommunikationstechnologien – verändern also das gesamte Beziehungsgefüge der Kommunikationskultur: Motivation und Erscheinungsform der Auftraggeber, Produktionsbedingungen der Kulturschaffenden, Funktion und Bedeutung der Vermittler, Wahrnehmungsweisen der Rezipienten und nicht zuletzt Funktion und innere Struktur der 'Werke', also der ästhetischen Produkte und Prozesse[1].

Ich will mich im Folgenden vor allem mit den Produktionsbedingungen der Kulturschaffenden auseinandersetzen. Dass dabei Auftraggeber und Vermittler – bei den technischen Medien weit gehend ident – eine wesentliche Rolle spielen liegt nahe und macht eine Berücksichtigung

---

1 Der Werkbegriff ist ein historisch bestimmter, der vor allem der bürgerlichen Kunstideologie entspricht. Für die vorliegenden Überlegungen ist er jedenfalls allgemeiner, z.B. in Richtung umfassender Produkte und Prozesse oder Praktiken, zu denken, weswegen ich ihn in Anführungszeichen setze.

dieser beiden Strukturelemente unumgänglich. Die Auswirkungen von Mediamorphosen auf Rezeptionsweisen und 'Werke' allerdings werden weitgehend ausgeklammert. Dazu soll hier nur vermerkt werden, dass zum Wandel der Rezeptionsweisen unter dem Einfluss des Buchdrucks und vor allem der elektronischen Medien bereits eine umfassende theoretische[2] Literatur, aber nur wenige empirische Arbeiten vorliegen[3]. Zum Einfluss neuer Kommunikationstechnologien auf die innere Struktur der 'Werke' – also z.B. auf die Herausbildung neuer Stile, Genres, neuer ästhetischer Wertvorstellungen etc. liegen meiner Wahrnehmung nach keine umfassenden, auch 'ältere' Mediamorphosen miteinbeziehende Arbeiten vor.[4] Was es gibt, sind punktuell-genrespezifische Untersuchungen (insbesondere in Bezug auf den Film, auch auf das Fernsehen[5]) bzw. immer wieder geäußerte lapidare Feststellungen, dass eben Fotografie, Film, Computeranimation, Sampling etc. neue künstlerische Ausdrucksformen seien, allerdings ohne dass diese in Verbindung mit umfassenderen theoretischen Konzepten formuliert würden.

Es soll im Folgenden also versucht werden, den Wandel der Produktionsbedingungen des Kulturschaffens unter dem Einfluss jeweils neuer Kommunikationstechnologien nachzuzeichnen. Dazu bedarf es einiger Einschränkungen sowie einiger Bemerkungen zu den Kategorien, mittels derer diese spezifische Analyse der Mediamorphosen erfolgen soll. Bezüglich der raum-zeitlichen Dimension soll eine Einschränkung auf die Entwicklung des abendländischen Kulturschaffens seit etwa dem Beginn der Neuzeit erfolgen. Anders gesagt: die vorliegende Analyse beginnt mit der Erfindung des Buchdrucks in Europa. Die Entwicklung der verbalen Sprache, die Erfindung der Schrift und weiter des

---

2   Vgl. dazu zahlreiche schon erwähnte AutorInnen wie Benjamin 1976, Kittler 1986, McLuhan 1968, Postman 1983, Rötzer 1991, aber auch Barck u.a. 1990, Schnell 2000 u.v.a.m.

3   Wenngleich zahlreiche Arbeiten zur Wirkungsforschung medienspezifisch angelegt sind (vgl. z.B. Charlton 1997), so sind die zentralen Fragestellungen eher auf 'Nutzung', 'Handlungsmuster', 'Gewaltwirkungen', 'sozialisatorische Wirkungen' angelegt, die Frage nach der medialen Formbestimmung der Wahrnehmung, noch dazu mehrere Medien vergleichend, wird – wohl auch aus methodischen Schwierigkeiten – kaum behandelt. Einen Überblick über die zumeist aus pädagogischen Motiven gespeisten medienvergleichenden Forschungsarbeiten findet sich z.B. bei Schenk 1987: 76ff., vgl. auch Pearl 1982 oder Greenfield 1984. Zum medienbedingten Strukturwandel der Öffentlichkeit vgl. Maresch 1996.

4   Feststellungen wie etwa jene, dass der Buchdruck die Gattung des Romans, oder dass erst die Notenschrift komplexe symphonische Werke ermöglicht bzw. hervorgebracht hat, sind Marginalien der entsprechenden kulturwissenschaftlichen Disziplinen.

5   Z.B. Freier 1984, Prokop 1995.

phonetischen Alphabets bzw. die mit diesen Innovationsschüben einhergehenden Mediamorphosen sollen zwar erwähnt und theoretisch-systematisch erfasst, empirisch aber schon aus dem Grund nicht näher untersucht werden, weil hierzu umfassende ethnologische und außereuropäische Hochkulturen betreffende Befunde zu berücksichtigen wären.[6] Eine solche Ausweitung kann aber im Rahmen der vorliegenden Arbeit auf seriöse Weise nicht geleistet werden.

Wenn es um Mediamorphosen des Kulturschaffens geht, liegt es nahe, die Kulturschaffenden als Akteure aber auch als Betroffene dieser Mediamorphosen näher zu charakterisieren, die Faktoren zu identifizieren, die sie beeinflussen und Kategorien zu benennen, mittels derer ihre veränderten Lebens- und Arbeitsbedingungen beschreibbar werden.

Die KünstlerInnen-Rolle

Damit ist die stark von bürgerlichen Werthaltungen geprägte Diskussion der Rolle der KünstlerInnen in der Gesellschaft angesprochen, wobei davon auszugehen ist, dass diese Ideologie[7] unseren heutigen Begriff vom 'KünstlerInnentum' (noch immer) wesentlich beeinflusst und dass deren Niederschlag natürlich auch in der entsprechenden soziologischen Literatur aufzufinden ist. So provoziert z.B. ein eher auf formale Berufskriterien bezogener Standpunkt, der der sozialen Identität einen Vorrang zugunsten der ästhetisch-künstlerischen Identität einräumt und von KünstlerInnen vielleicht gar Integration ohne Rücksicht auf ästhetische Identifikation fordert[8] natürlich Widerspruch. Eingewendet wird dagegen sehr gerne[9], dass gerade für KünstlerInnen berufssoziologische Kriterien wie Erfolg und Leistung als Hauptbemessungsfaktoren nicht akzeptabel erscheinen, da hier die für die Identifikationsleistung nicht weniger bedeutsamen Faktoren ästhetisch-künstlerischer, nichtrationaler Art vernachlässigt werden. Begründet werden

---

6 Vgl. dazu z.B. Goody u.a. 1986, Leroi-Gourhan 1988.
7 Ich verwende den 'Ideologie'-Begriff im Sinne der Cultural Studies, der grob gesprochen die Sichtweise der Welt aus dem Blickwinkel einer bestimmten gesellschaftlichen Gruppierung meint. Eine 'Ideologie' ist die Summe von bestimmten Werthaltungen, Deutungsmustern, Sinn- und Bedeutungszuschreibungen, mittels derer Individuen die Wahrnehmung ihrer Lebenswelt organisieren (vgl. z.B. Turner 1990: 197ff.). In einer gegebenen Gesellschaft konkurrieren mehrere Ideologien ständig miteinander und eine ideologische Position bzw. einige wenige Ideologien können 'kulturelle Hegemonie' erlangen (und wieder verlieren). Die kulturelle Vorherrschaft der bürgerlichen Ideologie z.B. wurde im Laufe des 18. Jahrhunderts endgültig durchgesetzt, und ist wohl gegen Ende des 20.Jahrhunderts dabei, deutlich an Einfluss zu verlieren.
8 So z.B. Rech 1972.
9 So z.B. Thurn 1973: 161f.

solche Positionen gerne mit Ergebnissen empirischer Arbeiten, die aufzeigen, dass KünstlerInnen bereit sind, eher ökonomische Nachteile in Kauf zu nehmen als ihre künstlerische Produktion einzuschränken, oder aber, dass KünstlerInnen, die aus ökonomischen Gründen einem nichtkünstlerischen Nebenberuf nachgehen müssen, ihre künstlerische Tätigkeit als Hauptberuf, als 'eigentlichen Beruf' ansehen.[10] Dass hier ganz offensichtlich ideologische Faktoren stärker zählen als tatsächlich objektive Tatbestände ist wohl nur aus der kulturellen Vorherrschaft der traditionell-bürgerlichen KünstlerInnen-Ideologie zu erklären.

So zeigen die noch Ergebnisse des Anfang der 70er Jahre für die BRD erstellten „Künstlerreports"[11], dass nebenberufliche KünstlerInnen (mehr als die Hälfte des Einkommens stammt aus nichtkünstlerischer Tätigkeit) sich nur in geringem Umfang mit dem nichtkünstlerischen Beruf stärker identifizieren (je 29% der Musiker bzw. bildenden KünstlerInnen, 15% der DarstellerInnen[12]). Andererseits wird in ebendieser Untersuchung aber schon darauf hingewiesen, dass 'angewandte' Tätigkeiten, vor allem in der oder für die Werbung bzw. im Design-Bereich zunehmende Anerkennung als 'vollwertige' Kunstberufe beanspruchen und von den Betroffenen nicht – wie früher – verheimlicht sondern selbstbewusst angegeben werden.[13] Ähnliche Ergebnisse zeigen aktuellere Untersuchungen zu den KomponistInnen bzw. Bildenden KünstlerInnen in Österreich[14].

Die Definition der KünstlerInnnen-Rolle ist also durch ein bloßes Ausklammern der nebenberuflichen KünstlerInnnen – also durch ein Reduzieren des Ansatzes auf einen bloß berufssoziologischen Ansatz nicht befriedigend zu lösen. Andererseits dürfte aber eine Reduktion auf kreatives innovatives Handeln Gefahr laufen, an der Realität vorbeizugehen solange eine Orientierung an traditionellen ästhetischen Kriterien erfolgt – man bedenke die immer größer werdende Zahl jener neuen Kulturberufe, die ausschließlich in und mit technischen Medien arbeiten, wie z.B. TonmeisterIn oder LichtmeisterIn, neuerdings WebdesignerIn, Sound-DesignerIn u.ä., die sicher einen eigenständigen Beitrag zur ästhetischen Gestaltung eines (künstlerischen) Produkts leisten und die vielfach keine Anerkennung als KünstlerIn erhalten oder sogar beanspruchen.

Die kunstsoziologische Diskussion zur KünstlerInnnen-Rolle, so darf vermutet werden, ist deswegen von so großer Unsicherheit geprägt,

---

10 Ebenda.
11 Fohrbeck/Wiesand 1975.
12 Vgl. Fohrbeck/Wiesand 1975: 335.
13 Vgl. Fohrbeck/Wiesand 1975: 117
14 Smudits 1993, Schulz 1997.

weil die KünstlerInnnen-Rolle in der Selbst- wie in der Fremdeinschätzung der Kulturschaffenden (wieder einmal) im Umbruch begriffen ist, d.h. die ideologischen Veränderungen im Bereich des Kulturschaffens hinken den objektiven Tatsachen, den Umwälzungen im Produktionsbereich des Kulturschaffens nach, bzw. sind gerade dabei, diese einzuholen. Von daher verwundert es nicht, dass sich auch die aktuellere sozialwissenschaftliche Auseinandersetzung mit der KünstlerInnen-Rolle – sofern sie überhaupt stattfindet – weitgehend mit ideologischen Bewertungen des 'KünstlerInnentums' herumschlägt[15] bzw. herumschlagen muss. So kommt etwa Tasos Zembylas[16], der in seinen Untersuchungen zum Verhältnis von Kunst und Nichtkunst eine möglichst nüchterne Betrachtungsweise der Kunst anstrebt, im Kapitel zu 'Kunst als Beruf' nicht um weitläufige ideologische Argumentation herum, ohne letztlich eine befriedigende Klärung dieses Problems vorlegen zu können, vielmehr resümiert er, dass „es im ästhetischen Feld weder eine absolute Determiniertheit noch das Gegenteil, also eine radikale Freiheit" gebe.[17]

Auf der anderen Seite gibt es mittlerweile Studien zur Beschäftigung im kulturellen Sektor, erstellt im Auftrag transnationaler Organisationen, also durchaus mit politischem Stellenwert, bei denen fraglos zu den Kulturschaffenden all jene Personen, die im kulturellen Sektor einer kreative Beschäftigung nachgehen zugezählt werden, also z.B. auch jene Berufsgruppen, die in und mit technischen Medien arbeiten, wobei der Frage nach der Qualität der ästhetischen Produktion keinerlei Bedeutung beigemessen wird. Zu unterstreichen ist allerdings, dass es hier in erster Linie um beschäftigungspolitische Fragestellungen und Probleme geht, wodurch sich die Orientierung an berufssoziologischen Kriterien bei der Festlegung des 'Untersuchungsgegenstands' erklärt.[18]

„Es gibt bis heute keine grundsätzlich anerkannten Kriterien zur empirischen Erfassung aller möglichen KünstlerInnen-Rollen", schreibt Thurn[19] und es ist anzunehmen, dass eine derart umfassende KünstlerInnen-Rollentheorie auch gar nicht erstellt werden kann, sobald die Entwicklungsdynamik des künstlerischen Feldes in Betracht gezogen wird, bzw. solange für einen gegebenen historischen Zeitpunkt zumin-

---

15 Thurn 1993.
16 Zembylas 1997.
17 Zembylas 1997: 148.
18 Z.B. Council of Europe 1996, Österreichische Kulturdokumentation 1998, Europäische Kommission 1999, 2001.
19 Thurn 1973: 162, eine These, die er 1993 im Wesentlichen wiederholt.

dest nicht sämtliche Tätigkeiten im Bereich des Kulturschaffens empirisch ausgelotet sind.

Die Tatsache der Historizität der 'Kunst' wurde bereits herausgestellt[20]. Analog zur Erkenntnis, dass es eine universell gültige Kategorie 'Kunst' nicht gibt, muss also festgestellt werden, dass es auch die 'KünstlerInnen-Rolle' schlechthin nicht gibt. Ebenso wie 'die Kunst' in vielfältiger Weise historischen Veränderungsprozessen unterliegt, so hat sich auch der Status der KünstlerInnen – oder vorsichtiger: der Kulturschaffenden – immer wieder verändert.

In frühen Hochkulturen oder im Mittelalter etwa waren Kulturschaffende in starkem Maße von ihren Auftraggebern abhängig – und zwar nicht nur ökonomisch sondern auch was die inhaltlichen und formalen Aspekte ihrer Arbeit betrifft: „Der Ausführende wird auf diese Weise mehr als ein exekutierender Handwerker zu kennzeichnen sein und nicht als Künstler."[21]

Erst mit dem Beginn der Neuzeit bzw. mit der Emanzipation des Bürgertums setzt allmählich die Entwicklung von 'besoldeten' hin zu freischaffenden, zu 'autonomen KünstlerInnen' ein, die nun nicht mehr für AuftraggeberInnen oder PatronInnen, sondern tendenziell immer mehr für den freien Markt, und das heißt für potentielle KäuferInnen, deren Erwartungen ihm grundsätzlich nicht bekannt sein müssen, produzieren[22]. Hier – etwa im 18. Jahrhundert – ist auch die Geburt der 'Genie'-Ideologie anzusetzen, die darin besteht, dass KünstlerInnen keiner gesellschaftlichen Instanz zur Rechenschaft verpflichtet sind und dass ihre Arbeit mit ökonomischen Größen nicht messbar sein kann und darf.

Mit der wachsenden Bedeutung der 'Kulturindustrien', also großer Unternehmungen, die kulturelle Güter und Dienstleistungen mittels 'technischer Medien' massenweise produzieren und/oder verbreiten, verändert sich etwa ab dem Beginn des 20. Jahrhunderts die objektive Lage der Kulturschaffenden. Die Ideologie der traditionellen KünstlerInnen-Rolle wird zunehmend überlagert durch ökonomische und berufsspezifische Bewertungskriterien. Zugrunde liegt dem u.a. die nüchterne Tatsache, dass die Kommunikationskette zwischen Kulturschaffenden und Rezipienten verlängert wird – dieses Phänomen kann als 'Mediatisierung' charakterisiert werden – und dass gleichzeitig die Produkte, die über diese verlängerte Kommunikationskette an ihr Publikum gelangen, die Infrastruktur der 'Kulturindustrien' erhalten und darüber hin-

---

20 Vgl. das 2. Kapitel.
21 Kapner 1987: 17f.
22 Vgl. Kapner 1980, auch Watson 1961 oder Hauser 1974.

aus noch Rentabilität garantieren müssen – dieses Phänomen kann mit dem Begriff 'Kommerzialisierung' zusammenfassend benannt werden.

'Mediatisierung' und 'Kommerzialisierung' bringen aber gänzlich neue Strukturen der Arbeits- und Einkommensmöglichkeiten von Kulturschaffenden mit sich: Die Kulturschaffenden werden tendenziell unter die Bedingungen einer industriellen bzw. kapitalistischen Produktionsweise subsumiert – zunächst formell, später auch reell (ich komme darauf noch ausführlicher zurück), was in letzter Konsequenz nicht unbedeutende Auswirkungen auf deren Selbst- und Fremdverständnis hat.

In diesen hier nur angedeuteten Beispielen klingen bereits einige Kategorien an, die historisch unterscheidbare KünstlerInnen-Rollen beschreibbar machen sollten und die allesamt als berufssoziologisch zu klassifizieren sind: Berufsstatus, Professionalisierung, formelle oder reelle Subsumtion unter eine industriell/kapitalistische Produktionsweise, Einkommens- und Beschäftigungsmöglichkeiten. Dies ist kein Zufall: aus sozialwissenschaftlicher Sicht, aus der ja mit ästhetischen Qualifizierungen äußerst vorsichtig umgegangen wird, ist die 'Reduzierung' der KünstlerInnen-Rolle auf eine Berufsrolle nur naheliegend.

In der mittlerweile klassischen Studie „Der unversorgte, selbständige Künstler" gehen Rene König und Alphons Silbermann[23] davon aus, dass das Schaffen von Kunstwerken dann als Beruf angesehen werden soll, wenn auf diese Weise der Lebensunterhalt der KünstlerInnen mindestens zu einem wesentlichen Teil gedeckt wird. „Das heißt mit anderen Worten, dass sein Hauptverdienst aus dem Schaffen von Kunstwerken herrühren muss, und nicht etwa von einer anderen Haupttätigkeit der gegenüber das Schaffen von Kunstwerken nur Nebenberuf oder gar nur feiertäglich geübtes Hobby ist. (...) Wenn der Beruf den Lebensunterhalt des Künstlers decken soll, so heißt das also, dass das Produzieren von Kunstwerken bei ihm eine 'fortgesetzte Handlung' sein muss"[24]

Wenngleich damit ganz offensichtlich auf eine Definition der KünstlerInnen-Rolle in entwickelten Industriegesellschaften abgezielt wird, so ist doch mit dem Kriterium der 'fortgesetzten Handlung' auch das Kulturschaffen in weniger arbeitsteilig organisierten, vorindustriellen Gesellschaften beschreibbar.

Ungeklärt bleibt aber in jedem Fall, auf Grund welcher inhaltlicher Kriterien nun jemand als KünstlerIn, oder aber 'nur' als HandwerkerIn,

---

23 König/Silbermann 1964: 9.
24 König/Silbermann 1964: 86f.

Scharlatan, TechnikerIn[25] o.ä. gelten kann. Und es muss festgehalten werden, dass mit dem Kriterium der 'fortgesetzten Handlung', der wunde Punkt der 'traditionellen' KünstlerInnen-Rollendefinition berührt wird, nämlich der Konflikt zwischen beruflichem und künstlerischem Handeln.

Dazu wäre ein Forschungskonzept denkbar, das sich einerseits an Kulturwirkekreisen[26] und deren gesellschaftlicher Dynamik orientiert. Hier wäre von der Frage auszugehen, ob und wie weit – kulturell unterprivilegierte – gesellschaftliche Teilkulturen imstande (und daran interessiert) sind, die Schöpfer der von ihnen präferierten kulturellen Phänomene (z.B. der Populärkultur) in einem gesamtgesellschaftlich verbindlichen Begriff des 'Kulturschaffenden' einzubringen und diesen damit zu erweitern. Andererseits wären aber auch berufssoziologischen Kriterien zu berücksichtigen, wie z.B. das der Professionalisierung, wobei eine Vorgangsweise, die graduelle Unterschiede der Professionalisierung (Haupt- Neben- TeilberuflerIn) in Auge fasst, einem rigiden Auseinanderdividieren in KünstlerIn/Nicht-KünstlerIn vorzuziehen wäre, oder das Kriterium des Berufsstatus bzw. Kriterien zur Beschreibung des Arbeitsprozesse, z.B. den Grad der Subsumtion unter eine industriell/kapitalistische Produktionsweise. Zugrunde läge dieser Betrachtungsweise die Annahme, dass berufssoziologische Kriterien gute Indikatoren abgeben für die gesellschaftliche Anerkennung von kulturellen Tätigkeiten als legitime ästhetische 'Werke' und Praktiken.[27]

Eine ausführliche u.d.h. eine jeweils konkret-empirische Analyse derjenigen sozialen und kulturellen Mechanismen, die im Zusammenhang mit der Einführung neuer Kommunikationstechnologien Kulturberufe verändern bzw. hervorbringen und ihnen dann auch gesellschaftliche und künstlerische Anerkennung verschaffen oder verweigern, also eine Analyse, die an Kulturwirkekreisen ansetzt, ist hier nicht möglich. Das hieße, die gesamte Kulturgeschichte unter dem Aspekt der 'Mediamorphosen' umschreiben zu wollen.

Für die vorliegenden Ansprüche kann und soll zwar von der Hypothese ausgegangen werden, dass sich im Zuge der Einführung neuer Technologien im Kulturschaffen auch neue Tätigkeitsfelder mit künstle-

---

25 Die drei Bezeichnungen sind nicht zufällig gewählt, denn sie entsprechen immer wieder auftauchenden Zuordnungen zu vorbürgerlichen (Handwerker), bürgerlichen (Scharlatan) und nachbürgerlichen (Techniker) Kulturschaffenden. Gegenwärtig können alle drei 'Grenzfälle' beobachtet werden.
26 Silbermann 1973, der sich hier prächtig mit den Konzepten der Cultural Studies, in Verbindung bringen lässt (Vgl. z.B. Gay 1997, einen Überblick gibt Winter 2001).
27 Vgl. Bourdieu 1974: 107.

risch/kulturellem Anspruch ergeben (oder ergeben haben), die dann – pragmatisch – in die Analyse mit einzubeziehen sind (wie z.B. Technische Sonderberufe, Werbeschaffende, 'Netz'-KünstlerInnen). Die tatsächlichen Mechanismen der sozialen und künstlerischen Durchsetzung oder Nichtdurchsetzung in ihrer Feinstruktur empirisch nachzuvollziehen, wäre allerdings nur im Rahmen von detaillierten Fallstudien möglich.[28]

Vor allem – aber nicht nur – bei der Auseinandersetzung mir der aktuelleren Entwicklungen wird daher eine Orientierung an berufssoziologische Kriterien erfolgen. Dabei besteht natürlich eine gewisse Abhängigkeit von der 'Datenlage'. Einigermaßen verlässliche und umfassende empirische Befunde existieren erst seit der Mitte des 20. Jahrhunderts. Für die Zeit davor stehen nur Einzeluntersuchungen aus der Kulturforschung zur Verfügung, deren Repräsentativität sicherlich problematisch ist.

Kriterien zur Beschreibung von Mediamorphosen des Kulturschaffens

Die Aussagekraft einer Kategorie zur Beschreibung von Mediamorphosen des Kulturschaffens wird oft erst ersichtlich, wenn sich diese Kategorie historisch voll entfaltet. 'Mediatisierung' als ein formbestimmender Faktor der Produktionsbedingungen des Kulturschaffens wurde bis zum Aufkommen technischer Medien nicht als solcher erkannt, wenngleich jedes Kulturschaffen, das gesellschaftlich relevant ist, eine Kommunikationskette durchlaufen muss, sich also notwendigerweise in mehr oder weniger 'mediatisierter' Form realisiert. Das Problem besteht aber eben darin, dass sehr oft unklar bleibt, wie groß dieses 'mehr' an 'Mediatisierung' sein muss, damit das formbestimmende Potential einer Kategorie erkennbar wird.

Die in Frage stehenden Kategorien sollen im Folgenden nur kurz gekennzeichnet werden, ausführlich werden sie erst an jenen Stellen zu diskutieren sein, an denen ihre Wirksamkeit historisch offenkundig wird. Dies scheint insofern zulässig, als es sich um relativ klare berufssoziologische Kategorien handelt.

- Berufsstatus: Hier ist vor allem nach den Dichotomien: besoldet/freischaffend; angestellt/freiberuflich; unselbständig/ selbständig zu unterscheiden. Die Differenzierung: Hauptberuf/Nebenberuf dagegen kann aufgrund verschiedenster Probleme (Datensituation, mangelnde Operationalisierbarkeit) kaum sinnvoll angewendet werden.

---

28 Wie es z.B. die Cultural Studies betreiben, vgl. Fußnote 23.

- Grad der Subsumtion unter eine industrielle/kapitalistische Produktionsweise: Dieses Kriterium ist natürlich nur für Gesellschaften, in denen eine solche Produktionsweise existiert, anwendbar. Gerade für die Analyse des Kulturschaffens in Industriegesellschaften aber erweist sich die Unterscheidung von formeller und reeller Subsumtion als fruchtbar: formelle Subsumtion heißt, dass die Arbeit des Kulturschaffenden noch unbeeinflusst von industriellen oder kapitalistischen Produktionsbedingungen erfolgt, auch wenn die Ergebnisse dieser Arbeit dann auf einem kapitalistisch organisierten Markt gehandelt werden. Reelle Subsumtion heißt, dass der Arbeitsprozess selbst den Erfordernissen einer industriellen oder kapitalistischen Produktionsweise angepasst wird (Arbeitsteiligkeit, Abhängigkeit von Produktionsmitteln etc.).

- Professionalisierung: Damit sind berufspolitische Ambitionen der Kulturschaffenden angesprochen. Der Grad der Professionalisierung kann als Indikator für die gesellschaftliche Integration der Kulturschaffenden angesehen werden, gleichzeitig weist er auf die Entmystifizierung des Individualgenies hin.

- Einkommens- und Beschäftigungsmöglichkeiten: Diese Kategorie ist für Kulturschaffende insofern von Bedeutung, als damit neben unmittelbaren Einkünften für 'Werke' (z.B. Verkauf eines Bildes) oder Dienstleistungen (Gage für Live-Auftritt) auch das Phänomen 'geistigen Eigentums' und damit Einkünfte in Form von Tantiemen angesprochen werden.

Die genannten Kategorien können als Funktionen zweier eng verwobener aber dennoch getrennt beobachtbarer Kategorien, die jede Art von Kulturschaffen kennzeichnen, angesehen werden: 'Mediatisierung' und 'Kommerzialisierung'

- 'Mediatisierung': verweist auf die Notwendigkeit jegliche künstlerische Äußerung kommunizierbar zu machen, damit sie gesellschaftlich wirksam werden kann. Welche 'Medien' jeweils historisch zur Verfügung stehen hat entscheidende Auswirkungen auf die Produktionsbedingungen des Kulturschaffens und damit auf die genannten berufssoziologischen Kategorien.

- 'Kommerzialisierung': verweist auf die Tatsache, dass Kulturschaffende ebenso wie die Institutionen, die ihre Produkte vertreiben, eines Unterhalts bedürfen um überleben zu können. Neue Medien bedürfen in der Regel neuer Formen der ökonomischen Absicherung und stellen damit neue Produktionsbedingungen für die Kulturschaffenden her.

Transformationen des Kulturschaffens in der Neuzeit

Wie bereits erwähnt, sollen im Folgenden jene Mediamorphosen des Kulturschaffens, die mit dem Beginn der Neuzeit im abendländischen Kulturraum Platz gegriffen haben, einer detaillierteren Betrachtung unterzogen werden. Das heißt umgekehrt, dass mit jenen kommunikationstechnologischen Entwicklungen, die schon weit vor dem Beginn der Neuzeit und auch außerhalb des europäischen Raums wirksam wurden, also vor allem die verbale Sprache und die Schrift, keine tiefergehende Beschäftigung erfolgt. Berührt die Thematik der Entwicklung der Sprache grundsätzliche anthropologische Fragestellungen, auf die hier nicht eingegangen werden kann, so würde eine eingehendere Beschäftigung mit der Schrift einerseits nur unter Zuziehung ethnologischer Befunde und interkultureller Vergleiche Sinn machen. Andererseits und für den vorliegenden Zusammenhang beinahe wesentlicher ist darüber hinaus die Tatsache, dass vor der Erfindung des Buchdrucks zwar schriftliche Aufzeichnungen möglich, aber kaum reproduzierbar waren. Kulturgeschichtlich relevante Überlieferungen, die aus der Zeit vor der Erfindung des Buchdrucks stammen, bestehen im wesentlichen aus architektonischen Artefakten, aus 'Bildern', also Texten, die auf der Basis ikonischer Kodes erstellt wurden, und handschriftlichen Aufzeichnungen oder Abschriften. Auf die Bedeutung ikonischer Kodes komme ich Rahmen der Auseinandersetzung mit der grafischen Mediamorphose im nächsten Kapitel noch zurück, bei der Schrift ist davon auszugehen, dass sie, schon auf Grund der lange Zeit kaum verbreiteten Schreib- und Lesefähigkeit, keinen Einfluss auf das Kulturschaffen hatte, sondern vor allem eine Rolle im politischen und religiösen Leben spielte, grundsätzlich aber 'Geheimwissen' speicherte oder transportierte. Die Strukturen des Kulturschaffens, das sei hier als Hypothese zumindest formuliert, waren in der Zeit vor 'Gutenberg', neben den schon erwähnten 'ikonischen Kodes', vermutlich durch 'gestische Kodes', die 'lebendige Kodierung' und die 'lebendige Vermittlung' geprägt, also durch das, was Pross 'primäre Medien' nennt bzw. wofür Werner Faulstich in seiner Mediengeschichte den Terminus 'Menschmedien'[29] verwendet. Pross selbst merkt zu einer Mediengeschichte in bezug auf diesen primären Bereich an, dass 'für ihn nur indirekte Zeugnisse vorliegen', dass die Forschung hier auf 'Medienreste' angewiesen sei und dementsprechend vor einer 'Überbewertung des vorhandenen Materials' zu warnen sei.[30] Und obwohl die Befunde, die Faulstich in seiner einschlägigen Arbeit zur medialen Frühgeschichte[31] vorlegt, beeindruckend sind, machen sie aber dennoch klar, dass Me-

---

29 Faulstich 1997.
30 Vgl. Pross 1987: 14.

dien vor allem kultische Funktionen erfüllten und das es sich – auch was das Kulturschaffen betrifft – in erster Linie um orale Kulturen handelte, ja dass sogar im antiken griechischen Theater die schriftlichen Aufzeichnungen nur marginale Bedeutung hatten[32]. Das heißt aber, dass über die zentralen künstlerisch-kulturellen Kommunikationstechnologien: Sprache, Gesang, Tanz und Theater nur indirekte Befunde (Bilder, Skulpturen, vage schriftliche Aufzeichnungen) verfügbar sind und somit die Skepsis von Pross weiterhin von Relevanz ist.

Schließlich noch eine gleichsam methodische Bemerkung: Das Ziel der folgenden Ausführungen besteht nicht darin, eine umfassende und gründliche Beschreibung aller Entwicklungslinien des Kulturschaffens zu erstellen, gleichsam alles verfügliche empirische Material zu referieren und gleichzeitig vor dem Hintergrund des theoretischen Konzepts zu strukturieren. Das hieße eine enzyklopädische Arbeit zur Entwicklung des Kulturschaffens zu erstellen, ein Vorhaben, das nur in mehreren dicken Bänden abhandelbar wäre[33]. Vorrangiges Ziel der vorliegenden Arbeit ist es vielmehr, markante Entwicklungsphasen des Kulturschaffens anhand ausgewählter, aber signifikanter empirischer Befunde nachzuzeichnen, wodurch das theoretische Konzept gleichzeitig überprüft, aber – im Falle der Bestätigung – auch plastisch und plausibel nachvollziehbar werden soll. Da das empirische Material zum überwiegenden Teil aus mehreren übereinstimmenden Quellen stammt, also mittlerweile, wie ich meine, kulturhistorisches Gemeingut ist, verzichte ich weitgehend auf detaillierte Quellenangaben und gebe solche nur dort an, wo es unbedingt nötig erscheint. In diesem Zusammenhang möchte ich auch betonen, dass es mir nicht um die Erarbeitung einer 'Medienarchäologie' in dem Sinne geht, z.B. die 'wirklich' erste Form der Fotografie oder des Fernsehens aufzuspüren (dazu gibt es in einschlägigen Fachkreisen durchaus legitime Diskussionen), sondern darum eine Geschichte der 'Kommunikationstechnologien' im Bereich des Kulturschaffens nachzuzeichnen. Das heißt, ein Medium wird im vorliegenden Kontext erst dann interessant, wenn es gesellschaftlich wahrnehmbar, verwendet und wirksam wird, oder anders gesagt, wenn die Produktivkraft sich entfalten kann.

Im fraglichen Zeitraum, also etwa seit Beginn der Neuzeit, können nunmehr – grosso modo – mindestens zwei entscheidende Veränderungen der Produktionsbedingungen des Kulturschaffens konstatiert

---

31 Faulstich 1997, Der erste Band trägt den Titel 'Das Medium als Kult' und behandelt den Zeitraum 'Von den Anfängen bis zur Spätantike (8. Jahrhundert).
32 Vgl. Faulstich 1997: 200ff.
33 Vergleichbar zu einem solchen Vorhaben wäre das auf zwölf Bände angelegte Projekt von Faulstich (1996f.), eine umfassende Mediengeschichte zu schreiben.

werden: jene, die etwa zur Mitte des 15.Jahrhunderts mit der Erfindung des Buchdrucks einsetzte und jene, die noch vor dem Beginn des 20. Jahrhunderts mit der Erfindung der Fotografie bzw. mit der elektronischen Signalübertragung ihren Anfang nahm. Der von Gutenberg erfundene Buchdruck mit beweglichen Lettern führte zur 'grafischen Mediamorphose', die Erfindung elektrischer Signalübertragung führte letztendlich im Zusammenwirken mit vielen anderen technischen Neuerungen zur 'elektronischen' und im weiteren zur 'digitalen Mediamorphose'.

7. Kapitel

Die 'grafische Mediamorphose'

Trotz der bereits gemachten Selbstbeschränkung hinsichtlich der Kommunikationstechnologie 'Schrift' soll aus systematischen Gründen und der Vollständigkeit halber festgehalten werden, dass eigentlich zwei, vielleicht sogar drei unterschiedliche 'grafische Mediamorphosen' identifiziert werden können, nämlich

— die 'schriftliche Mediamorphose', die man auch als 'erste grafische Mediamorphose' bezeichnen könnte und die vor allem mit der Erfindung der Schriftzeichen einhergeht — von dieser wäre als — eigentlich ihr vorausgehende — Form, zumindest aber als Sonderform

— die ikonisch grafische Kodierung, von der Höhlenmalerei 'aufwärts', zu unterscheiden, und schließlich

— die (zweite) 'graphische Mediamorphose', die sich mit der Erfindung der Druckerpresse mit beweglichen Lettern, also des Buchdrucks, markieren lässt und in deren Zuge die grafische Kodierung erst tatsächlich eine umfassendere gesellschaftliche Verbreitung findet.

Die folgenden Überlegungen zu dieser zweiten grafischen Mediamorphose sind vor dem Hintergrund gesamtgesellschaftlicher Veränderungen zu sehen, die hier nur mit einigen Stichworten, wie 'Urbanisierung', 'Entstehen des Handelskapitalismus', 'beginnende Arbeitsteilung und Zeitökonomie' oder 'Aufschwung des Bürgertums und der ihm eigenen Ideologe des Merkantilismus' charakterisiert werden sollen. Weiters ist davon auszugehen, dass die 'Druckmedien' bis zum 18. Jahrhundert keinesfalls die 'mächtigsten' Kommunikationstechnologien darstellten, sondern ihre kulturell relevanten Auswirkungen nur allmählich entfalteten[1]. Keinesfalls soll der Eindruck entstehen, die Erfindung des Buchdrucks und die damit in Gang gesetzte grafische Mediamorphose werde hier als alleinige und schlagartig die kulturelle Kommunikation verändernde Ursache des gesellschaftlichen Wandels angesehen, der den Beginn der Neuzeit markiert. Allerdings darf vermutet werden, dass die Druckmedien ein bislang zumindest in Teilbereichen vor allem sozialwissenschaftlicher Analysen zu wenig beachtetes Element in einem Syndrom von Faktoren, die die Transformation der Gesellschaft zu Beginn der Neuzeit bewirkten, darstellt.

---

1   Vgl. Faulstich 1998: 259f., 283.

Das bedeutendste 'neue' Medium der grafischen Mediamorphose stellt zweifellos der Buchdruck dar, dessen Stellenwert in der Entwicklung der abendländischen Kultur (hin zu einer Schreib- Lesekultur) spätestens seit der Analyse von McLuhan[2] nicht mehr betont werden muss. Nicht unerwähnt bleiben soll in diesem Zusammenhang allerdings die Tatsache, dass erst mir der Erfindung des Papiers bzw. seiner massenhaften Verfügbarkeit die grafische Mediamorphose ermöglicht wurde.

Mit dem Buchdruck wurden also nicht nur verbale Texte (= Schrift) reproduzierbar, sondern grafische Zeichen überhaupt – als etwa auch Musiknoten – und es wurde dem Prinzip der Reproduzierbarkeit grafischer Phänomene der Weg breitet – also auch von bildhaften Darstellungen. So ist es vermutlich kein Zufall, dass in unserem Kulturraum die ersten Holzschnitte etwa im selben – nämlich dem 15. – Jahrhundert auftauchen, in dem der Buchdruck erfunden wurde. Allgemein gesagt ist also die grafische Mediamorphose das Ergebnis der Möglichkeiten zur mechanischen und massenhaften Reproduktion grafischer Phänomene. Die Verbreitung der in der Regel 'papierenen' Produkte erfolgt (weitgehend noch bis heute) physisch. Mit der grafischen Mediamorphose wird die grafische Kodierung – die bislang nur in Unikaten erfolgte – ein gesellschaftlich bedeutsames Phänomen, indem sie die massenhafte Verbreitung grafischer Texte ermöglichte und die Schrift ihrer kulturellen Exklusivität beraubte. Welche spezifische Auswirkungen hatte nun die grafische Mediamorphose auf das Kulturschaffen?

Auswirkungen der grafischen Mediamorphose auf das Kulturschaffen

Den offensichtlichsten Einfluss übte der Buchdruck natürlich im Bereich der 'WortproduzentInnen' aus. Hier wurde mit dem Entstehen von Druckereien und Verlagen erste 'kulturindustrielle' Einrichtungen geschaffen: bereits zum Ende des 15. Jahrhunderts gab es im europäischen Raum ca. 1.000 Druckereien und 30.000 bis 40.000 gedruckte Publikationen mit einer Auflage von insgesamt 20 – 30 Millionen Büchern[3]. Schon für das 18. Jahrhundert wird von einer reichen Trivialliteraturproduktion berichtet[4], mit der Erfindung der Lithographie im

---

2   McLuhan 1968.
3   Die diesbezüglichen Angaben schwanken und sind abhängig davon, was jeweils unter Publikationen mitgezählt wurde (also z.B. auch Flugschriften u.ä. oder nur Bücher im engeren Sinn), vgl. Faulstich 1998: 281ff. oder Prokop 2001: 91ff.
4   Vgl. Schenda 1970, 1976.

Jahr 1796 wird die Druckqualität deutlich verbessert und die Massenproduktion z.B. von gedruckten Noten ermöglicht; erste Zeitungen gab es bereits zu Beginn des 17. Jahrhunderts und nach der Erfindung der Rotations-Presse 1863 kann spätestens seit dem 19. Jahrhundert – begünstigt auch durch die Entwicklung des Transportwesens, vor allem der Eisenbahn, von einer Blüte des Pressewesens gesprochen werden.

Als Indiz für die doch eher langsame Verbreitung der 'Macht' des Buchdrucks ist die Entwicklung des Anteils der lesefähigen Bevölkerung anzusehen, der im 15. Jahrhundert in Europa 4% nicht überstiegen haben dürfte, im 16. Jahrhundert auf etwa 10% und im 17. Jahrhundert in ländlichen Gebieten auf gerade 20% und auch in den Städten nicht viel über 50% gestiegen sein dürfte.[5]

Mit den Verlagen, die oft identisch mit Druckereien waren, entstanden also neue Produktionsbedingungen für Wortproduzenten. Verlage druckten und vertrieben aber nicht nur religiöse Texte, Flugblätter, Volksbücher oder Sachbücher, nicht nur Lyrik und Prosa, Fachliteratur und Zeitungen, sondern auch Dramen und musikalische Werke in der Form von Notendrucken. Damit hatte der Buchdruck auch Auswirkungen auf zwei Bereiche des Kulturschaffens, die nicht oder nicht unmittelbar mit der Wortproduktion in Zusammenhang stehen: auf die darstellende Kunst und auf die Musik.

Mit der massenhaften Reproduktion von Dramentexten wurde es ermöglicht, dass ein Stück zur selben Zeit an mehreren Orten aufgeführt wurde und, dass die Zuschauer die Texte nachlesen und Vergleiche zwischen Aufführungen anstellen konnten. Damit wurden also die Voraussetzungen für das Entstehen eines Marktes geschaffen, auf dem die Leistungen der Darsteller, die nun ihre Rollen nach fixen Texten lernten und nicht mehr extemporierten, gleichsam abstrakt vergleichbar und damit 'handelsfähig' wurden. In England entwickelten sich gegen Ende des 15.Jahrhunderts erste Formen des BerufsschauspielerInnentums, in Frankreich zu Beginn des 16. Jahrhunderts. „Man brauchte nun für die neu entstandenen 'stehenden' Theater knapp gefasste Stücke. (...) völlig neue Dramentypen entstehen. Und sie stammen in der Regel von Verfassern, die – parallel zum neuen Schauspielerstand – berufsmäßige Theaterdichter (playwrights) waren."[6] „Der Autor überließ sein Stück einer bestimmten Bühne entweder zur Gänze; oder er behielt sich das Veröffentlichungsrecht durch den Druck vor (the copyright)."[7]

---

5   Vgl. Faulstich 1998: 269f.
6   Kindermann 1959 III: 47.

Hier wäre der Frage nachzugehen, wie weit ein ursächlicher Zusammenhang zwischen der Verbreitung gedruckter Dramentexte einerseits und der Entstehung des BerufsschauspielerInnentums bzw. von DramenautorInnen, die erst jetzt vollends als eigenständige individuell schaffende KünstlerInnen aus dem Ensemble hervorgehoben wurden, andererseits besteht. Auch die Hypothese, dass mit gedruckten Dramentexten letztlich eine wesentliche materielle Voraussetzung für die Emanzipation des Theaters aus kultischen (Mysterienspiele) oder rein belustigenden Traditionen (Jahrmarkt) geschaffen wurde, bedürfte sorgfältiger Prüfung.[8] Es können hier allerdings nur Vermutungen angestellt bzw. auf die Notwendigkeit der Sichtung spezifischerer theaterwissenschaftlicher Literatur verweisen werden, denn selbst in der umfassenden Theatergeschichte Kindermanns aber auch in einschlägigen theatersoziologischen oder medienwissenschaftlichen Studien[9] finden sich keine Hinweise für die Bedeutung des Drucks auf das Beziehungsgefüge des Theaterlebens, die über Feststellungen, wie die oben zitierten von Kindermann, hinausgingen.

Auch im Bereich der Musik erfolgt im Zuge der grafischen Mediamorphose ein Strukturwandel: Die erste grafische Mediamorphose die das Musikleben betraf, ist die 'schriftliche', sie lässt sich mit der Erfindung und Entwicklung einer verbindlichen Notenschrift, von den deskriptiven Neumen zur präskriptiven Notation,[10] festmachen. An Bedeutung mit der Erfindung des phonetischen Alphabets[11] zu vergleichen ist sie aber sehr viel später, historisch gesehen eigentlich ganz knapp vor der 'zweiten' grafischen Mediamorphose erfolgt, nämlich im 11. und 12. Jahrhundert. Wie beim phonetischen Alphabet wird ein Kode – der musikalische – rationalisiert und in Zeichen verdinglicht. Auf die Bedeutung der Notenschrift für die Entwicklung der abendländischen Tonsprache und im weiteren des gesamten Musikschaffens haben verschiedene AutorInnen hingewiesen[12]. Christian Kaden spricht explizit von der Notenschrift als „Produktivkraft" die imstande ist „die kompositorische Entscheidungsfindung zu organisieren."[13]. Die Notenschrift stellt – vergleichbar dem Alphabet – eine kulturelle Produktivkraft dar,

---

7 Kindermann 1959 III: 45.
8 Dies auch vor dem Hintergrund, dass es bei den Griechen der Antike sowohl schon schriftlich fixierte – aber eben nicht gedruckte – Dramentexte ebenso gegeben hat wie ein Berufsschauspielertum, vgl. Berthold 1968. Hier wären Analogien und Differenzen zu analysieren.
9 Z.B. bei Silbermann 1973, Bab 1974, Hauser 1978, Faulstich 1998: 285f., Schanze 2001: 320f.
10 Vgl. Blaukopf 1984: 227f.
11 Z.B. Goody u.a. 1986.
12 M.Weber 1972: 53ff, Blaukopf 1984: 227ff.
13 Kaden 1984: 335.

deren Entwicklung primär auf einer Verbesserung der Kodes basiert, die ihre volle Produktivkraft aber erst im Zusammenwirken mit entsprechenden Medien (Papier, Druck) entfalten konnten.

Damit ist die nächste entscheidende, und zwar die 'zweite graphische Mediamorphose' angesprochen, die – auf der Basis der Erfindung des Papiers – mit der Erfindung und Verbreitung des Buchdrucks einsetzte. Im Gegensatz zur Erfindung der Notenschrift, die primär einer Rationalisierung der Kodes entsprach, handelt es sich hierbei um eine Rationalisierung der Medien, um eine außermusikalische Rationalisierung also. Allerdings konnte die grafische Kodierung von Musik erst ab dem Beginn des 19. Jahrhunderts tatsächliche gesellschaftliche Relevanz erlangen, da erst mit der Erfindung der Lithographie die Möglichkeit zur massenhaften Herstellung und Verbreitung von Notendrucken geschaffen war.

Kurz zusammengefasst handelt es sich bei den Auswirkungen dieser Mediamorphose um folgende, miteinander oft eng verwobene, Phänomene:

- Zunächst einmal wurde die Voraussetzung für die Entwicklung einer verbindlichen Notation und damit für eine allgemeingültige Musiksprache, die noch dazu in massenhaft gedruckten Partituren Verbreitung fand, geschaffen. Die Verschriftlichung stellte somit eine Kraft des Faktischen dar, mittels der eine beinahe universelle Gültigkeit dieser Musiksprache erreicht werden konnte.

- Die Leistung einzelner MusikerInnen, die die Werke nun 'vom Blatt' einstudierten und spielten, wurde für das fachkundige Publikum, das die Schriftform der Musik möglicherweise kannte, ja selbst nach dieser musizierte, abstrakt vergleichbar.

- Das Entstehen eines 'Arbeitsmarktes' (Agenturen, Manager usw.) für Musiker, einer neuen, vornehmlich bürgerlichen Musikkultur ist nicht zu trennen von der nun entstandenen Möglichkeit, Notendrucke massenhaft zu reproduzieren und zu verbreiten.[14]

- Die massenhafte Reproduktion sichert nicht nur die Verbreitung sondern auch den dauerhaften Bestand einzelner Werke und bildet das Fundament einer 'kumulativen' Musikgeschichte.

- Der Druck und die Verbreitung von Noten wird von eigens darauf spezialisierten Verlagen unternommen. Musikverlage – die ersten kulturindustriellen Institutionen im Bereich der Musik – entstehen.

---

14 Vgl. Schleuning 1984: 27f.

- Das musikalische oder musikdramatische Schaffen erhält ein von seiner aktuellen Aufführung unabhängiges Eigenleben.
- Zwischen die Kulturschaffenden und die Rezipienten schieben sich Märkte und Verlage. Die Leistungen bzw. Produkte der Musikschaffenden werden zu Waren, die – meist über einen Verlag – am Markt vertrieben werden. Und die Musikschaffenden müssen sich den Gesetzen dieses Marktes anpassen.
- Es entwickelt sich notwendigerweise eine rechtliche Grundlage zur Regelung der Abgeltung finanzieller Ansprüche der KomponistInnen für die Nutzung ihrer Werke: das Urheberrecht entsteht.[15]
- Mit dem Notendruck und seinen Folgewirkungen (Verlage, Konzertleben etc.) wird die Kommunikationskette erweitert, weswegen von einer 'Mediatisierung' gesprochen werden kann.
- Gleichzeitig entstehen neue Organisationsstrukturen für die Produktion und Distribution der kulturellen Güter (der Notendrucke also). Massenhaft reproduzierte Güter müssen nach effizienten ökonomischen Kriterien vertrieben werden, sodass man von tendenzieller 'Kommerzialisierung' sprechen muss.

Eine wesentliche, wenngleich nicht allein ursächliche Rolle kommt der grafischen Mediamorphose auch bei den folgenden Entwicklungen zu:

- Es entsteht eine völlig neue berufliche Qualität – die der KomponistInnen.[16] Voraussetzung dafür ist unter anderem auch die Entwicklung einer Notenschrift, die komplexe, polyphone Kompositionen zulässt: „Erst die Erhebung der mehrstimmigen Musik zur Schriftkunst schuf so den eigentlichen 'Komponisten' (...)"[17].
- Damit ist ein weiteres Element angesprochen, nämlich eine spezifische, für die abendländische Musik charakteristische, Entwicklung der Mehrstimmigkeit.[18]
- Es findet ein allmählicher Übergang von der 'Umgangsmusik' zur 'Darbietungsmusik'[19] statt, bei der sich die Trennung von KomponistInnen, Ausführenden und Publikum verfestigt.[20]
- Damit einher geht das Entstehen einer neuen Praxis interpretierenden Handelns.[21]

---

15 Vgl. z.B. Pohlmann 1962.
16 Vgl. Blaukopf 1984: 231f.
17 M. Weber 1972: 56.
18 Vgl. M. Weber 1972: 43.
19 Vgl. Besseler 1978.
20 Vgl. Blaukopf 1984: 180.

– Es bilden sich allmählich neue Hörgewohnheiten heraus, vor allem die kontemplative Zuwendung zur Darbietungsmusik.

Zusammenfassend ist feststellen, dass mit der grafischen Mediamorphose ein umfassender Wandel des gesamten Musiklebens in Gang gesetzt wurde, von dem sämtliche Elemente des Beziehungsgefüges musikalischer Kommunikation betroffen waren und z.T. noch sind. Ohne damit einen monokausalen Zusammenhang behaupten zu wollen, lässt sich dennoch mit Sicherheit sagen, dass die abendländische Musikkultur – in der Form, wie wir sie kennen – undenkbar wäre ohne die 'Erfindung' und Verbreitung von Notenschrift und Notendruck.

Was für die Musik detailliert dargestellt wurde, gilt weitgehend auch für die Aufführungskünste aber auch für die Literatur: auch hier kann als wesentliches Kernelement der grafischen Mediamorphose festhalten werden, dass mit der Produktivkraft 'Buchdruck' erstmals eine gesellschaftlich wirksame Trennung von lebendiger Darbietung auf der einen Seite und dem abstrakten 'Werk' in der Form einer grafischen Darstellung dieses Werkes auf der anderen Seite ermöglicht wird: Das dramatische oder literarische Schaffen erhält ein von seiner aktuellen Aufführung unabhängiges Eigenleben, in dem es nicht nur in einem materiell beständigen (schriftlichen) Kode transkribiert, sondern in dieser Form auch reproduziert werden kann und damit massenhaft verfügbar wird.

Damit ist aber die bislang nur angelegte Trennung von schaffenden und nachschaffenden KünstlerInnen endgültig vollzogen. Eine Entwicklung, die übrigens – wenngleich etwas modifiziert – auch für den Bereich der Literatur gilt. Denn, bis zur Vorherrschaft der Druckpresse fand, wie Arnold Hauser[22] feststellt, die Rezeption von literarischen Produkten „ohne einen Vortragenden, einen Sänger oder Erzähler, und einen Gesellschaftskreis, der bereit ist, für diese zu sorgen, kaum je statt".

Bei den 'WortproduzentInnenen' erfolgt also keine Arbeitsteilung, vergleichbar der von MusikerIn/KomponistIn, DramatikerIn/SchauspielerIn sondern der Buchdruck produziert im literarischen Bereich gleichsam ein erstes 'Selbstbedienungsmodell': WortproduzentIn/LeserIn, d.h. die RezipientInnen werden gleichzeitig zu 'InterpretInnen', zu 'Nachschaffenden', sie interpretieren den Text durch ihre Lesart.[23]

---

21 Vgl. Bontinck 1999a.
22 Hauser 1978: 523.
23 Vgl. dazu auch Gumbrecht 1998: 92.

In den Darstellungen 3 und 4 wird versucht, die Kommunikationskette zwischen Kulturschaffenden und Rezipienten vor und nach der grafischen Mediamorphose in einer sehr verkürzten und allgemeinen Form darzustellen. Aus der ersten Darstellung – vor der grafischen Mediamorphose – wird vor allem ersichtlich, dass die lebendige Kodierung und Vermittlung sowie die grafische Kodierung und Vermittlung von Unikaten im Zentrum der kulturellen Kommunikation standen, während in der zweiten Darstellung – nach der grafischen Mediamorphose – vor allem die Bedeutung der mechanischen Reproduktion herausgestellt wird. Mit ihr erhält die kulturelle Kommunikation eine neue Qualität: die Kommunikationskette wird erweitert, weswegen von einer 'Mediatisierung' gesprochen werden kann.

Darstellung 3: Vor der grafischen Mediamorphose

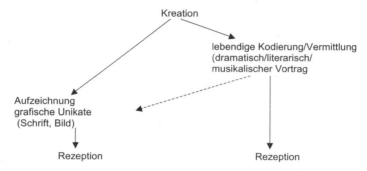

Darstellung 4: Nach der grafischen Mediamorphose

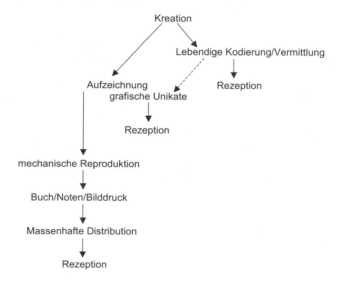

Mit der Trennung von UrheberInnen und Darbietung, als Ergebnis der grafischen Mediamorphose, ist die Voraussetzung für eine Reihe von Veränderungen ökonomischer und rechtlicher Art gegeben, die letztlich zu einer Transformation des gesamten Kulturschaffens führen.

Als wesentlichste Kennzeichen dieser Transformation wären die Entwicklung des Verlagswesens und davon nicht zu trennen die Herausbildung des 'Urheberrechts' zu nennen.

Verlagswesen und Urheberrecht

Mit der Verbreitung des Buchdrucks beschränken sich die Möglichkeiten für UrheberInnen nun nicht mehr nur darauf, ihre literarischen oder musikalischen Schöpfungen direkt einem Publikum oder Hörer lebendig darzubieten und damit zu 'verkaufen', sondern sie können ihre Werke nun auch in schriftlicher Form einem Verlag zum Druck anbieten. Dieser kauft aber die Schöpfungen als Waren, also nicht zum eigenen (ästhetischen) Gebrauch, sondern zum Weiterverkauf. Dabei orientiert sich der Verlag notwendigerweise zumindest auch, meist aber wohl in erster Linie an Prinzipien ökonomischer Rentabilität.

Die UrheberInnen müssen ihre Arbeit nun also zwar nicht mehr nach den direkten Forderungen der AuftraggeberInnen, dem Geschmack der MäzenInnen (fordernde Patronage) oder einer überschaubaren Gruppe von höfischen oder lokalen RezipientInnen ausrichten und sind insofern – was persönliche Abhängigkeiten betrifft – freier. Gleichzeitig werden sie aber ökonomisch weniger gesichert, wozu kommt, dass sie sich an den durch die Verlage vermittelten Erfordernissen eines anonymen Marktes orientieren müssen, d.h. die Verlage stellen die erste Form einer kapitalistisch organisierten Kulturindustrie dar; ja, professionelles 'Schreiben', aber auch 'Komponieren' im heutigen Sinne wurde erst durch das Entstehen von Verlagen ermöglicht.

Während künstlerisch ambitionierte SchriftstellerInnen und DichterInnen den Verlagen formell subsumiert wurden, gab es bei den TrivialliteraturproduzentInnen und JournalistInnen sicherlich bereits im 18.Jahrhundert Ansätze zu einer reellen Subsumtion. Genauere Befunde sind meines Wissens zwar kaum vorhanden[24], doch ist anzunehmen, dass die solcherart Schreibenden sich bereits an zeitliche wie inhaltliche Vorgaben vom Verleger zu halten hatten, dass ihre Produk-

---

24 In einschlägigen Arbeiten (z.B. Schenda 1970, 1976, Maase 1997, Prokop 2001: 105) wird meist nur die Tatsache der Trivialliteratur, deren Verbreitung über Kolporteure, deren Publikum und die Inhalte dieser Genres, nicht aber Herkunft und Lage der ProduzentInnen dieser Texte thematisiert. Vgl. auch Faulstich (1998: 261), der einen Überblick über die diesbezüglich dürftige Literatur gibt.

tionsbedingungen also bereits deutlich vom Wesen des kulturindustriellen Prototyps 'Verlag' geprägt waren.

Interessanterweise entsteht nun aber gerade mit der Möglichkeit, literarische, musikalische oder dramatische Werke massenhaft zu reproduzieren und zu vertreiben ein allmähliches Interesse der Schöpfer dieser Werke, als solche auch identifizierbar zu bleiben, ein Bedürfnis, das im Mittelalter kaum in vergleichbarer Weise existierte, da die ökonomische Motivation wie die ideologische Basis fehlten. Der Künstler des Mittelalters verstand sich als „Mittler und trat als Persönlichkeit hinter seine Aufgabe zurück... Von den Malern, Bildhauern, Dichtern, Baumeistern und Komponisten sind vielfach nicht einmal die Namen überliefert."[25]

„Wirtschaftliche Erwartungen an die Vervielfältigung und Verbreitung eines Werkes zu stellen, war für einen mittelalterlichen Urheber nicht vorstellbar",[26] nicht zuletzt wohl auch deshalb, weil keine effizienten Vervielfältigungsmöglichkeiten zur Verfügung standen und dementsprechend auch keine Verlage existierten, die 'fremdes geistiges Eigentum' ökonomisch verwertet hätten.

Das Urheberrecht ging aber nicht unmittelbar aus der Entwicklung des Verlagswesens hervor[27]. Vielmehr bestand noch lange Zeit kein Bewusstsein dafür, dass dem geistigen Schöpfer der Druckwerke so etwas wie ein Schutzrecht auf geistiges Eigentum zustand. Zunächst wurden nämlich die Verlage durch die Vergabe sogenannter 'Bücherprivilegien' vor unberechtigten Nachdrucken innerhalb einer Region geschützt, gleichzeitig ergab sich mit dieser Regelung auch die Möglichkeit zur Zensur. Das Druckwerk war 'Verlagseigentum', vom geistigen Eigentum der UrheberInnen war noch nicht die Rede. Die Urheber selbst waren meist noch zumindest bis ins 17. Jahrhundert von Mäzenen abhängig und wurden von Verlagen für die Überlassung ihrer Werke bestenfalls mit Freiexemplaren oder einem geringen einmaligen Honorar entlohnt. Allerdings mussten die Verlage – zur Sicherung ihrer ausschließlichen Vervielfältigungs- und Verbreitungsrechte – eine 'Druckberechtigung' von den UrheberInnen aufweisen können Gegen Ende des 17.Jahrhunderts wurde allerdings das MäzenatInnentum allmählich durch den Verlag ersetzt: in England z.B. rechneten um 1680 keine SchriftstellerInnen mehr auf private Unterstützung[28] und ein

---

25 Movsessian/Seifert 1982: 63.
26 Movsessian/Seifert 1982: 64.
27 Zu den folgenden Ausführungen vgl. Faulstich 1998: 260ff, Schanze 2001: 398ff. und Prokop 2001: 98ff.
28 Vgl. Hauser 1978: 565.

Rechtsgefühl für die wirtschaftlichen Interessen der UrheberInnen begann zu entstehen.

Im Zuge der bürgerlichen Revolution und ausgehend von der dieser zugrundeliegenden Naturrechtslehre wurde von den Verlagen nun die schöpferische Tat der UrheberInnen anstelle des 'Verlagsaufwands' als Rechtfertigung für das ausschließliche Druckrecht angeführt. 1777 wurden in Frankreich erstmals die Rechte der UrheberInnen gegenüber Verlagen gesetzlich verankert[29], aber es dauerte noch gut ein Jahrhundert, bis 1886 mit der Berner Konvention der internationale UrheberInnenschutz etabliert wurde.[30] Mit der Etablierung des Urheberrechts ist aber eine letzte Konsequenz der durch die grafische Mediamorphose ausgelösten Transformation vollzogen. Was mit der Verbreitung des Buchdrucks angelegt wird, ist endgültig verbindlich festgeschrieben: der Trennung von lebendiger Darbietung auf der einen Seite und UrheberIn bzw. Werk auf der anderen Seite wird auch im rechtlichen Bereich entsprochen. Das hat entscheidende Auswirkungen auf die Einkommensmöglichkeiten der UrheberInnen. Ihnen steht nun ein Einkommen aus der bloßen Nutzung ihrer Schöpfungen durch Dritte zu und sie müssen an dieser Nutzung in keiner Weise, sei es durch besondere Verträge, sei es durch Partizipation, beteiligt sein.

Von nun an ist es im Bereich des Kulturschaffens sinnvoll, ja notwendig, die Einkommensmöglichkeiten getrennt von den Beschäftigungsmöglichkeiten zu betrachten.

Es ist eine Ironie der Geschichte, dass diese Zuerkennung des Rechts auf geistige Urheberschaft mit allen ökonomischen Konsequenzen zu einem Zeitpunkt erfolgte, zu dem bereits eine neue Mediamorphose einsetzte, deren Konsequenzen letztendlich ebendieses Urheberrecht erodieren werden. Doch vor der Auseinandersetzung mit eben jener 'elektronischen' Mediamorphose, bzw. deren Vorläuferin, der 'chemisch-mechanischen', soll noch auf die Auswirkungen der grafischen Mediamorphose im Bereich visueller Kommunikation (um es ganz allgemein zu formulieren) eingegangen werden.

Grafische Mediamorphose im Bereich visueller Kommunikation

Der Einfluss der grafischen Mediamorphose auf die visuelle Kommunikation, insbesondere auf die bildende Kunst wird häufig unterschätzt. Dies liegt z.T. daran, dass dieser Bereich des Kulturschaffens nicht an

---

29 Vgl. Colombet 1986: 4f.
30 Das österreichische Urheberrecht datiert aus dem Jahre 1885.

einen sprachlichen Kode (Sprache, Schrift, Notation) gebunden ist, sondern an einen ikonischen Kode und daher eine Trennung von Werk und symbolischer Aufzeichnung dieses Werkes (wie bei der Sprache oder der Musik) von der Natur der Sache her gar nicht möglich ist – es gibt keine 'Partitur' für Bilder (erst die elektronische Aufzeichnung macht dies – allerdings für unsere Sinne nicht unmittelbar wahrnehmbar – möglich. Darauf komme ich noch zurück.) Daher sind viele Entwicklungen, die die Produktionsbedingungen von Literatur, Musik und Drama unter dem Einfluss der grafischen Mediamorphose erfasst haben, im Bereich der Bildenden Kunst nicht vorzufinden. Dennoch sind auch hier Einflüsse bzw. eigenständige Effekte der grafischen Mediamorphose zu konstatieren.

Zunächst ist die Entwicklung der Druckgrafik zu vermerken: Etwa seit Beginn des 15. Jahrhunderts finden wir Holzschnitte, um 1440 tauchen die frühesten Kupferstiche auf. Zu Beginn des 16. Jahrhunderts wird die Radierung entwickelt und um 1800 die Lithografie[31]. Damit war die zunehmend technisch verfeinerte und besser handhabbare Möglichkeit gegeben, Werke bildender Kunst in einer hohen Auflage herzustellen.

Allerdings eben nur bestimmter Werke: Ölbilder z.B. waren und sind nicht reproduzierbar, bzw. im Falle der Kopie oder des Öldrucks[32] zumindest für Fachleute immer als Kopien oder eben als Originale erkennbar. Vermutlich ist von daher die besondere Rolle Bildenden Kunst im Kontext des bürgerlichen Kunstideals vor allem im 20. Jahrhundert, als ebendieses Kunstideal brüchig wird, zu erklären. Denn ein dem Ölbild (dem Aquarell, der Skulptur) vergleichbares Original existiert weder im Bereich der Musik, des Dramas oder der Literatur.[33]

Für die Entwicklung der Bildenden Kunst in der Neuzeit wird das Tafelbild als wesentlichst Ausdrucksform angesehen. Dieses war einerseits eindeutig 'Original', im Gegensatz zum Fresko aber transportierbar und konnte daher Zugang zum sich entwickelnden anonymen Kunstmarkt finden.[34] Auf diesem Kunstmarkt wurden auch Druckgrafiken gehandelt, doch haftete ihnen – angesichts der Wertschätzung, die 'originale' Bildwerke (Ölbilder, Zeichnungen etc.) genossen – immer der Makel der Auflage, der Reproduzierbarkeit an. Ungeachtet jeder ästhetischen Bewertung muss der Druckgrafik aber eine wesentliche Funktion in der Entwicklung dieses nunmehr traditionellen Kunst-

---

31 Vgl. Hütt 1976: 98ff., Hiebel 1998: 59ff.
32 Brückner 1974.
33 Der Wert, der originalen Handschriften, Partituren usw. zugemessen wird, ist nur der Versuch, Originalität dort fetischartig materiell fassbar zu machen, wo diese nicht existieren kann.
34 Vgl. z.B. Watson 1961, Prokop 2001: 82ff.

marktes und Kunstverständnisses zuerkannt werden und zwar sowohl was die KünstlerInnen wie das Publikum betrifft.

Hauser schreibt zum Wandel Bildender Kunst um die Wende zur Neuzeit: „(...) die monumentale Wandmalerei wird vom Tafelbild, die aristokratische Buchmalerei von der Grafik verdrängt (...). Der Holzschnitt und der Kupferstich sind die ersten volkstümlichen, verhältnismäßig billigen Produkte der bildenden Kunst (...). Wie weit die Entwicklung der neueren Kunst von der Verbreitung dieser Bilddrucke beeinflusst war, lässt sich kaum abschätzen"[35].

Weitergehendes, etwa auch nur Mutmaßungen über diesen Einfluss, erfahren wir in dieser immerhin als Standardwerk der Sozialgeschichte der Kunst anzusehenden Schrift Hausers nicht.

Einige Auswirkungen liegen aber auf der Hand:

– sicher ergaben sich zunächst neue Tätigkeitsbereiche und damit neue Einkommensmöglichkeiten:

– die nunmehr gedruckten Bücher wurden mit Holzschnitten, später mit Kupferstichen illustriert. Das gleiche gilt natürlich für Zeitungen und Zeitschriften. Damit wurde ein Naheverhältnis von bildenden KünstlerInnen zu den neu entstehenden Buchverlagen ermöglicht;

– durch die von Hauser erwähnte relative Verbilligung der Produkte wurden neue Käuferschichten und damit neue Einkommensmöglichkeiten erschlossen. Der 'Druck' wurde zu einer Möglichkeit für Bildende KünstlerInnen relativ schnell zu Geld zu kommen – Dürer etwa finanzierte seine Niederlande-Reise (1520) u.a. durch den Verkauf von Kupferstichen[36].

– der Frage, inwieweit diese Orientierung auf ein neues Publikum Auswirkungen auf die ästhetischen und inhaltlichen Seiten der etablierten Bildenden Kunst nahm, wird erst in Ansätzen nachgegangen. Diesbezügliche positive Befunde stellen einen indirekten Indikator für das Entstehen neuer Einkommens- und Berufsmöglichkeiten von Bildenden KünstlerInnen dar[37].

– Auswirkungen ganz anderer Art auf die Entwicklung der 'etablierten' Bildenden Kunst können aber als gesichert angesehen werden, nämlich die Funktion des Bilddrucks als Kommunikationsmedium zwischen Kunstzentren: so kannten z.B. viele niederländische Maler des 16. Jahrhunderts die Werke der italienischen Meister oft nur

---

35 Hauser 1978: 279.
36 Vgl. Dürer 1978: 551.
37 Vgl. z.B. Mukerji 1979.

aus Kopien, die als 'Stiche' massenhafte Verbreitung fanden, ja die sogar eigens für gleichsam kunstpädagogische Zwecke kopiert wurden[38].

Neben diesen Auswirkungen der grafischen Mediamorphose, die eher die etablierte Bildende Kunst betrafen, muss aber noch auf jenen Effekt hingewiesen werden, der wohl der faszinierendste, weil trotz seiner vermutlichen Breitenwirkung (zumindest in der Kunstsoziologie) unerforschteste ist: Ab dem 17. Jahrhundert entwickelte sich nämlich eine Bild-Kulturindustrie von anscheinend enormen Ausmaß, die sogenannte 'Imagerie' die sich im 18. und 19. Jahrhundert voll etablieren konnte.

Horst Schenda[39], dem bei der Erfassung der 'Kulturindustrie' des 18. und 19. Jahrhunderts eine Pionierrolle zukommt, schreib dazu: „Dass Kleinbürger und vor allem die verschiedenen Schichten der ländlichen Bevölkerung nach sowohl anderen als auch billigeren Bildern verlangten, dass zudem dieser potentielle Abnehmerkreis, der nach und nach auch das Lesen lernte, erst in einen virtuellen zu verwandeln war, das haben kluge Kleinproduzenten seit der Zeit der Französischen Revolution immer mehr erkannt. Jean-Charles Pellerin 1756-1836) – um nur ein Beispiel zu nennen –, Kartenmachermeister, Uhrenverkäufer und Weinhändler, von seinem Hauptberuf her also geschickter Holzschneider, Drucker und Schablonenmaler, begann um 1800 in Epinal nach dem Vorbild der beiden Jean-Charles Didier mit der Produktion von Heiligenporträts und Uhrenblättern. Schon in den zwanziger Jahren hatte seine Firma gerade von Nicolas Pellerin übernommen (1793-1868),einen Ausstoß von bis zu 200000 Bildern pro Jahr. Eine Generation später (Charles-Nicolas Pellerin, 1827-1887) lag die Jahresproduktion weit über zwei Millionen Bilder bogen."[40]

Den Kern dieser Kulturindustrie stellten die Bildverlage dar, die massenhafte Auflagen von Bildchen und Bildern ins Volk brachten. Es handelt sich dabei um Kopien von Werken bildender Kunst ebenso wie um Heiligen- und Andachtsbilder, Fürstenportraits, historischen Szenen etc.[41]. Den Vertrieb besorgten (im übrigen wie bei der Trivialliteratur) Kolporteure, die von Stadt zu Stadt, von Dorf zu Dorf zogen, aber auch schon – bei größeren Bestellungen – die Post.[42]

---

38 Vgl. Heinz 1987: 48.
39 Schenda 1970, 1976, vgl. auch Prokop 2001: 97ff.
40 Schenda 1976: 44.
41 Wobei vielfach die 'auratische' Kunst als Vorbild diente, vgl. Baumgart 1974, 1975.
42 Vgl. Schenda 1976: 42ff.

Über die Schöpfer dieser Bilder bzw. Druckvorlagen, über ihr Verhältnis zu den Verlagen, über die Art und Weise, wie und wie gut sie bezahlt wurden etc. liegen meiner Wahrnehmung nach keine Hinweise vor. Man kann jedoch mit einiger Sicherheit annehmen, dass die Produktionsbedingungen andere waren, als die der 'etablierten' Bildenden KünstlerInnen, die dem anonymen Kunstmarkt über Galerien etwa ab der zweiten Hälfte des 18. Jahrhunderts formell subsumiert waren. Sicher wäre es voreilig bei den 'Bildchenschöpfern' von reeller Subsumtion zu sprechen, doch spricht zumindest einiges dafür, Produktionsbedingungen anzunehmen, die der reellen Subsumtion angenähert sind, da bereits entsprechende Formen sowohl der Mediatisierung wie der Kommerzialisierung mehr als bloß ansatzweise vorliegen:

- die Orientierung der Verlage an einer breiten Nachfrage, der vermutlich thematische und formale Vorgaben für die Schöpfer entsprechen;
- die tendenzielle Arbeitsteilung, bedingt dadurch, dass die Druckmaschinen im Besitz der Verlage und nicht der Kulturschaffenden selbst sind;
- die eindeutig ökonomische Motivation der Verlage.

All dies legt nahe, dass es sich bei den SchöpferInnen eher um 'Arbeitnehmerähnliche' als um 'Selbständige' und bei der Imagerie mehr um eine Industrie als um einen bloßen Markt gehandelt hat.

Zusammenfassung: Auswirkungen der grafischen Mediamorphose

Neben diesen gattungsspezifischen Auswirkungen der grafischen Mediamorphose sollen zuletzt noch zwei übergreifende bzw. prinzipielle Effekte erwähnt werden, die das Erscheinungsbild des durch die grafische Mediamorphose mitverursachten kulturellen Wandels charakterisieren.

- Eine indirekte Wirkung auf alle Sparten des Kulturlebens übte (und übt) die Presse aus, indem in ihr über Kunst und Kultur berichtet wurde (und wird): seriöse 'Kulturkritik' aber auch Klatsch über und Propaganda für oder gegen einzelne Kulturschaffende sowie simple Programmankündigungen ergaben eine neue Struktur der Kommunikation <u>über</u> Kunst und Kultur.[43]

---

43 Dresdner 1968, Venturi 1972, Zembylas 1997: 149ff.

- In Bezug auf die Auswirkungen der grafischen Mediamorphose auf den Bereich der Perzeption soll – obwohl hier nicht systematisch darauf eingegangen wird[44] – eine Hypothese zumindest nicht unerwähnt bleiben, nämlich jene, die behauptet, dass zwischen der Verbreitung von Lese- und Schreibfähigkeit und der Entwicklung eines neuen spezifisch abendländischen (rationalen) Denkens ein ursächlicher Zusammenhang bestünde. Wenngleich diese insbesondere von McLuhan vertretene Hypothese endgültig nicht zu beweisen oder zu widerlegen sein dürfte und in einer monokausalen Version sicher nicht zu akzeptieren ist, sollte sie bei einer Analyse des Stellenwerts der grafischen Mediamorphose nicht unerwähnt bleiben. Entscheidend ist vermutlich weniger die Frage, ob die abendländische Kultur ein 'Ergebnis' des Buchdrucks ist oder nicht, sondern vielmehr die Frage nach dem Anteil, der dem Buchdruck und seinen Folgen bei der spezifischen Ausformung der abendländischen Kultur zuzuerkennen ist.

Zusammenfassend kann bezüglich der grafischen Mediamorphose festgestellt werden, dass mit ihr ein umfassender Wandel des gesamten Kulturschaffens in Gang gesetzt wurde:

- Die mit der Erfindung des Papiers und den Buch- und Bild druckverfahren erfolgte 'Mediatisierung', die der grafischen Darbietung eine neue Qualität verleiht, verlangt neue Organisationsstrukturen für die Produktion und Distribution der kulturellen Güter, also eine 'Kommerzialisierung'. Massenhaft reproduzierte Güter müssen nach effizienten ökonomischen Kriterien vertrieben werden.

- Zwischen die Kulturschaffenden und die RezipientInnen schieben sich Märkte und Verlage. Damit wird das bislang unmittelbare, persönliche Verhältnis des Kulturschaffenden zu seinen AuftraggeberInnen und/oder RezipientInnen, das sich am ehesten mit dem Begriff 'Dienst' kennzeichnen lässt, grundlegend verändert; es wird tendenziell unpersönlich, vermittelt, ja anonym.

- Jetzt ist es die Kategorie 'Markt', die dieses Beziehungsgefüge am treffendsten charakterisiert. Die Leistung bzw. das Produkt der Kulturschaffenden wird zur Ware, die über einen Markt gehandelt oder – weitgehend – durch einen Verlag am Markt vertrieben wird.

- Sobald aber Kulturschaffende ihre Leistungen und Güter über einen Markt vertreiben bzw. vertreiben müssen, müssen sie sich den Gesetzen dieses Marktes anpassen. Sie werden zumindest formell unter diese neuen Produktionsverhältnisse subsumiert.

---

44 Vgl. dazu Smudits 1985, 1987.

- Im Falle der Tätigkeit in oder für einen 'Verlag', den kulturindustriellen Prototyp, geschieht dies zumindest in Ansätzen auch schon reell, d.h. die Produktionsbedingungen der Kulturschaffenden insgesamt verändern sich infolge der grafischen Mediamorphose radikal.

- Im Detail ist dies wohl am deutlichsten bei den 'WortproduzentInnen' zu beobachten, insbesondere entsteht eine Trennung von Schaffenden und Nachschaffenden, aber auch bei den MusikerInnen, DarstellerInnen und Bildenden KünstlerInnen finden sich zum Teil indirekte Effekte: es entstehen neue Arbeitsbereiche (Buch- und Zeitungsverlage, die bürgerliche Konzert- und Theaterkultur, Bildverlage), neue Berufe differenzieren sich heraus (KomponistIn, DramatikerIn, JournalistIn, SchriftstellerIn) und mit dem 'Urheberrecht' ergibt sich in Form der Tantiemen eine völlig neue Einkommensmöglichkeit, die ohne graphische Mediamorphose nicht begründbar wäre.

Die bisher behandelte Entwicklung erstreckte sich über einen Zeitraum von fünf Jahrhunderten. In der Mitte des 15. Jahrhunderts wurde der Buchdruck erfunden, gegen Mitte des 19. Jahrhunderts wurde mit der Etablierung des Urheberrechts den in der grafischen Mediamorphose angelegten Konsequenzen Rechnung getragen; damit waren die veränderten Produktionsbedingungen der Kulturschaffenden auch formalrechtlich in der Gesellschaft etabliert. Gleichfalls in der Mitte des 19. Jahrhunderts aber setzte eine neue Mediamorphose ein, mit der wiederum neue Strukturen des Kulturschaffens, die dann das 20.Jahrhundert charakterisieren werden, vorbereitet werden.

8. Kapitel

Mediamorphosen, die zur 'technischen Kodierung' führen

Von den neueren kommunikationstechnologischen Innovationen gibt es kaum eine, der ein ähnlich zentraler Stellenwert zukommt, wie ehemals dem Buchdruck im Rahmen der grafischen Mediamorphose. Dies nicht, weil es solche Erfindungen nicht gegeben hätte, sondern im Gegenteil: es gab eben sehr viele Erfindungen, die jede für sich, eine epochale Veränderung der kulturellen Kommunikation darstellte. Im wesentlichen handelt es sich dabei durchwegs um Innovationen, mittels derer die unmittelbare Aufzeichnung oder Weiterleitung von visueller oder akustischer Realität bewerkstelligt werden konnte. Es war also keine symbolische 'Zwischenstufe' wie die Schrift oder Notation, aber auch keine naturgetreu gemalte oder gezeichnete Abbildung mehr nötig, sondern nur mehr eine Apparatur zur 'Aufnahme' und eine Apparatur zur 'Wiedergabe'. Von nun an geht es also um 'tertiäre Medien' und um 'technische Kodierungen', und die prominentesten diesbezüglichen Kommunikationstechnologien sind zunächst die Fotografie und der Film, das Grammophon und die Schallplatte. Diese Medien bilden die Grundlage der ersten technischen, nämlich der chemisch-mechanischen Mediamorphose.

Die 'chemisch-mechanische Mediamorphose' – ein mediales Vorbeben

Die Fotografie[1] wurde um 1830 als 'Daguerrotypie' entwickelt, 1839 gab es bereits erste Kleinbildkameras, 1861 können in Paris bereits 30000 Berufsfotografen registriert werden. 1875 waren Aufnahmen mit einer tausendstel Sekunde Belichtungszeit möglich, womit die technische Entwicklung der Fotografie als im wesentlichen abgeschlossen betrachtet werden kann. 1888 schließlich begann Eastman mit der Produktion von Zelluloid-Rollfilmen und entwickelte die dazugehörige 'Kodak-Box', eine Kamera für den Massenkonsum, womit die Fotografie zum Massenmedium werden konnte.

Nun stellt die Fotografie einerseits bloß eine neue Form der grafischen Reproduktion visueller Phänomene dar, könnte also auch der grafischen Mediamorphose zugerechnet werden. Das wesentlich Neue der

---

1 Zur Geschichte der Fotografie vgl. neben vielen anderen medienhistorischen Darstellungen: Freund 1989, Baatz 1997, Uka 1998.

Fotografie aber ist, dass sie – im Gegensatz zu allen anderen grafischen Reproduktionsverfahren – nicht (oder nicht nur) visuelle Artefakte sondern direkte Abbilder der Wirklichkeit liefert, sie bietet die „Möglichkeit der exakten Wiedergabe von Wirklichkeit auf mechanischem Wege"[2]. Und dieses Prinzip ist eben das charakteristische dieses Innovationsschubs, für den die Fotografie prototypisch und pionierhaft steht: Wirklichkeit gleichzeitig medial und dennoch direkt und exakt wiederzugeben, ohne den Umweg über einen symbolischen oder artifiziellen ikonischen Kode.

Die Fotografie kann somit sowohl als die Vollendung der grafischen Mediamorphose aber zugleich auch das erste Medium einer neuen Mediamorphose gesehen werden.

Mit der Fotografie eng zusammen hängt die Entwicklung des Films[3]. Zwar gab es bereits um 1830 – also zu der Zeit, als die Fotografie ihren Anfang nahm – erste 'Lebensräder' (Abfolgen von Zeichnungen, die Bewegung vortäuschten), doch erst mit der voll entfalteten Fotografie um 1875 war die Voraussetzung für den Film geschaffen worden und im letzten Jahrzehnt des 19. Jahrhunderts konnten die ersten öffentlichen Filmvorführungen erfolgen: 1894 mit dem Tachyskop in Berlin, 1895 durch die Brüder Lumière in Paris und durch Max Sklandanowsky in Berlin, 1896 mit dem 'Edison-Vitascop-Projektor' in New York. 1896 eröffnete auch das erste Lichtspieltheater der Welt, nämlich das 'Erika-Kino' in Wien.

Mit dem Film war zur 'exakten Wiedergabe der Wirklichkeit' durch das Foto auch die 'exakte Wiedergabe der Bewegung' in Form einer technischen Darbietung möglich geworden. Die Grundlagen dieser neuen Medien waren mit dem photochemischen Aufzeichnungs- und Reproduktionsverfahren gegeben, weswegen man die auf Fotografie und Film beruhende Mediamorphose als eine chemische bezeichnen kann.

Doch in jener Zeit der Wende vom 19. zum 20. Jahrhundert häufen sich die kommunikationstechnischen Innovationen: etwa gleichzeitig mit der Erfindung des Films werden ebenfalls erstmals Anstrengungen unternommen, Schallereignisse zu speichern. 1877 entwickelt Edison den mit einer Walze arbeitenden 'Phonographen', 1888 präsentiert Berliner das Grammophon, 1897 erhält die 'Schellack', gleichsam der Prototyp der Schallplatte, Serienreife, 1906 werden in Deutschland bereits 18 Millionen Tonträger verkauft. Bis 1925 erfolgte Schallaufzeich-

---

2   Bürger 1974: 41, wie problematisch der Begriff 'mechanisch' hier auch sei.
3   Neben zahlreichen Publikationen zur allgemeinen Mediengeschichte vgl. zum Film.: Zielinski 1989, Prokop 1995, Gronemeyer 1998, zur Tonaufzeichnung: Read/Welch 1976, Eisenberg 1987, Elste 1989.

nung und -wiedergabe allerdings auf mechanischem Weg. Denn erst in diesem Jahr fanden Mikrophon und Röhrentechnik Eingang in die Phonographie – weswegen man diese Innovation im Bereich akustischer Kommunikation zunächst als mechanische Mediamorphose bezeichnen könnte. Wiederum herrscht das gleiche Prinzip vor: 'exakte Wiedergabe der Wirklichkeit', in diesem Falle der akustischen Wirklichkeit, und damit die Möglichkeit der technischen Kodierung und Vermittlung von Schallereignissen.

Zusammenfassend kann festgehalten werden:

- die entscheidenden Erfindungen zur 'exakten' Bild- und Tonaufzeichnung (und zur massenhaften Reproduktion dieser Aufzeichnungen) erfolgten bereits in einer 'vorelektronischen' Phase;
- diese Phase der Entwicklung kann daher insgesamt als 'chemisch-mechanische Mediamorphose' bezeichnet werden;
- sie ermöglichte technische Kodierung und Vermittlung in der Form von Ton- und Bildträgern;
- aber diese Ton- und Bildträger müssen physisch zu den RezipientInnen transportiert werden und
- zumindest die Tonaufzeichnung war äußerst unzulänglich.

Die 'elektronische Mediamorphose'

Elektrik und Elektronik revolutionierten die kulturelle Kommunikation – genauer betrachtet – zunächst einmal von eben diesem vorher genannten Aspekt des Transports der Botschaft her. Sie bildeten die Grundlage für die zweite technische, die elektronische Mediamorphose.

Die technologische Entwicklung, die von der Erfindung des elektromagnetischen Telegrafen[4] 1829 durch G.T. Fechner über den Morse-Telegrafen, der 1843 erstmals zwischen Washington und Baltimore installiert wurde, hin zum Telefon reicht, das 1876 von Bell erfunden wurde, hat allerdings lange Zeit für das Kulturschaffen keine größere Bedeutung gewonnen. Erst gegen Ende des 20.Jahrhunderts wird die Signalübertragung mittels Kabel zu einem künstlerisch-kulturell relevanten Phänomen, zunächst beim Kabelfernsehen, später beim Internet. Entscheidend für die kulturelle Kommunikation war zunächst die Entwicklung der drahtlosen Informationsübertragung: 1887 entdeckt Hertz die Radiowellen (Hertzsche Wellen), 1897 wird ein drahtloser

---

4 Vgl. dazu insbesondere Flichy 1994.

Verkehr am Bristolkanal installiert, 1913 erfolgt in New York die erste Rundfunksendung und in den 20er Jahren des 20. Jahrhunderts werden bereits in den meisten europäischen Ländern Radioanstalten errichtet (1922 in Großbritannien, 1923 in Deutschland, 1924 in Österreich). Mit der Entwicklung der Rundfunktechnik einher gehen aber auch Innovationen im Bereich der Mikrophon- und Röhrentechnik, die schließlich einerseits die Tonträgerindustrie entscheidend verändern, andererseits aber die Grundlage für die Entwicklung auch der Bildübertragung, des Fernsehens, bilden.

1925 verdrängt das elektrische Mikrophon den Trichter, die Tonaufzeichnung – und Wiedergabe – kann von da an auf elektrischem Weg erfolgen. Bereits 1931 wurde die Grundlage der Stereophonie entwickelt (ihr gelang aber erst 1958 der Durchbruch), 1935 wurde das erste Magnet-Tonband der Öffentlichkeit vorgestellt, 1948 wird die Langspielplatte entwickelt und verdrängt bis zum Beginn der 60er Jahre die Schellack vollständig, schließlich wird 1963 die Musicassette eingeführt.

Experimente im Bereich der Bildübertragung gab es bereits seit der Entdeckung des fotoelektrischen Effekts im Jahre 1873. Allerdings setzten Bemühungen um die Errichtung eines öffentlichen Fernsehens erst um 1920 ein. 1935 gab es dann in Berlin erste öffentliche Programmdienste und ein Jahr später in Deutschland, den USA und in Großbritannien die ersten öffentlichen Fernsehübertragungen. Nach 1945 setzte sich das Fernsehen zunächst in den USA und dann in Europa als das vermutlich wichtigste Medium der zweiten Hälfte des 20.Jahrhunderts durch.

Die elektromagnetische Aufzeichnung von bewegten Bildern, die sogenannte MAZ-Technik, gelang erst relativ spät, nämlich 1956 und wurde zunächst, wegen des großen Aufwandes und der entsprechend großen Kosten, nur professionell eingesetzt. Ab 1971 aber wurde der Videorekorder marktfähig, d.h. massenhaft produziert, billiger und einer breiteren Öffentlichkeit zugänglich. Damit war schließlich auch bei den 'Laufbildern' prinzipiell eine völlige 'Elektronisierung' erreicht, wenngleich das 'Zelluloid' immer noch einen wesentlichen Faktor im Filmsektor darstellt.

In der bisherigen Darstellung wurden nur die wesentlichsten elektronischen Medien erwähnt. Es ist gerade ein Kennzeichen der Entwicklung elektronischer Medien, dass verschiedenste Varianten der einen oder anderen Technologie existier(t)en, wobei sich nicht immer die technologisch ausgereifteste durchsetzten[5], oder aber von der Industrie groß angekündigte Technologien bzw. Formate von heute auf morgen wieder vergessen waren[6]. Allerdings ist hier nicht der Platz sie alle aufzuzählen und zu diskutieren.

Der Einsatz von 'Elektrizität' und dann von 'Elektronik' im Bereich der Kommunikation und die dadurch bewirkte elektronische Mediamorphose hat also grundsätzliche Neuerungen nur insofern gebracht, als die zeitgleiche Übertragung von Ton und Bild über weite Distanzen – also unabhängig von physischen Trägersubstanzen – ermöglicht wurden, denn zur Ton- und Bildaufzeichnung und -reproduktion war man im Prinzip ja schon seit der chemisch-mechanischen Mediamorphose imstande. Allerdings hat die Elektronik weite Teile der chemisch-mechanischen Mediamorphose zunehmend ergänzt/überlagert, ja zum Teil abgelöst:

– Die Tonaufzeichnung erfolgte bald ausschließlich auf elektronischem Weg. Dazu kommt die diesbezüglich enorme Qualitätssteigerung, die in vielen Etappen erfolgte und die ständig vorangetrieben wird.

– Die Bildaufzeichnung erlangte mit dem elektronischen Fernseh- und Videobild eine eigene, selbständige Qualität. Die Videotechnologie konkurriert mit bzw. ergänzt den 'chemischen Film'[7] und es ist wohl nur eine Frage der Zeit bis sie (in digitalisierter Form) das Zelluloid als materielle Grundlage des Massenmediums Film[8] verdrängt.

Dies legt nahe, den Schwerpunkt der vielfältigen Innovationen der Kommunikationstechnologien, die seit der Fotografie Platz greifen konnten, aus heutiger Sicht bei der elektronischen Mediamorphose zu sehen – allerdings mit der Anmerkung, dass dieser gleichsam als 'Vorbeben' eine chemisch-mechanische Mediamorphose vorausgegangen ist.

<u>Ein wesentliches Merkmal der elektronischen Mediamorphose besteht darin, dass sie darauf hinausläuft, sämtliche Kodes in elektronische Kodes zu übersetzen oder übersetzbar zu machen. War es im Zeitalter der grafischen Mediamorphose die verbale Schrift oder ein grafischer Kode, in die jede Botschaft übersetzt werden sollte: neben herkömmli-</u>

---

5   Z.B. Video 2000, Beta-max und VHS als Videoformate, wobei durchwegs das erfolgreiche VHS-Format als technologisch schwächeres eingeschätzt wird
6   Z.B. Cartridge-Tonbänder, Bildplatten, Tele-Tex, DAT, DCC als digitale Tonbandkassettenformate.
7   Vgl. z.B. Zielinski 1986, 1989, Lampalzer 1992, telepolis 1997.
8   Für ausdrücklich künstlerische Zwecke wird der Zelluloid-Film – gleichsam als Kunsthandwerk – sicher weiterbestehen.

chen literarischen oder sonstigen sprachlichen Texten, nicht zuletzt Dramentexten sind in diesem Zusammenhang Notationen für Musik aber auch für Tanz, ebenso wie verbale, kunstwissenschaftlich motivierte Bildbeschreibungen, und schließlich Dokumentationen jeglicher Art, Protokolle etc. zu nennen, so ist es im Zuge der elektronischen Mediamorphose die Bild- oder Tonaufzeichnung, die ins Zentrum rückt: das Buch, das beschriebene Blatt Papier wird durch das elektronische Speichermedium Tonband oder Videoband (bei verbalen Texten durch das Mikrofiche), zwar nicht abgelöst, aber ganz wesentlich ergänzt.

Diese Entwicklung erhält dann ab den 1980er Jahren mit der Digitalisierung eine neue Qualität. Im Zuge dieses Innovationsschubes wurden die herkömmlichen elektronischen Medien mit der auf Mikroelektronik basierenden Informatik bzw. Computertechnologie verbunden[9] und es wurde ein neues Kodierungsverfahren gleichsam 'hinter der Bühne' (unserer sinnlichen Wahrnehmung) etabliert. Mittels digitaler Kodierung erzeugte oder übertragene Klänge und Bilder unterscheiden sich (sicht- und hörbar) nicht grundlegend von auf herkömmlichem analogen elektronischen Weg erzeugten oder übertragenen Klängen oder Bildern. Allerdings sind ganz wesentliche Unterschiede zwischen digitaler und analoger Kodierung zu konstatieren, deren nachhaltige Auswirkungen u.a. auch auf die kulturelle Kommunikation kaum absehbar sind, dabei handelt es sich vor allem um

– die ständig wachsende Steigerung der Kapazität sowie der Qualität der Kanäle und Speicher bei gleichzeitiger Miniaturisierung dieser Geräte;

– die maximale Vernetzbarkeit verschiedener Kommunikationstechnologien;

– die Orientierung auf den Bildschirm als zentrales Arbeits-, Kommunikations- und Unterhaltungs-'Gerät'

– die prinzipielle Veränderung in Bezug auf die Erstellung von Bildern oder Klängen: mittels digitaler Kodierung wird 'Wirklichkeit' nicht exakt wiedergeben, sondern es werden prinzipiell immer eigene 'Wirklichkeiten' geschaffen: diese können eine 'Wirklichkeit' zum Vorbild haben, oder aber neue Wirklichkeiten 'schaffen': Musikcomputer, computeranimierte Filmbilder, CAD (=Computer Aided Design) seien als Beispiele für die neue Qualität digitaler Medien genannt[10];

– die Tendenz, den digitalen Kode zu einem universellen Kode werden zu lassen, zumal – im Gegensatz zum analogen elektronischen

---

9   Vgl. z.B. Brehpol 1983, Latzer 1997.
10 Vgl. z.B. Rötzer 1991, Dery 1996, telepolis 1997, Matzker/Zielinski 2000.

Kode, nunmehr auch verbale Texte in digitaler Form bearbeitet werden können.

Diese hier nur angedeuteten Tatbestände legen es meines Erachtens nahe, schon jetzt – also zu einem Zeitpunkt, zu dem diese Mediamorphose gerade erst begonnen hat, Wirkung zu zeigen – von einer eigenständigen 'digitalen Mediamorphose' zu sprechen, Auf einige schon deutlich ersichtliche Auswirkungen der Digitalisierung auf das Kulturschaffen wird vor allem im 10. Kapitel noch ausführlicher eingegangen.

Die Kommunikationskette in der elektronischen Mediamorphose

In jedem Fall ist in Bezug auf die Auswirkungen der elektronischen Mediamorphose festzuhalten, dass im Verhältnis zu den Auswirkungen der grafischen Mediamorphose eine enorme Ausweitung der Kommunikationskette zwischen den Schöpfern und den RezipientInnen kultureller Botschaften stattgefunden hat und dass weiters eine Tendenz besteht, sämtliche Elemente der Kommunikationskette miteinander verbindbar zu gestalten, wobei sich die 'elektronische' bzw. vor allem die 'digitale Kodierung' immer mehr zum zentralen Element dieses Prozesses entwickelt

Verglichen mit den obigen Darstellungen 3 und 4, die noch recht leicht überblickbar waren, bietet sich in Darstellung 5, in der versucht wird, die Kommunikationskette nach der elektronischen Mediamorphose nachzuzeichnen, ein dichtes Netz mit vielerlei Verbindungen. Dabei ist noch zu bedenken, dass in dieser Darstellung Unterscheidungen zwischen individuellen und massenhaften Nutzungsmöglichkeiten, zwischen einzelnen konkreten Medien (z.B. Schallplatte, Tonband, Kassette, Compact Disc etc.) oder zwischen angesprochenen Sinneskanälen (auditiv/visuell) nicht berücksichtigt sind.

Darstellung 5: Kommunikationskette in der elektronischen Mediamorphose

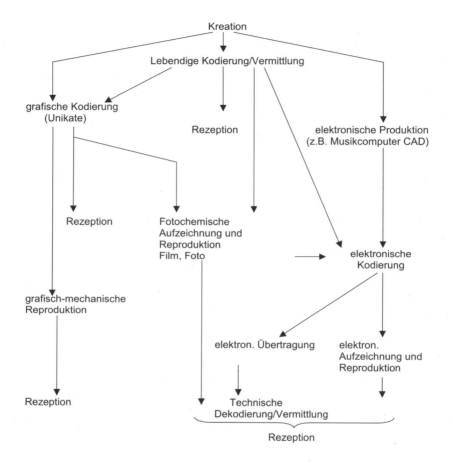

Es ist daher nicht verwunderlich, dass der Begriff der 'Mediatisierung' erst angesichts dieser Situation Einzug in den sozial- und kommunikationswissenschaftlichen Sprachgebrauch gefunden hat. Im Verständnis des hier zugrundeliegenden Theoriekonzepts handelt es sich allerdings eben nicht erst seit dem Eintritt der elektronischen Mediamorphose um eine Mediatisierung, sondern bloß um eine neue – extensivere – Form derselben.

So wie mit der grafischen Kodierung sowohl lebendige Kodierung/Vermittlung (symbolisch) gespeichert und transportiert wie auch eigenständige Schöpfungen (z.B. Romane) kreiert werden können, ist es natürlich möglich, auch mit der elektronischen Kodierung sowohl lebendige Vermittlungen wie grafische Vermittlungen zu speichern und zu transportieren. Ebenso können auch eigenständige Schöpfungen – in der technischen Produktion – kreiert werden. Das heißt: prinzipiell kann natürlich jeder (lebendige oder grafische) Kode in einen elektronischen Kode übersetzt und rückübersetzt werden (also auch die Schrift, allerdings erst in digitaler Form am Computer). Dominiert wird aber die technische Vermittlung bislang vom Transport lebendiger Kodes: den akustischen oder visuellen Abbildern lebendiger Vermittlungen.

Ob der Bereich symbolischer grafischer Vermittlung, also der Bereich schriftlicher Texte, der bislang noch immer weitestgehend ein 'Papiergeschäft'[11] ist, einmal völlig elektronisiert/digitalisiert wird und nur mehr am Bildschirm stattfindet, kann nicht abgeschätzt werden. Vermutlich wird er und seine Produktionsbedingungen wie bei der lebendigen Vermittlung allmählich von der Entwicklung der technischen Vermittlung zwar ganz wesentlich beeinflusst werden aber deswegen nicht ersatzlos verschwinden.

Es kann also als ein Kennzeichen der elektronischen Kodierung/Vermittlung festgehalten werden, dass lange Zeit in erster Linie 'lebendige Kodes' (und nur in geringem Maße grafische Kodes, z.B. Teletext[12]) über diese neuen Kommunikationsmedien transportiert wurden, also solche Kodes, die sich durch die 'exakte' Wiedergabe der originalen lebendigen Vermittlung auszeichnen.

Ein weiteres Spezifikum der elektronischen Kodierung/Vermittlung ist mit ihrer 'Unsichtbarkeit', also der Tatsache, dass sie sich der sinnlichen Wahrnehmung entzieht, gegeben. Während es charakteristisch für lebendige Kodierung und grafische Kodierung ist, dass diese im Bereich sinnlicher Wahrnehmung stattfinden, ist dies anders bei der elektronischen Kodierung und bei der durch sie ermöglichten 'technischen Vermittlung'. Hier wird die Botschaft in einen mit unseren Sinnen nicht erfahrbaren elektronischen Kode übersetzt und zum Zwecke der Rezeption rückübersetzt. Wichtig wird nunmehr also die technische Apparatur der Kodierung und Dekodierung.

In Darstellung 6 wird dieser Tatbestand grafisch anschaulich gemacht.

---

11 Der Buch- und Zeitungsmarkt ist trotz zunehmender Bedeutung der immateriellen Daten- und Informationsübertragung äußerst expansiv, vgl. z.B. Faulstich 1998a: 135ff. und 423ff.
12 Es ist gerade ein Kennzeichen der digitalen Kommunikationstechnologien 'Computer' und Internet, dass mit diesen gleichsam eine Renaissance verbaler Texte (Email, chat-rooms etc.) einhergeht, nachdem das Ende der Schreib- und Lesekultur nach der elektronischen Mediamorphose beinahe eine beschlossene Sache schien.

Darstellung 6

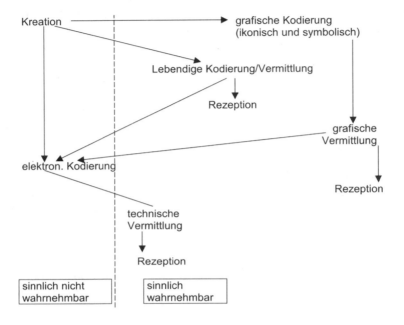

In diesem Zusammenhang ist es angebracht, die wesentlichen Voraussetzungen zur Kodierung und Dekodierung der drei Hauptformen der Vermittlung zu rekapitulieren, nämlich

- die **Präsenz** im Falle der lebendigen Kodierung/Vermittlung und der ikonisch grafischen Kodierung/Vermittlung,
- die **Kompetenz** im Falle der symbolisch grafischen Kodierung/Vermittlung und
- die **Verfügbarkeit über die notwendige technische Apparatur** im Falle der technischen Kodierung/Vermittlung.

Natürlich bedarf es zur Kodierung/Dekodierung der lebendigen Vermittlung oder der ikonisch grafischen Vermittlung auch kommunikativer Kompetenzen und im Falle der symbolisch grafischen Vermittlung auch der Präsenz (d.h. der tatsächlichen Verfügbarkeit von Büchern, Zeitungen usw.). Auch bei der technischen Vermittlung bedarf es spezifischer Kompetenzen und der Präsenz, vor allem bei Übertragungsmedien. Doch die unabdingbaren und daher charakteristischen Voraussetzungen bei den drei Hauptformen der Vermittlung sind die oben genannten.

Es muss nicht besonders unterstrichen werden, dass diese Schwerpunktverlagerungen – nicht der Ablösungen – von der 'Präsenz' über die Kompetenz zur 'technischen Apparatur', die sich aus der Abfolge der Mediamorphosen konsequenterweise ergeben, Anlass für kulturphilosophische Überlegungen abgegeben haben und weiterhin abgeben – eine annotierte Bibliographie zu dieser Thematik würde Bände füllen[13]. Für die vorliegenden Zwecke soll die bloße Feststellung dieser Schwerpunktverschiebung ausreichen und als ein – vorläufig wesentliches – <u>charakteristisches Ergebnis der elektronischen Mediamorphose festgehalten werden, dass mit dieser in der Kommunikationsgeschichte zum ersten Mal sinnlich nicht-wahrnehmbare Kodes in die Kommunikationskette zwischen die Kulturschaffenden und den RezipientInnen eingeführt werden, wodurch die Verfügbarkeit von technischen Apparaten unabdingliche Voraussetzung für diese Form technisch vermittelter Kommunikation wird.</u>

---

[13] Von Horkheimer/Adorno (1971) über Anders (1987) zu Postman (1983), um nur einige vielbeachtete pessimistische Autoren zu nennen.

9. Kapitel
Die 'elektronische Mediamorphose'

Im Zuge der elektronischen Mediamorphose wurde durch die Ermöglichung der technischen Kodierung und Vermittlung (ich spreche im Folgenden immer nur von Vermittlung, da diese die Kodierung mit einschließt) die Kommunikationskette zwischen Kulturschaffenden und RezipientInnen bedeutend erweitert, sodass von einem qualitativen Sprung in der Geschichte der kulturellen Kommunikation gesprochen werden muss: lebendige Vermittlung und grafische Vermittlung werden durch technische Vermittlung ergänzt. Historisch erstmals wurde die direkte und unmittelbare Abbildung bzw. Aufzeichnung lebendiger Vermittlung ermöglicht, und damit das Ereignis selbst – und nicht bloß eine symbolische Aufzeichnung desselben – raum- und zeitunabhängig kommunizierbar. Dazu kommt, ebenfalls erstmals, die Möglichkeit der zeitgleichen Übertragung lebendiger Vermittlungen mittels des Rundfunks.

<u>Die elektronische Mediamorphose ist eindeutig als 'Mediatisierung' – neue Technologien treten auf den Plan, die beherrscht sein wollen – und als 'Kommerzialisierung' – neue Institutionen schieben sich in die Kommunikationskette, die ökonomisch überleben wollen – charakterisierbar.</u>

Mediatisierung und Kommerzialisierung hängen aber engstens miteinander zusammen und beschreiben gleichsam das Phänomen der 'Kulturindustrie': neue Technologien bedürfen neuer Fertigkeiten und neuer Organisationsformen, sie schaffen neue Beschäftigungsfelder für alte Berufe, ebenso wie sie gänzlich neue Berufe hervorbringen. Durch die massenhafte Verbreitung neuer kultureller Güter (Ton- und Bildträger und -überträger) werden neue Märkte geschaffen, die von der Hardware bis in die Softwareproduktion reichen, von der tatsächlichen Warenproduktion bis zu Dienstleistungen. Ähnlich wie schon bei den Verlagen als Folge der grafischen Mediamorphose, quantitativ und qualitativ allerdings kaum vergleichbar, entstehen im Zuge der elektronischen Mediamorphose vielfältige Markt- und Produktionssegmente rund um den Kern des eigentlichen Kulturschaffens, Kulturindustrien also, die ohne diesen kreativen, schöpferischen Kern nicht lebensfähig weil inhaltsleer wären, deren spezifische ökonomische Struktur aber andererseits wiederum wesentlichen Einfluss auf Form und Inhalt eben dieses Kulturschaffens nimmt.

Kulturschaffende und elektronische Mediamorphose

Die erste von der elektronischen Mediamorphose, oder eigentlich von deren unmittelbarer Vorläuferin, der chemischen Mediamorphose, betroffene Gruppe der Kulturschaffenden waren die Bildenden KünstlerInnen, für die die Entwicklung der Fotografie ein einschneidendes historisches Ereignis darstellte. Von daher ist es wohl auch kein Zufall, dass viele BerufsfotografInnen „arbeitslose Miniaturisten, Graveure, Portraitmaler oder Zeichner, arm gebliebene Bohemiens"[1] waren. Mit der Fotografie „verkümmert die Abbildfunktion in der bildenden Kunst"[2], was einerseits Auswirkungen auf nachfolgende Stile und Inhalte der traditionellen Bildenden Kunst und damit auch auf den gesellschaftlichen Status der Bildenden KünstlerInnen hatte – möglicherweise ist die mit der Avantgardebewegung zu Beginn des 20. Jahrhunderts sich entwickelnde neue Qualität der Entfremdung der Bildenden KünstlerInnen von der Gesellschaft unter anderem auch ursächlich mit der Fotografie in Zusammenhang zu sehen. Andererseits bringt die Fotografie eine neue Gruppe von Kulturschaffenden hervor, mit spezifischen Qualifikationen und Funktionen. Und bereits hier – bei den Fotografen – ist das Spannungsfeld, in dem sich weite Teile der Kulturschaffenden nach der elektronischen Mediamorphose bewegen werden, vorgezeichnet: nämlich zwischen traditionellem KünstlerInnenanspruch (formelle Subsumtion), profanem Gewerbe (Selbstständigen-Status) und abhängiger Arbeit in der Kulturindustrie (reelle Subsumtion).

Bereits mit dem Aufkommen des Films und der Phonografie gegen Ende des 19. Jahrhunderts sind im Prinzip schon alle Kulturschaffenden von der chemisch-mechanischen und dann von der elektronischen Mediamorphose erfasst: AutorInnen, RegisseurInnen, DarstellerInnen, AusstatterInnen (ArchitektInnen), DekorateurInnen etc. durch den Film, MusikerInnen und KomponistInnen durch die Schallplatte. Und es entstehen mit fortlaufender technischer Entwicklung vermehrt neue spezifische Kulturberufe wie etwa Kameraleute, CutterInnen oder etwas später auch TonmeisterInnen.

Im Gegensatz zur grafischen Mediamorphose, die zwar prinzipiell auch alle Kulturschaffenden, besonders prominent aber die Wortproduzenten betraf, kann spätestens seit dem Aufkommen des Mediums Film keine Gruppe von Kulturschaffenden mehr angegeben werden, die die Auswirkungen der elektronischen Mediamorphose besonders deutlich und gleichsam prototypisch zu spüren bekam.[3] Und dieses Phänomen wurde von den nachfolgenden Innovationen – Rundfunk, Tonfilm,

---

1 Prokop 2001: 209.
2 Bürger 1974: 41.

Fernsehen, Video – nur noch verstärkt. Die elektronischen Medien boten und bieten allen Kulturschaffenden wenn schon nicht Beschäftigungs- so doch Einkommensmöglichkeiten. Denn in und mit den elektronischen Medien lässt sich jedwedes künstlerische Schaffen und Nachschaffen – sei es Bild, sei es Musik, Literatur oder ein Drama – verbreiten und für die Verbreitung wären von den Betreibern der Medien prinzipiell Abgaben an die UrheberInnen zu entrichten.

Der Rahmen der vorliegenden Arbeit reicht nicht aus, für jede Gattung bzw. für jeden Tätigkeitsbereich des Kulturschaffens all die Einflüsse auf die jeweiligen Produktionsbedingungen zu diskutieren, die von der elektronischen Mediamorphose bewirkt wurden und werden, zumal die elektronischen Medien selbst wieder ein äußerst vielfältiges Spektrum aufweisen und sich historisch zum Teil stark verändert haben. So ist z.B. der Einfluss des Films und des Fernsehens auf die SchauspielerInnen, aber auch des Radios oder von Tonträgern auf Sprecher jeweils spezifisch und wäre dementsprechend zu diskutieren. Dies gilt aber beinahe für alle Kulturberufe. Es soll daher zunächst nur versucht werden, an Hand eines Überblicks, zumindest die wesentlichsten Einflüsse der elektronischen Mediamorphose auf die Hauptgruppen von Kulturschaffenden darzustellen, um dann auf die Identifizierung einiger besonders auffälliger Wesensmerkmale einzugehen.

Im Rahmen des vorliegenden Kapitels wird die Entwicklung bis etwa zum Beginn der 1980er Jahre behandelt. Ab dann, so meine ich, setzt im Zuge der sich ausbreitenden Digitalisierung eine erneute Umstrukturierung des Kulturschaffens ein, wobei einige spezifische Tendenzen der elektronischen Mediamorphose vorangetrieben, andere aber wieder einer deutlichen qualitativen Veränderung unterzogen werden. Manches von dem, was im folgenden herausgestellt wird, hat also bis ins 21.Jahrhundert hinein Gültigkeit, anderes muss angesichts der Digitalisierung neu überdacht werden. Ich habe versucht, dieser Tatsache, so gut es geht, durch entsprechende Hinweise im Text Rechnung zu tragen.

<u>Grundsätzlich und auf ganz allgemeinem Niveau können zumindest drei mögliche Einflussqualitäten der Medien/Kulturindustrien auf die Produktionsbedingungen der Kulturschaffenden unterschieden werden:</u>

<u>a) Das Medium transportiert oder speichert bereits vorhandene Arbeiten von Kulturschaffenden. Die jeweilige Kulturindustrie nutzt</u>

---

3   Unmittelbar am geringsten betroffen waren wohl die Bildenden KünstlerInnen, und die Vermutung, dass die Bildende Kunst gerade deswegen seither die 'Königsdisziplin' darstellt, wenn es um das Festhalten an der traditionellen Kunst- und Künstlertheorie geht, ist nur schwer von der Hand zu weisen.

also die Produkte oder Leistungen der Kulturschaffenden, ohne dass sich deren Produktionsbedingungen deswegen notwendigerweise verändern. Diese sind dieselben wie bei einer lebendigen Vermittlung (oder grafischen Vermittlung). Grundsätzlich stehen den betroffenen Kulturschaffenden aber Abgeltungen für die technische Nutzung ihrer Schöpfungen oder Leistungen zu, was bedeutet, dass die in Frage kommenden Kulturindustrien zumindest eine Einkommensquelle für diese Kulturschaffenden darstellen (dass sich hier in der Realität wachsende Probleme auftun, steht auf einem anderen Blatt – ich komme darauf zurück).

Beispiele: eine Theater- oder Opernaufführung wird auf Schallplatte oder Videokassette aufgezeichnet, im Radio oder Fernsehen übertragen, Werke der Bildenden Kunst werden in Bildbänden fotografisch reproduziert.

b) Das Medium/die Kulturindustrie bietet den Kulturschaffenden spezifische Tätigkeitsbereiche an. Die Produktionsbedingungen werden von dem jeweiligen Medium wesentlich bestimmt, denn Produkte oder Leistungen werden für das Medium erstellt und müssen dementsprechend den Erfordernissen der Technologie des Mediums angepasst sein. In diesem Fall bietet das Medium/die Kulturindustrie neben Einkommens- auch Beschäftigungsmöglichkeiten.

Beispiele: ein Roman wird für ein Fernsehspiel dramatisiert, eine Oper wird im Studio verfilmt. Aber auch: jede Fernseh- oder Tonträgerproduktion, der keine lebendige Vermittlung zugrunde liegt – und natürlich jeder Kinospielfilm.

c) Das Medium/die Kulturindustrie hat indirekte Auswirkungen auf die Situation der Kulturschaffenden, wobei es sich meistens um einen materiell nicht angebbaren Effekt handelt, also nicht um Abgeltungen oder Honorare, sondern z.B. um Prestigezuwachs (oder -verlust). Dieser Tatbestand soll als PR-Effekt bezeichnet werden.

Beispiele: das Leben eines Künstlers wird verfilmt, ein Bericht über Festspiele im Rundfunk, Interviews mit Kulturschaffenden im Fernsehen usw.

Natürlich handelt es sich bei dieser Unterscheidung weitgehend um eine idealtypische: z.B. auch eine bloße live-TV-Aufzeichnung einer Opernaufführung (ohne Eingriffe in die Regie oder ähnliches) stellt für die Akteure (schon nicht mehr aber für die KomponistInnen) veränderte Produktionsbedingungen dar – etwa durch die besondere Beleuchtung oder die zusätzliche nervliche Belastung. Dennoch besteht bezüglich der Produktionsbedingungen ein entscheidender qualitativer

Unterschied zu der gleichen Opernproduktion, wenn sie im Studio ohne Publikum über mehrere Tage weg aufgezeichnet wird, auch wenn das Ergebnis – der Fernsehfilm, wie er sich dem RezipientInnen darbietet – möglicherweise kaum von der Live-Übertragung zu unterscheiden ist: es ist nicht mehr in erster Linie eine lebendige Vermittlung, die zufällig auch für eine technische Vermittlung mitgeschnitten wird, sondern es handelt sich in erster Linie um die Arbeit an einer technischen Vermittlung.

Nicht zuletzt sind zwei neue Bereiche des Kulturschaffens hervorzustreichen, die sich etwa zeitgleich mit (und natürlich nicht unabhängig von) der elektronischen Mediamorphose herausgebildet haben und die spätestens seit Beginn des 20. Jahrhunderts entscheidende Faktoren im künstlerisch-kulturellen Tätigkeitsfeld darstellen, nämlich einerseits die Werbung und andererseits die Produktgestaltung bzw. das Design[4]. Beide Phänomene sind auf Grund der bisherigen Überlegungen nicht notwendigerweise als eigenständige Bereiche des Kulturschaffens erkennbar, da sie weder eine spezifische Kunstgattung, noch eine spezifische Kulturindustrie oder eine spezifisch neue Kommunikationstechnologie darstellen, sondern übergreifenden Charakter haben. Beide gewannen ihre Bedeutung durch eine umfassende Umstrukturierung des ökonomischen Systems, die zwischen 1880 und 1920 erfolgte und die durch Schlagworte wie 'Elektrifizierung', 'zweite industrielle Revolution' und 'Massenproduktion' charakterisierbar ist. Zwar gab es natürlich immer schon 'Produktgestaltung' und Vorformen von Werbung, doch im Zuge industrieller Massenproduktion erhielten diese beiden Phänomene einen qualitativ völlig neuen Stellenwert und bildeten ein ständig wachsendes Arbeitsfeld für Kulturschaffende.

Wenn man versucht, die Auswirkungen von Werbung und Design auf die Produktionsbedingungen der Kulturschaffenden zu skizzieren, kann festgestellt werden, dass mit der elektronischen Mediamorphose weitestgehende Einflüsse vor allem der Werbung auf alle Bereiche des Kulturschaffens zu konstatieren sind:

In der Werbung nämlich können Werke oder Leistungen von Kulturschaffenden beinahe aller Sparten Verwendung finden, ohne dass diese Werke ursprünglich für die Werbung bestimmt waren: literarische Zitate, berühmte Bilder oder Melodien, Filmzitate.

Weiters finden Kulturschaffende aus beinahe allen traditionellen Kunstsparten Arbeits- und Einkommensmöglichkeiten in der Werbewirtschaft: WerbetexterInnen, -grafikerInnen, -fotografInnen oder -komponistInnen sind heute bereits übliche Berufsbezeichnungen für einschlä-

---

4   Vgl. dazu Prokop 2001: 246ff.

gig tätige Kulturschaffende, aber auch DarstellerInnen, SprecherInnen, Musikschaffende, RegisseurInnen und erst recht natürlich Angehörige der neuen technischen Sonderberufe, wie TonmeisterInnen, CutterInnen etc. sind im Werbebereich zu finden.

Ein PR-Effekt schließlich findet meist dann statt, wenn es sich um ohnehin bereits prominente Kulturschaffende handelt, z.B.: ein berühmter Opernsänger wirbt für eine Kreditkarte, bekommt dafür viel Geld, und wird gleichzeitig (zumindest was die gesellschaftliche 'Breite' betrifft,) noch berühmter. Unmittelbar für und ausschließlich in der Werbebranche tätige Kulturschaffende bleiben dagegen in der Regel nach außen hin anonym – bei diesen wäre der PR-Effekt bestenfalls also ein interner, auf den engeren Berufsmarkt bezogener Effekt.

Zum Design ist zu erwähnen, dass neben den 'Angewandten Bildenden KünstlerInnen', die alltägliche Gebrauchsgegenstände, von Möbeln über Autos und Kleider bis hin zum Besteck, oder Verpackungen von Waren aller Art ästhetisch 'überformen' auch immer mehr Angehörige anderer Kunstsparten mit dem Etikett 'Design' versehen werden oder dieses für sich beanspruchen: z.B. Sound-DesignerIn, Programm-DesignerIn (z.B. für Fernsehshows), Video-DesignerIn, Informations-DesignerIn oder Web-DesignerIn[5], dass der Design-Begriff also dabei ist zu expandieren. Ich komme in den letzten beiden Kapiteln auf dieses Phänomen zurück.

Industrialisierung des Kulturschaffens

Als empirischer Befund bzw. zur Illustration sei den folgenden Ausführungen eine Tabelle vorangestellt, in der die wichtigsten Ergebnisse einer Auswertung der Volkszählungen in Bezug auf Kulturberufe in Österreich zwischen 1934 und 1981 wiedergegeben werden. Ähnliche Tendenzen lassen sich auch für Deutschland und die USA feststellen.[6]

---

5 Vgl. dazu z.B. Schümchen 1995 oder Naumann 1999.
6 Vgl. Smudits 1988, 1990. Die Quellenangaben zu den Volkszählungsergebnissen sind: Bundesamt für Statistik 1935, ÖSTZA 1951, 1961, 1971, 1972, 1981. Seither werden keine vergleichbaren Daten mehr ausgewiesen.

Tabelle 1: Entwicklung der Kulturberufe in Österreich

	Bildende KünstlerInnen[7]	Darstellende Muikschaffende[8]	SchriftstelerInnen JournaistInnen[9]	Techn. Sonderberufe[10]	Werbefachleute[11]	Kultur berufe insgesamt
1934	7.008*	14.413	3.103	498	-	25.022
	36,6%**	70,6%	43,0%	100%	-	58,3%
1951	9.774	1.1931	2.633	419	1.288	26.045
	45,3%	70,7%	52,3%	100%	73,6%	59,9%
1961	10.764	9.391	2.810	489	2.167	25.621
	50,4%	80,8%	61,0%	100%	77,5%	65,9%
1971	13.079	9.002	3.411	771	5.823	32.086
	58,9%	86,6%	72,9%	100%	87,9%	74,4%
1981	17.264	11.102	4.340	993	3.966	37.765
	63,3%	84,2%	73,7%	100%	84,6%	73,9%

* Gesamtzahl
** Anteil der Unselbstständigen

Die wesentlichen Ergebnisse dieser Analysen sehen, grob zusammengefasst, folgendermaßen aus:

- die Zahl 'schaffender' KünstlerInnen (Bildende KünstlerInnen, SchriftstellerInnen, KomponistInnen) steigt;

- allerdings ist es, was in der obigen Statistik nicht ersichtlich ist, die Zahl der 'angewandten' Bildenden KünstlerInnen und der JournalistInnen, die zunehmen ('angewandte' KomponistInnen gibt es zwar, sie fallen aber zahlenmäßig nicht ins Gewicht);

- die traditionell 'schaffenden' KünstlerInnen, die KunstmalerInnen und vermutlich (dieser Statistik allerdings nicht direkt entnehmbar)

---

7 KunstmalerInnen, -zeichnerInnen, BildhauerInnen; GrafikerInnen; FotografInnen; ArchitektInnen; Angewandte KünstlerInnen
8 IntendantInnen, RegisseurInnen, SchauspielerInnen, SprecherInnen; TänzerInnen; ArtistInnen; MusikerInnen; SängerInnen; Schauspiel-, Musik-, Bildende-Kunst-LehrerInnen (nicht enthalten sind Kunst- oder MusikerzieherInnen an Grundschulen oder Gymnasien)
9 SchriftstellerInnen und JournalistInnen werden gemeinsam, nicht weiter differenziert ausgewiesen.
10 Bühnen-, film-, fernsehfilm- und tontechnische Sonderberufe (zum Beispiel BeleuchterInnen, CutterInnen, TonmeisterInnen usw.).
11 Zum Beispiel AusstellungsgestalterInnen, WerbeberaterInnen, KreativdirektorInnen usw. (nicht enthalten sind: VertreterInnen, VermittlerInnen, Marketingfachleute; ebenfalls nicht enthalten sind WerbetexterInnen, WerbegrafikerInnen usw. – diese werden bei 'SchriftstellerInnen', 'GrafikerInnen' usw. gezählt).

auch die der literarisch tätigen WortproduzentInnen und die KomponistInnen verändern sich zahlenmäßig kaum;

- die Zahl der nachschaffenden KünstlerInnen, also der MusikerInnen und DarstellerInnen, nimmt hingegen langfristig gesehen ab;
- schließlich entstehen neue Kulturberufe (Medienrealisation, Technische Sonderberufe), deren Entwicklung und Größenordung allerdings aufgrund unscharfer Volkszählungskategorien nicht eindeutig nachvollziehbar ist.

Die Analyse der Ursachen dieser Veränderungstendenzen legt nahe, von einem tiefgreifenden Strukturwandel zu sprechen, der ganz wesentlich durch das Auftreten neuer – vor allem elektronischer – Kommunikationstechnologien beeinflusst, wenn nicht verursacht wurde. Anders gesagt: die elektronische Mediamorphose setzte einen Prozess in Gang, den man als 'Industrialisierung kulturellen Schaffens' bezeichnen könnte:

Im Begriff 'Kulturindustrie' ist dieser Vorgang bereits enthalten. Seit seiner Einführung ist dieser Terminus und das von ihm beschriebene Phänomen Gegenstand heftiger ideologischer Kontroversen, auf die hier nicht näher eingegangen werden soll[12]. Eben wegen dieser wert- und emotionsgeladenen sogenannten 'Kulturindustrie-Debatte' ist es aber notwendig, den für den vorliegenden Zusammenhang möglichst 'wert-neutralen', ja deskriptiven Gebrauch des Begriffs 'Kulturindustrie' zu betonen:

Er soll im folgenden nicht mehr und nicht weniger zum Ausdruck bringen, als dass neue Produktionsmittel auch im Bereich des kulturellen Schaffens Eingang gefunden haben und finden. Weiters, dass diese neuen Produktionsmittel (worunter auch Distributions- und Rezeptionsmittel verstanden werden sollen, denn diese wirken ja auf die Produktion zurück) im Zuge der Entfaltung ihrer Produktivkräfte die Struktur kulturellen Schaffens dahingehend verändert haben und verändern, dass man von einer Industrialisierung sprechen kann und muss.

Dabei heißt 'Industrialisierung' vor allem:

- steigende Differenzierung der Tätigkeiten bei wachsender Arbeitsteiligkeit,
- Verselbstständigung der Arbeitsmittel im Produktionsprozess,

---

12 Vgl. u.a. Horkheimer/Adorno 1971, Prokop 1974, Hauser 1974: 636f., Steinert 1998.

- Rationalisierung des Produktionsprozesses, vor allem nach ökonomischen Gesichtspunkten,
- Entwicklung und Einsatz immer komplexerer Technologien und dadurch die zunächst bedingte Tendenz zur
- Zentralisierung der Produktionsmittel und damit zur
- Unterordnung der 'lebendigen Arbeit' sowie der Organisation des Arbeitsprozesses unter die von den Produktionsmitteln vorgegebenen technologischen Notwendigkeiten.[13]

Mit der elektronischen Mediamorphose wurden endgültig die Kulturindustrien für das Kulturschaffen bestimmend; zum Prototyp Verlag kamen nun die Filmindustrie, die phonografische Industrie, Radio- und Fernsehunternehmungen, die allesamt untereinander wiederum immer engere Verbindungen eingehen.

Neben diesen neuen Kulturindustrien, die auch unter dem Begriff 'elektronische Medien' zusammengefasst werden können, entwickelten sich natürlich auch die Printmedien weiter, in denen die Fotografie eine entscheidende Rolle zu spielen begann, und es entstand auch noch ein separates kulturindustrielles Segment – die Werbung – das sowohl alle Medien als auch alle kulturellen Tätigkeitsbereiche umfasst und dennoch aufgrund der spezifischen Verknüpfung von Ökonomie, Wissenschaft, Unterhaltung und Kultur gesonderte Produktionsbedingungen hervorbrachte.

<u>Mit den elektronischen Medien und den avancierten Printmedien, die im Zuge der Digitalisierung dann ebenfalls elektronisiert wurden, wurde auch im Bereich des Kulturschaffens das Prinzip Industrie dominant und überholte den seinerzeit mit der grafischen Mediamorphose entstandenen Kunst- bzw. Kulturmarkt an Bedeutung, ohne diesen aber abzulösen. Gleichzeitig gewann die Rolle der öffentlichen Hand als Förderer jenes Kulturschaffens, das nicht im industriellen Bereich und das heißt nicht nach rein ökonomischen Kriterien existieren kann oder will, zunehmend an Bedeutung.</u>[14]

---

13 Vgl. z.B. Lutz/Schmidt 1977: 166ff.
14 Vgl. dazu insbesondere Blaukopf 1989.

a) Mediatisierung und Kommerzialisierung

'Industrialisierung' umfasst technische Aspekte ebenso wie ökonomische Aspekte – die bereits genannten Kennzeichen des zur Diskussion stehenden Wandels des Kulturschaffens, 'Mediatisierung' und 'Kommerzialisierung' in ihrer sich zunehmend entfaltenden Form, wären somit als zwei Seiten der einen Münze 'Kulturindustrie' zu verstehen.

'Mediatisierung' – also die Entwicklung, Einführung und der Einsatz jener neuen Produktions- (und Distributions-) Mittel kulturellen Schaffens, die die Kommunikationskette zwischen den Kulturschaffenden und den RezipientInnen erweitern, wie etwa Druckpresse, Fotoapparat, Filmkamera, Tonband, Rundfunk, oder – allgemein gesagt – von Technologien zur Ton- und/oder Bildaufzeichnung und/oder -übertragung – verändert den Arbeitsprozess kulturellen Schaffens dahingehend, dass neue Kompetenzen angeeignet, bzw. alte Kompetenzen zunehmend an die neuen Produktions- und Distributionsmittel angepasst werden müssen. (Dass sich die Produkte selbst ebenso wie die gesellschaftlichen Wahrnehmungsweisen dieser Produkte verändern, ist klar, doch steht dies im vorliegenden Zusammenhang nicht im Zentrum des Interesses.)

Voranschreitende 'Kommerzialisierung' als das der Kulturindustrie zugrunde liegende wirtschaftliche Prinzip soll vor allem die Unterordnung des kulturellen Schaffens unter Prinzipien ökonomischer Rationalität kennzeichnen: Mit der Verlängerung der Kommunikationskette entstehen neue Institutionen und diese wollen und müssen ökonomisch überleben können. Kommerzialisierung drückt ein explizites Orientieren an den Kriterien von Nachfrage und Angebot aus (das beim traditionellen Kulturschaffen – zumindest dem Anspruch nach – nicht im Vordergrund steht) und wirkt sich auf den Arbeitsprozess kulturellen Schaffens insofern aus, als dieser eine hierarchische und arbeitsteilige Organisation erhält.

Mediatisierung und Kommerzialisierung bedingen einander: ohne die neuen, massenhafte Produktion bzw. Rezeption ermöglichenden Technologien wäre eine Kommerzialisierung, die vom Kunstmarkt zur Kulturindustrie führt, undenkbar gewesen, ebenso wie neue Technologien ohne ökonomische Anreize nie zu massenhaftem Einsatz gekommen wären bzw. zum Einsatz kämen.

Die Trennung von Kommerzialisierung und Mediatisierung (d.h. von Prozessen, die auf der Ebene der Produktionsweise ansiedeln und solchen, die im Bereich der Produktivkräfte vor sich gehen) ist also eher analytisch denn empirisch begründbar, sie ist aber insofern von Bedeutung als es Gattungen oder Bereiche des Kulturschaffens gibt, in denen der eine oder andere Aspekt dominiert bzw. weniger offensichtlich ist.[15]

Die Industrialisierung des Kulturschaffens ist ein Merkmal der technischen Mediamorphosen, sie wird also im Zuge der Digitalisierung einerseits zwar weiter vorangetrieben, andererseits unterliegt sie dabei aber nicht unwesentlichen Veränderungen, die auch den Arbeitsmarkt der Kulturschaffenden stark beeinflussen, (ich komme im nächsten Kapitel darauf zurück). An dieser Stelle scheint ein Verweis auf die von Dieter Prokop vorgeschlagene Periodisierung der kommunikationstechnologischen Entwicklung angebracht, da er die hier beschriebene Thematik gut ergänzt. Prokop[16] unterscheidet für das 20. Jahrhundert grob gesprochen:

bis 1945: Oligopol-Kapitalismus, Massenproduktion, Fordismus, stabile Konsumenten-Märkte

– 1945-1970: Soziale Marktwirtschaft, Freizeitgesellschaft, Privatisierung

– 1970-1990: Postfordismus, Dienstleistungsgesellschaft, Segmentierung der Konsumenten-Märkte

– seit 1990: Supranationaler Kapitalismus, Flexibilisierung, Medien-Taylorisierung.

Akzeptiert man diese Periodisierung und setzt man gleichzeitig die digitale Mediamorphose mit etwa dem Beginn der 1980er Jahre an, so heißt das

- für die elektronische Mediamorphose, dass sie mit einer Form der Industrialisierung zu assoziieren ist, die für Massenproduktion, Oligopol-Kapitalismus und Soziale Marktwirtschaft, sowie für relativ stabile Konsumentenmärkte stand.

- dass in der Übergangsphase zwischen 1970 und 1990 mit der Digitalisierung das Ende des Fordismus, der Massenproduktion einge-

---

15 Die Entwicklung von einem vorindustriellen zu einem industriellen Kulturschaffen ist natürlich idealtypisch zu verstehen: es gibt mehr oder weniger industrialisierte (und daher auch kommerzialisierte und mediatisierte) Bereiche; es gibt ideologisch begründbare Ungleichzeitigkeiten und Widersprüche und es gibt wahrscheinlich nur wenige Bereiche, in denen alle Merkmale der Industrialisierung eindeutig zu beobachten sind und bei denen also vorbehaltlos von einer Kulturindustrie gesprochen werden kann.

16 Vgl. Prokop 2001: 285ff.

läutet wurde und die Ära der Globalisierung, des Postfordismus, der Flexibilisierung ihren Anfang nahm.

Dabei scheint die Annahme, dass die eigengesetzliche Struktur der jeweiligen Kommunikationstechnologien mit den jeweils entsprechenden Strukturen der Industrialisierung gut 'harmonieren', schwer von der Hand zu weisen zu sein. (Über das Verhältnis von Ursache und Wirkung ist damit allerdings nichts ausgesagt.)

b) Von der formellen zur reellen Subsumtion

Die expandierenden Printmedien sowie die im Zuge des wachsenden gesellschaftlichen Wohlstands sich entwickelnde gezielte ästhetische Gestaltung von Gebrauchsgütern und Verpackungen (Warenästhetik) erzeugen in Laufe des 20.Jahrhunderts eine steigende Nachfrage nach 'angewandten' Wortproduzenten, Filmschaffenden und bildenden KünstlerInnen, wobei vor allem Letztere zum überwiegenden Teil nicht in den elektronischen Medien sondern im Industriedesign und in der Printwerbung Beschäftigung finden können.

Der 'Kunstmarkt' der traditionellen Bildenden KünstlerInnen, der KunstmalerInnen also, wird zwar kommerzialisiert, allerdings kaum mediatisiert: der Arbeitsprozess des Kunstmalers erfolgt weitgehend vorindustriell, erst die fertigen Produkte werden, wie auch schon im Zuge der grafischen Mediamorphose, den Prinzipien der Marktpolitik unterworfen, werden zu Waren. Sobald allerdings eine 'Mediatisierung' im Sinne der 'technischen Kodierung' Platz greift (Fotografie, Druckgrafik, Illustrationen in Printmedien) wird auch der Arbeitsprozess der Bildenden KünstlerInnen selbst 'industrialisiert'. Nicht mehr nur die Produkte, sondern die Tätigkeit selbst wird nun tendenziell den Prinzipien der Marktlogik unterworfen und aus dem selbstständigen Kunstmaler wird z.B. ein unselbstständiger Werbegrafiker oder Designer, der keine eigenständigen 'Werke' auf Grund individueller Intuition autonom für einen anonymen Markt herstellt, sondern Auftragsarbeiten erfüllt, in einer Gruppe, einem Team, einer Firma seine Kompetenzen einbringt, zwar durchaus kreativ tätig ist, ja sein muss, aber dies nur innerhalb eines vorgegebenen organisatorischen und inhaltlichen Konzepts.

Bei den reproduzierenden KünstlerInnen dagegen entstanden mit der Mediatisierung erstmals 'physische Produkte' (Filme, Schallplatten usw.), die als Waren auf einem neu entstandenen Markt gehandelt wurden. Und die Industrien, die diese Produkte herstellen (Filmindustrie, Phonoindustrie, Rundfunk, Fernsehen) stellen für die reproduzierenden Kulturschaffenden einen neuen Arbeitsmarkt mit einer eigenen

Organisationsstruktur dar, die den 'Arbeitsprozess' dieser Kulturschaffenden wiederum wesentlich bestimmt. Neben den quantitativen Verschiebungen bei den Kulturberufen, die als Folgen von Kommerzialisierung und Mediatisierung angesehen werden können (steigende Nachfrage nach 'Angewandten' und Wegrationalisierung von reproduzierenden Kulturschaffenden), stellen also die wachsenden Anteile unselbstständig beschäftigter Kulturschaffender einen wesentlichen Indikator für die Industrialisierung des Kulturschaffens dar. Diese Entwicklung bringt bei schaffenden KünstlerInnen ('Bildende', 'WortproduzentInnen', KomponistInnen) auch Veränderungen des Arbeitsprozesses selbst mit sich, insbesondere wenn es sich um 'angewandte' Bereiche handelt. Für die reproduzierenden Kulturschaffenden dagegen ist wohl der wichtigste Hinweis für die Industrialisierung in der zahlenmäßigen Abnahme dieser Gruppen zu sehen, was auf eine gesamtgesellschaftlich rationellere 'Nutzung' dieses kulturellen Potentials schließen lässt. Eine rationellere Nutzung der reproduzierenden Kulturschaffenden aber bringt eine Veränderung des Arbeitsprozesses auch dieser Gruppen mit sich.

<u>Mediatisierung wie Kommerzialisierung verändern also nicht nur den Arbeitsmarkt bezüglich Angebot und Nachfrage, sie verändern auch den Arbeitsprozess der Kulturschaffenden. Diese Veränderung kann als zunehmende reelle Subsumtion der künstlerischen Arbeit unter eine industrielle bzw. kapitalistische Produktionsweise aufgefasst werden. Damit soll zum Ausdruck gebracht werden, dass sich Mittel und Infrastruktur (Produktionsweise) durch Mediatisierung und Kommerzialisierung derart verändert haben, dass auch die künstlerische Arbeit selbst einer substanziellen Veränderung unterzogen wird.</u>

Solange Kommerzialisierung bzw. Mediatisierung noch nicht jenes Stadium erreicht haben, dass von einer Kulturindustrie gesprochen werden kann, solange also nur Ansätze von Marktmechanismen, die die feudalen Abhängigkeiten ablösen, existieren, wie etwa der anonyme Kunstmarkt, solange ist die künstlerische Arbeit bloß formell unter die industrielle bzw. kapitalistische Produktionsweise zu subsumieren. Die Kulturschaffenden sind zwar über Agenturen, Galerien, Verlage, ManagerInnen etc. mit einem Markt verbunden, auf dem ihre Produkte bzw. Kompetenzen wie Waren nach rein ökonomischen Gesichtspunkten gehandelt werden – der künstlerische Arbeitsprozess selbst ist aber davon nicht beeinflusst. In technischer Hinsicht, bei den Arbeitsmitteln und bei der Organisation der Arbeit (selbstständig, kaum arbeitsteilig bei den Schaffenden, 'lebendig' bei den Nachschaffenden) bleibt alles beim Alten, bei einer vorindustriellen, gleichsam feudalistischen Produktionsweise.

Eine Bildende Künstlerin, die ihre Werke in eine Galerie trägt, mit dieser einen Vertrag abschließt, dort verkauft und ausstellt, bindet sich zwar ökonomisch an diese, ihre Arbeitsweise bleibt aber relativ unverändert, sie ist nur formell unter die industrielle Produktionsweise subsumiert. Auch die anderen traditionell schaffenden KünstlerInnen (AutorInnen, KomponistInnen) sind in zumindest ähnlicher Weise zunächst von der grafischen und dann von der elektronischen Mediamorphose betroffen: Sie produzieren für Verlage, Rundfunkanstalten, oder für Filmproduktionsfirmen; wenngleich damit unübersehbare ökonomische Abhängigkeiten entstehen, können sie doch weitgehend 'im stillen Kämmerlein' unabhängig arbeiten, um die so erstellten Produkte (Manuskripte, Partituren) dann anzubieten, vorzulegen oder abzuliefern.

Eine einschneidende qualitative Veränderung, die ganz allein auf die elektronische Mediamorphose zurückzuführen ist, betrifft allerdings die reproduzierenden Kulturschaffenden (DarstellerInnen, MusikerInnen). Für sie kann übrigens vor allem auf Grund der vorwiegenden 'Team-Gebundenheit' ihrer Tätigkeit und der damit verbundenen Abhängigkeit von einer Organisation (Theaterbetrieb, Ensemble) schon sehr früh eine prototypische Form der reellen Subsumtion angenommen werden: Wenn sie in einer fixen MusikerInnen- oder Theatergruppe tätig sind oder wenn sie Engagements über eine Agentur vermittelt bekommen, kann schon auf Grund der arbeitsorganisatorischen Abhängigkeiten kaum von echter selbstständiger Arbeit (wie bei 'schaffenden' KünstlerInnen), gesprochen werden. Die ästhetische Legitimation der reproduzierenden Kulturschaffenden begründete sich daher vor allem mit der Einmaligkeit der lebendigen Vermittlung, die aber – und das ist einkommensspezifisch relevant – auch immer 'lebendig' wiederholt werden musste. Mit den neuen Möglichkeiten technischer Reproduzierbarkeit 'lebendiger' künstlerischer Arbeit und der kommerziellen Nutzung der solcherart objektivierten bzw. materialisierten und tendenziell massenhaft verfügbaren Produkte wurde und wird nunmehr der künstlerische Arbeitsprozess auch der 'Nachschaffenden' verändert. Ein und dieselbe Szene oder Passage kann so oft aufgezeichnet werden, bis sie endlich 'passt', der Überblick über das 'ganze Werk' geht so für manchen Interpreten oder Darsteller verloren, die Kompetenz, ein Werk als Ganzes in einem durchspielen zu können, ist nicht mehr unabdingbare Notwendigkeit.

Die Leistungen der reproduzierenden Kulturschaffenden können jetzt also erstmals so wie die Leistungen der AutorInnen und KomponistInnen schon seit der grafischen Mediamorphose technisch reproduziert werden, was einerseits eine enorme Ausweitung des möglichen RezipientInnenkreises ein und derselben Leistung bedeutet, was aber – im

Gegensatz zu den Schaffenden – tendenziell negative Auswirkungen auf die Einkommensmöglichkeiten hat: Denn indem die Notwendigkeit wegfällt, eben diese Leistung täglich neu erbringen zu müssen – eine einmalige Aufzeichnung genügt – sinkt auch die Nachfrage nach der täglichen Erbringung dieser Leistung.

Während also für die traditionellen schaffenden KünstlerInnen (AutorInnen, DramatikerInnen, KomponistInnen, Bildende KünstlerInnen) die technische Vermittlung neben der grafischen Vermittlung zunächst 'nur' eine weitere Form der Verbreitung ihrer Schöpfungen (als Waren) darstellt und damit eine weitere Möglichkeit für die Nutzung ihrer Werke eine Abgeltung zu beanspruchen, ergibt, sehen sich die reproduzierenden Kulturschaffenden (DarstellerInnen, MusikerInnen) durch die technische Vermittlung historisch erstmals vor die Tatsache gestellt, dass ihre Leistungen ohne ihr weiteres Zutun genutzt werden können, indem ihre bislang immateriellen Vermittlungen in materiell fassbare Waren resultieren. Dieser Umstand, den man auch als Rationalisierungstendenz bezeichnen könnte, und der sowohl bei den 'reproduzierenden' wie bei den 'angewandten' Kulturschaffenden Platz greift, hat mehrere Konsequenzen:

<u>Die technischen Reproduktions- und Arbeitsmittel stehen nun vielfach nicht mehr im Eigentum der betroffenen Kulturschaffenden, sondern im Eigentum der jeweiligen Institutionen der Kulturindustrie. Dies bedingt eine zunehmende Arbeitsteilgkeit sowie eine räumliche und zeitliche Bindung der künstlerischen Arbeit an die kulturindustrielle Institutionen und das bedeutet weiter, dass künstlerische Arbeit immer mehr die Qualität einer weisungsgebundenen Lohnarbeit annimmt und zum Teil auch formal immer mehr den Unselbstständigenstatus erhält. Die künstlerische Arbeit vor allem der 'Nachschaffenden' und der 'Angewandten' verändert sich somit substantiell: sie wird reell subsumiert.</u>

Ein Grafikdesigner oder Musterzeichner, der mit diversen foto- oder chemo-technischen (Re-)Produktionsmaschinen etwa die Titelseite einer Werbebroschüre oder das Design einer Krawatte gestaltet ist hinsichtlich der Arbeitsmittel und der Arbeitsorganisation an die jeweilige Institution räumlich und zeitlich gebunden. Abgesehen davon, dass er notwendige Produktionsmittel immer schwerer 'zu Hause' wird aufstellen können, ist auch ein intensiveres Absprechen mit Kollegen nötig.

Ebenso ist die Arbeit von StudiomusikerInnen, die Plattenaufnahmen einspielen, hinsichtlich der Abhängigkeit von technischen und raumzeitlichen Faktoren grundsätzlich von der von 'Live'-MusikerInnen verschieden – oft hören sie das Endprodukt erst, nachdem die Platte auf dem Markt ist.

Ähnliches gilt auch für die DarstellerInnen, die bei einer Filmproduktion an 2 von 40 Drehtagen eine kleine Rolle spielen. Im Gegensatz zu einem Mitgliedern eines Theaterensembles werden sie den dramaturgischen Stellenwert ihrer Rolle möglicherweise erst im Kino als ZuschauerInnen verstehen.

Die Nachfragestruktur nach reproduzierenden Kulturschaffen verschiebt sich: einerseits wird lebendige Vermittlung durch technische Vermittlung ersetzt (anstatt ins Theater zu gehen, sieht man dasselbe Werk im Fernsehen, anstatt ein Konzert zu besuchen, hat man eine Schallplatte derselben Musik), andererseits steigert die elektronische Mediamorphose die Nachfrage nach technischer Vermittlung (immer mehr Medien benötigen immer mehr Programme).

Für die Kulturschaffenden bedeutet dies neben Arbeitsmarkteffekten, dass sie sich auch immer mehr mit den spezifischen Produktionsbedingungen der elektronischen Medien auseinandersetzen müssen, um ihre Arbeit medienadäquat leisten zu können.

All das heißt nun aber nicht, dass mit der technischen Kodierung grundsätzlich jede künstlerische Arbeit über lang oder kurz reell subsumiert werden wird und dass dieser Trend linear verläuft. Im Gegenteil: mit der Miniaturisierung und Verbilligung der avanciertesten Kommunikationstechnologien, also der Produktionsmittel werden in der digitalen Mediamorphose viele Kulturschaffende aus dem Status der reellen Subsumtion wieder freigesetzt (und das im doppelten Sinne, ich komme darauf zurück). Zutreffen dürft aber, dass bei den 'schaffenden' Kulturberufen eine Trennung in _formell_ subsumierte (MalerInnen, DichterInnen, KomponistInnen) und _reell_ subsumierte 'angewandte' (DesignerInnen, JournalistInnen) stattfindet.

Bei den reproduzierenden Kulturschaffenden ist interessanterweise durch die Mediatisierung auch eine Tendenz zu einem beinahe gegenläufigen Prozess eingeleitet worden: dadurch, dass ihre Leistungen nunmehr mittels Aufzeichnungs-Medien materialisierbar und tatsächlich vergleichbar werden, erhalten sie einen quasi-schaffenden Status, wodurch begrenzte Teile der Gruppe der reproduzierenden Kulturschaffenden im Hinblick auf ihre Stellung zur Kulturindustrie in die Nähe der formell subsumierten Schaffenden kommen (vor allem Stars: man denke nur an gängige Aussagen wie 'Karajans 5. Beethoven', 'Lawrence Oliviers Hamlet' o.ä.).

Ein harter, konstanter Kern der Kulturschaffenden verbleibt also im Status der formellen Subsumtion, allerdings nicht weil er nicht in die Kulturindustrie integrierbar wäre, sondern im Gegenteil, um ein möglichst effizientes Funktionieren der Kulturindustrie zu gewährleisten.

Die nur formell subsumierten Kulturschaffenden sind gleichsam das Forschungs- und Entwicklungslabor der Kulturindustrie, wobei die Kosten, die für dieses Labor für die Kulturindustrie anfallen, immaterieller Natur sind, denn sie bestehen vor allem im Versprechen an die Kulturschaffenden, Erfolg haben zu können.

Es sind wohl auch diese formell subsumierten Kulturschaffenden, die das gesellschaftliche Bild von selbstständigen, von formalen und inhaltlichen Zwängen frei schaffenden KünstlerInnen am Leben erhalten, wenngleich auch ihr Handlungsspielraum gegenüber der Kulturindustrie äußerst begrenzt ist, zieht man in Betracht, dass zwischen den vielen Anbietern, also den Kulturschaffenden, eine eindeutige Konkurrenzsituation besteht, derer sich die relativ wenigen Nachfrager, also die Kulturindustrien bewusst sind. Von daher können sie relativ leicht auf der Einhaltung ganz bestimmter inhaltlicher wie formeller Standards bestehen, nicht zuletzt mit dem Hinweis, dass sie ihr Produkt ja auch verkaufen, also eine hohe Reichweite oder Auflage erzielen müssen. Es ist also davon auszugehen, dass nur die wenigsten selbstständigen, bloß formell subsumierten Kulturschaffenden tatsächliche Definitionsmacht über Form und Inhalt ihrer Arbeit haben.

Den reell subsumierten Kulturschaffenden, die diesen Forderungen der Kulturindustrie natürlich unvermittelter ausgesetzt sind, nun aber auf Grund eines traditionellen KünstlerInnenbildes gleichsam den Status als Kulturschaffende abzuerkennen, hieße an der Realität des Kulturschaffens vorbeizudenken, zumal gerade unter den im Zuge der elektronischen Mediamorphose entstandenen neuen Kulturberufen Kompetenzen und Berufsfelder zu finden sind, die mit den herkömmlichen Kriterien der Beurteilung künstlerisch-kulturellen Schaffens nicht erfasst werden können, die aber, wie etwa TonmeisterInnen oder CutterInnen, zweifellos künstlerischen Eigenwert besitzen.

Unter diesem Gesichtspunkt ist der folgende Satz von Gerhard Leithäuser aus den späten 1970er Jahren ebenso treffend wie problematisch: „Es zeigt sich, dass konkrete künstlerisch-schöpferische Arbeit, wie sie heute begriffen wird, mit der reellen Subsumtion unter das Kapitalverhältnis schlechterdings unvereinbar ist"[17]. Treffend ist Leithäusers These insofern, als sie sich auf künstlerische Arbeit 'wie sie heute begriffen wird' bezieht, also genau jenen KünstlerInnentypus meint, der der traditionellen, vorindustriellen Vorstellung entspricht, die ganz offensichtlich in den 1970er Jahren noch hegemonial war. Für diesen sind tatsächlich formale wie inhaltliche Abhängigkeiten ein negatives Definitionskriterium. Allerdings drückt sich damit auch ein wenig flexi-

---

17 Leithäuser 1978: 31.

bles Verständnis von künstlerisch-schöpferischer Arbeit aus, das untrennbar an einen vorindustriellen Stand der Produktion bzw. an Individualismus gebunden ist.

Anders gesagt hieße das nämlich: Es gibt keine künstlerisch- schöpferische Arbeit, sobald die Produktionsweise des Kulturschaffens eine industrielle ist. Damit würde aber etwa Kameraleuten, TonmeisterInnen, CutterInnen oder Kreativ-DirektorInnen per Definitionem jede künstlerisch-schöpferische Kompetenz abgesprochen. Dass hier einer solchen Auffassung nicht gefolgt werden soll und kann, muss nicht nochmals betont werden. Bemerkenswert ist jedoch, wie selbst ein kritischer Ansatz über den vom bürgerlichen Individualismus geprägten Kunstbegriff nicht hinauskommt, bzw. es verabsäumt, den Stand der Produktivkräfte – noch vor der jeweils historisch bestimmten Produktionsweise – als formbestimmend für die künstlerische Arbeit zu erkennen. Eine Analyse, die Probleme des gegenwärtigen Kulturschaffens in ihrer voller Tragweite erfassen will, muss sich an die Tatsachen halten und kann nicht heutige Kulturschaffende mit Begriffen definieren, die einem faktisch überholten Stand der Produktivkräfte entsprechen. Die neuen Produktivkräfte der Kultur, die neuen Kommunikationstechnologien aber bringen eben neue Organisationsformen und Tätigkeiten hervor und verändern die alten. Dass im Rahmen einer industriell-kapitalistischen Produktionsweise diese Tatbestände noch eine zusätzliche Formbestimmung erhalten, ist damit ja nicht bestritten. Von hier aus ist nun erneut zu begründen, warum technische Sonderberufe und Werbefachleute im Rahmen der vorliegenden Untersuchung den Kulturberufen uneingeschränkt zugezählt werden.

Die Technischen Sonderberufe sind eindeutig ein Produkt der Industrialisierung des Kulturschaffens, die völlig neue Formen und Qualitäten künstlerischer Arbeit mit sich bringen. Als ein Ergebnis der 'Mediatisierung' sind sie nur auf einem gewissen Stand der Entwicklung der Produktivkräfte denkbar. Die Werbeschaffenden dagegen sind zusätzlich (zur Mediatisierung) auch durch die konkrete kapitalistische Produktionsweise (Kommerzialisierung) formbestimmt. Bei den technischen Sonderberufen treffen Kunst und Technik, bei den Werbeschaffenden Kunst und Wirtschaft auf einem historisch neuen Niveau zusammen. Beide Berufsgruppen sind ohne eine existierende Kulturindustrie nicht denkbar und beide sind daher als Prototypen von Kulturschaffenden zu betrachten, die jenseits des traditionellen Kulturbegriffs tätig sind.

Die bisher dargestellte Entwicklung kann folgendermaßen zusammengefasst werden:

Mit der zunehmenden gesellschaftlichen Verbreitung neuer Produktions- und Distributionsmittel im kulturellen Bereich – den elektronischen Medien – wird ein neuer Stand der Produktivkräfte erreicht, festmachbar als 'Mediatisierung'. Diese neuen Kommunikationstechnologien stehen in enger Verbindung mit neuen Organisationsformen und Verbreitungsbedingungen im kulturellen Bereich, mit einer industriell-kapitalistische Produktionsweise, festmachbar als 'Kommerzialisierung'. Der gesamte Prozess kann als 'elektronische Mediamorphose' begriffen werden.

Die Kulturindustrie beeinflusst – als integraler Ausdruck von 'Mediatisierung' und 'Kommerzialisierung' – den 'Kulturarbeitsmarkt':

- Teile des Kulturschaffens werden durch die Möglichkeit der technischen Reproduktion rationalisiert
- die Nachfrage nach anderen Teilen des Kulturschaffens, vor allem im 'angewandten' Bereich, steigt
- neue Kompetenzen und Qualifikationen werden verlangt. Gleichzeitig verändert sie aber auch den Arbeitsprozess und damit den Status vieler Kulturschaffenden:
- weite Teile der Kulturschaffenden (vor allem in 'angewandten' Bereich) werden unter die industriell-kapitalistische Produktionsweise der Kulturindustrie reell subsumiert,
- die im traditionellen Sinn künstlerisch Tätigen werden zumindest formell subsumiert
- dem entspricht weitgehend der Wandel von einem selbstständigen Berufsstatus in einen unselbstständigen Berufsstatus.

Von den einzelnen Kulturschaffenden werden Mediatisierung (neue Produktivkräfte) und Kommerzialisierung (neue Produktionsweisen) zunächst als Veränderungen der konkreten technischen und ökonomischen Produktionsbedingungen erlebt; Veränderungen, die im weiteren auch Auswirkungen auf die gesellschaftliche (rechtliche, wirtschaftliche und auch ideologische) Stellung der Kulturschaffenden und damit auf das Kulturschaffen insgesamt zeitigen.

c) Professionalisierung von Kulturberufen

Wenn unter dem Prozess der Professionalisierung die Höherqualifizierung eines Berufes verstanden wird, die ihren Ausdruck findet im Gründen von Berufsorganisationen, im Einführen von Berufsbezeichnungen und Titeln, im Aufbau eines Ausbildungswesens, in der Formulierung eines beruflichen Ehrenkodex und in Bemühungen um Einflussnahme auf die Öffentlichkeit (Prestige) wie auf staatliche Institutionen (Sanktionieren des Titels, der Ausbildung)[18], so können Kulturschaffende nur begrenzt als professionalisiert angesehen werden. Zwar gibt es – außer für 'Wortproduzenten' – vom Staat bereitgestellte und lizenzierte Ausbildungsgänge, gibt es Titel, Berufsbezeichnungen und Berufsverbände, doch der Abschluss einer Kunsthochschule ist – zumindest für traditionelle Kulturschaffende – nicht unbedingt erforderlich und die Verbände der Kulturschaffenden agieren allzu oft jenseits realpolitischer Notwendigkeiten. Ich habe deswegen die KünstlerInnen an anderer Stelle als 'internalisierte Profession' bezeichnet[19], die sich dadurch kennzeichnen lässt, dass der Zusammenhalt dieser Profession nur durch ideologische Komponenten gesichert ist (dies aber in überproportionalem Ausmaß) und dass auch gerade diese ideologischen Komponenten (Autonomieanspruch, unbedingte Freiheit der Kunst) jeder Formalisierung vom Wesen her entgegen wirken. Dies gilt allerdings, wie gesagt, insbesondere für traditionelle Kulturschaffende, also für jene, die bestenfalls formell subsumiert für die Kulturindustrie tätig sind.

Wenn nunmehr bei den Kulturschaffenden dennoch eine Tendenz zur Professionalisierung festgestellt werden kann, so ist diese aber gerade in einem engen Zusammenhang mit der im Zuge der elektronischen Mediamorphose wachsenden Bedeutung der Kulturindustrien zu sehen. Diese üben auf das Produktionsverhalten der Kulturschaffenden starken Einfluss aus, indem sie – vorwiegend an Rentabilität interessiert – immer Neues auf den Markt bringen müssen und die Kulturschaffenden damit gleichsam unter 'Schöpfungsdruck' setzen. Hinter der Notwendigkeit zur 'fortgesetzten Handlung' die aus der künstlerischen auch eine berufliche Handlung macht, ist als Ursache der Betrieb verborgen, „der im wesentlichen in einer auf mehr oder weniger lange Dauer eingestellten Reihe von Veranstaltungen zur Produktion irgendwelcher Güter besteht (...) Und die Logik dieser Veranstaltungen erfordert vor allem eine gewisse Auslastung, damit das System oder der Betrieb rentabel arbeiten."[20]

Dieser Zwang zur Produktion, mit dem die Kulturschaffenden belastet sind, kann bis in die künstlerische Konzeption hineinwirken. Das kann so weit gehen, dass der traditionelle Anspruch 'Werke für die Ewigkeit zu schaffen' aufgegeben wird zugunsten einer Ausrichtung auf den momentanen Effekt, dass sich also ein Anspruch etabliert, der mehr in

---

18 Vgl. Daheim 1977: 19f.
19 Smudits 1981: 87f.
20 König/Silbermann 1964: 97.

die gesellschaftliche 'Breite' zielt als in die historische 'Tiefe'. Das etwa seit den 1960er Jahren wachsende Selbstbewusstein der im 'angewandten' Bereich tätigen Kulturschaffenden (Design, Werbung) muss durchaus vor diesem Hintergrund gesehen werden – insofern als aus der Not eine Tugend 'gemacht' wurde. Diese Art der industriellen oder auf industrielle Verwertbarkeit hinorientierten Produktion können nun keinesfalls AmateurproduzentInnen, Hobby-KünstlerInnen, aber auch oft schon nicht die ihrer Spontaneität vertrauenden und daher manchmal unberechenbaren KünstlerInnen traditionellen Zuschnitts leisten, hier werden Professionelle gebraucht, die sich dadurch auszeichnen, dass sie das Kriterium der kontinuierlichen Tätigkeit erfüllen, sowie, „dass sie einen hohen wenn auch nicht notwendigerweise ständig steigenden Standard des Schaffens setzen und damit gleichzeitig das Ansehen der strukturell zusammengefassten Berufsgruppe schützen."[21]

Die 'Quasi-Professionalisierung' der Kulturschaffenden hat ihre soziale Position grundlegend verändert und bringt neue, vor allem wirtschaftliche Probleme mit sich, z.B. wenn es darum geht, Standards in Bezug auf Arbeitsverträge zu etablieren oder die Abgeltung für die Werknutzung im Rahmen technischer Vermittlungen zu sichern.[22] Von diesen ökonomischen Problemen her ist auch das Interesse an voranschreitender Professionalisierung (Berufsorganisationen, Ausbildung etc.) bei Teilen der Kulturschaffenden zu erklären, denn mit der Etablierung formaler Abgrenzungen zu Nicht-Professionellen sind gute Voraussetzungen dafür geschaffen, das Berufsfeld und die Einkommensmöglichkeiten besser zu sichern und – nicht zuletzt – auch die Arbeitsbedingungen in der Kulturindustrie, die ja mit dem Ideal traditioneller künstlerischer Arbeit kaum zu vereinbaren sind, zu verbessern. Von der anderen Seite her besteht wiederum ein Interesse der 'Arbeitsorganisationsform Kulturindustrie' an ausgebildeten, qualifizierten Kräften, zum Teil, weil eine Ausbildung nicht zuletzt wegen der immer komplexeren technischen Verfahren beinahe unerlässlich ist, zum Teil weil die Selektionsmechanismen beim Anstellungsvorgang oder bei der Auftragsvergabe erleichtert werden.

Dass dieser Prozess bereits weiter fortgeschritten ist, als in der Öffentlichkeit vielleicht vermutet wird, zeigen die Ergebnisse verschiedener Untersuchungen zur Lage der Kulturschaffenden. Im Mitte der 1970er

---

21 König/Silbermann 1964: 33ff.
22 Damit ist auch ein entscheidender Unterschied zu den von AuftraggeberInnen oder MäzenInnen abhängigen Kulturschaffenden der vorbürgerlichen Epoche angesprochen. Denn diese waren ja ebenfalls als professionalisiert im Sinne der oben genannten Kriterien anzusehen. Allerdings galt für sie ein eher handwerklicher denn ein kreativ-künstlerischer Qualifikationsanspruch.

Jahre, also wohl zum Höhepunkt der elektronischen Mediamorphose, erstellten 'Künstler-Report' wurde in der Bundesrepublik Deutschland bei den hauptberuflichen, aber bemerkenswerterweise auch bei den nebenberuflichen(!) KünstlerInnen ein durchschnittlicher Anteil von nur ca. 10% an AutodidaktInnen ausgewiesen. Die AutorInnen vermerkten dazu: „Als Grund für diese nur den Uneingeweihten überraschende Tatsache ist hervorzuheben, dass die Anforderungen, die an die Arbeit der Künstler gestellt werden, mit fortschreitender 'Vermarktung' und technischer Vermittlung ihrer Leistungen ständig zunehmen, unqualifizierten Kräften damit allenfalls kurzzeitige Erfolge beschieden sein können."[23]

Sieht man sich einige Ergebnisse von einschlägigen österreichischen Untersuchungen an, stellt sich das Bild ähnlich dar. In einer zu Beginn der 1990er Jahre durchgeführten Erhebung zur Lage der Komponisten und Komponistinnen lässt sich ein Wert von rund 8% der Befragten ausmachen, bei denen davon ausgegangen werden kann, dass keine formale musikalische Ausbildung in Anspruch genommen wurde.[24]

In einer Mitte der 1990er Jahre erstellten Studie zu Bildenden KünstlerInnen wird ein AutodidaktInnen-Anteil von 20% ausgewiesen, für Wien wird diesbezüglich im Zeitraum von 1980 bis 1995 ein Anstieg von 12 auf 17% festgestellt.[25]

In einer Untersuchung zur Lage weiblicher Kulturschaffender aus der zweiten Hälfte der 1990er Jahre finden sich folgende Werte für Künstlerinnen, die ausschließlich ein 'nicht-fachspezifisches Studium' abgeschlossen oder begonnen aber nicht-abgeschlossen haben: Bildende Kunst: 8%, Darstellende Kunst: 21%, Musik: 9% und Literatur: 33%.[26]

Aus diesen Befunden lassen sich zwei Tatbestände ablesen: zum einen wird der relativ geringe Anteil von AutodidaktInnen bestätigt, zum anderen gibt es Hinweise, dass der AutodidaktInnen-Anteil zwar geringfügig, aber doch, steigt. Da der Anstieg in den 1990er Jahren zu konstatieren ist, besteht Grund zur Annahme, dass hier ein Zusammenhang mit der Digitalisierung, bzw. mit den dieser neuen Mediamorphose entsprechenden Strukturen des künstlerisch-kulturellen Arbeitsbereichs (Stichwort Flexibilisierung, ich komme darauf zurück) besteht.

---

23 Fohrbeck/Wiesand 1975: 93.
24 Vgl. Smudits u.a. 1993: 18f.
25 Vgl. Schulz u.a. 1997: 69 und 272.
26 Vgl. Almhofer u.a. 2000: 66.

Der grundsätzlich geringe AutodidaktInnen-Anteil verweist zusammen mit den steigenden Unselbstständigenanteilen, also der immer offensichtlicher werdenden reellen Subsumtion, auf die tendenzielle soziale Integration von größeren Teilen der Kulturschaffenden. Somit eröffnete sich also mit der elektronischen Mediamorphose statt der Antinomie Dilletantismus versus Beruf bzw. autodidakt versus 'ausgebildet' eine andere, nämlich die zwischen haupt- und nebenberuflichen Kulturschaffenden. Inwieweit nebenberufliche KünstlerInnen zukunftsweisend sind, indem sie die von Silbermann verlangte Rollenvielfalt der KünstlerInnen einlösen[27], oder aber ob sie von den kulturindustriellen Unternehmen nur allzu gern gesehene Preisdrücker – gleichsam eine 'kreative Reservearmee' – darstellen, die sich hauptberuflich nicht etablieren können oder wollen, kann und soll hier nicht endgültig beurteilt werden, zumal mit der digitalen Mediamorphose, wie eben angedeutet, die Karten diesbezüglich neu gemischt worden sind (- ich komme im nächsten Kapitel darauf zurück).

Urheber- und Leistungsschutzrecht

Die Möglichkeit der Nutzung von lebendiger Vermittlung durch elektronische Kulturindustrien verlangt auch nach einem Schutz der Leistungen und nicht nur der Schöpfungen. Zum Urheberrecht kommen benachbarte Rechte oder Leistungsschutzrechte hinzu. Nutzung der Schöpfungen durch elektronische Medien hatte man bereits in einer Revision der Berner Konvention im Jahre 1928 berücksichtigt, indem Film, Schallplatte und Rundfunk in diese aufgenommen wurden. Ein Leistungsschutzrecht, das ein völlig neues Rechtsempfinden im Bereich reproduzierenden Kulturschaffens signalisiert, wurde – nicht zuletzt auch auf Betreiben der Kulturindustrien selbst, die ja auch schützenswerte Leistungen vollbringen – erst 1961 im Abkommen von Rom über den Schutz der ausübenden KünstlerInnen, der Hersteller von Tonträgern und der Sendeunternehmen beansprucht. Die österreichische Leistungsschutzgesellschaft wurde 1968 gegründet.

Verkürzt ließe sich feststellen: die grafische Mediamorphose hat das Urheberrecht, die elektronische Mediamorphose das Leistungsschutzrecht hervorgebracht. Mit der steigenden Bedeutung der Kulturindustrien entstehen somit nicht nur neue Beschäftigungs- und damit verbundene direkte Einkommensmöglichkeiten, sondern auch neue indirekte Einkommensmöglichkeiten für alle (schaffenden und nachschaffenden) Kulturschaffenden in Form von Tantiemen für technische Vermittlungen ihrer Arbeiten. Dieses Einkommen aus technischer Vermitt-

---

27 Vgl. Silbermann 1974: 339.

lung ist, entsprechend der steigenden Bedeutung der technischen Vermittlung selbst, im Steigen begriffen, weswegen auch die Bedeutung der mit der Einnahme und Verteilung befassten Verwertungsgesellschaften steigt. Zur Illustration des Stellenwerts technischer Vermittlungen seien einige Beispiele aus der 'Endphase' der elektronischen Mediamorphose angeführt: 1980 waren in Frankreich 86% der Einnahmen aus der Nutzung musikalischer Urheberrechte auf technische Vermittlung zurückzuführen und nur 13% auf lebendige Vermittlung[28]. 1985 stammten 80,2% des von den bedeutendsten österreichischen Verwertungsgesellschaften AKM und Austromechana eingenommenen Geldes aus Abgaben für technische Vermittlung und nur 19,8% aus lebendiger Vermittlung[29]. Dass diese Entwicklung auch in der digitalen Mediamorphose zunächst keinen Einbruch erleidet belegen entsprechende Zahlen aus 1995: In 10 von 12 europäischen Ländern liegen die Anteile der 'Urheberrechts-Einnahmen' für 'live-'-Darbietungen z.T. deutlich unter 10%, für Österreich werden 11% und für Italien 28,6% ausgewiesen.[30]

Die Tatsache, dass sich mit der technischen Vermittlung neue und beträchtliche Einkommensquellen für Kulturschaffende erschlossen haben, hat noch eine Kehrseite: schon allein daraus, dass es einige Zeit gedauert hat, bis die technische Vermittlung im Urheberrecht verankert wurde, ist ersichtlich, dass die Abgaben für die Nutzung von Werken und Leistungen Kulturschaffender in den technischen Medien keine Selbstverständlichkeit darstellten und zum Teil noch immer von den Betroffenen, bzw. den Verwertungsgesellschaften eingeklagt werden müssen. Die technische Vermittlung ermöglichte also auch neue Wege, die Werke und Leistungen von Kulturschaffenden zu verwerten, ohne dass diese dafür eine finanzielle Entschädigung erhielten.[31]

Anders gesagt: mit den neuen elektronischen Medien entstanden neben neuen Einkommensquellen auch neue Enteignungsmöglichkeiten bezüglich geistigen Eigentums. 1983, also lange vor Diskussionen um MP3, oder CD-Brenner schreibt eine Vertreterin der International Federation of Phonogram Producers (IFPI): „Wortautoren, Komponisten, Filmproduzenten, Tonträgerhersteller, Interpreten und Rundfunkunter-

---

28 Vgl. Blaukopf 1989: 8.
29 AKM 1987, Austromechana 1987.
30 Vgl. European Music Office 1996: 29 (eigene Berechnungen), die anderen Länder sind: Belgien: 6,4%, Dänemark: 4,3%, Finnland: 9.2%, Frankreich: 9,2%, Deutschland: 7,9%, Niederlande: 3,5%, Portugal: 7,4%, Spanien: 4,1%, Vereinigtes Königreich: 4,3%.
31 Dieses Phänomen kann auch als ein Indiz für die voranschreitende reelle Subsumtion der Kulturschaffenden unter eine industrielle/kapitalistische Produktionsweise angesehen werden.

nehmen sind gegenwärtig alle der Gefahr der Entwertung ihrer Rechte ausgesetzt. Auf rein urheberrechtlichem Gebiet sind die Auswirkungen der Technologie so weitreichend, ja dramatisch, dass das gesamte bisherige Urheberrechtssystem in Frage gestellt zu sein scheint. Zahlreiche neue Nutzungsarten gehen auf technische Fortschritte zurück, die von den Gesetzgebungen der einzelnen Ländern nicht vorhergesehen werden konnten und daher nahezu machtlos gegen über einer angemessenen Kontrolle der Reprografie, der sogenannten 'Piraterie', der privaten Überspielung von Tonträgern und audio-visuellen Materials geworden sind."[32]

Die Miniaturisierung und Verbilligung der Hardware, zunächst im Tonträger- (Musikkassetten) und später auch im Bildträgerbereich (Video) macht Kopieren von einmal aufgezeichneten Werken oder Produktionen sowohl für den Privatgebrauch als auch natürlich für die kommerzielle Nutzung möglich. Während ersteres – das private Kopieren – aufgrund der faktischen Unkontrollierbarkeit mittlerweile als akzeptiertes Übel angesehen wird, das man (in Österreich seit 1980) durch die Einhebung einer Abgabe beim Verkauf von Aufzeichnungsgeräten oder leeren, also privat bespielbaren Tonträgern zu kompensieren versucht, ist zweiteres – die Piraterie – ein von der Phono- und Videoindustrie wie von den Verwertungsgesellschaften heftig bekämpftes Delikt.[33]

Die Kompensationslösung 'Leerkassettenabgabe' – der erste Versuch der unkontrollierbaren technischen Reproduzierbarkeit zu begegnen birgt aber ein grundsätzliches Problem mit unabsehbaren Konsequenzen für das Urheber- und Leistungsschutzrecht, wie es gegenwärtig verstanden wird. Denn gemäß der Berner Konvention ist das Urheberrecht an Personen gebunden, d.h. Abgaben für ein konkretes Werk müssen dessen UrheberInnen zufließen. Eine solche Zuweisung ist aber bei der Leerkassettenabgabe aus einsichtigen Gründen nicht möglich (niemand weiß, welche Werke wie oft privat kopiert werden), weswegen diese Einnahmen von den Verwertungsgesellschaften an die UrheberInnen nach einem jeweils bestimmten Schlüssel verteilt – man könnte auch sagen umverteilt – werden, was aber den Prinzipien des geltenden Urheberrechts widerspricht. (Ähnliche Probleme ergeben sich übrigens bei der Verteilung einer Abgabe auf Fotokopien). Es liegt die Vermutung nahe, dass das Modell 'Leerkassettenabgabe' mit allen Konsequenzen paradigmatischen Charakter für die Abgeltung von Urheberrechtsansprüchen im Zeitalter elektronischer und dann digitaler Medien erhalten könnte, denn erst recht angesichts der Digitalisierung und der sich damit ergebenden neuen Verbreitungs- und Ko-

---

32 Davies et al. 1983: 15.
33 Vgl. DMV 1984.

piermöglichkeiten jedweder – also auch künstlerisch-kulturell relevanter – 'Software' scheint auf lange Sicht eine personengebundene Verteilung von Abgaben nicht exekutierbar zu sein. Die durch die elektronische Mediamorphose im Gang gesetzte und im Zuge der Digitalisierung noch intensivierte Mediatisierung dürfte also in Bezug auf die Nutzungsmöglichkeiten von Werken und Leistungen von Kulturschaffenden ein Komplexitätsniveau hervorbringen, auf dem das bislang geltende Urheberrecht nicht mehr anwendbar ist und wird somit vermutlich zu einer Veränderung des Urheberrechts(gedankens) führen, bzw. führen müssen.

Neue Berufsfelder für Kulturschaffende

Für schaffende und nachschaffende KünstlerInnen bieten die elektronischen Medien zunehmend spezifische Tätigkeitsbereiche an. So wie sich die DarstellerInnen und MusikerInnen auf die Arbeit mit und in den elektronischen Medien einstellen mussten, und dabei spezifische (etwa Film-, FernsehschauspielerInenn, RegisseurInnen, SprecherInnen) aber auch eigenständige (ModeratorInnen, StudiomusikerInnen, ShowmasterInnen etc.) Qualifikationen entwickeln mussten, so mussten sich auch die schaffenden KünstlerInnen um medienadäquates Arbeiten bemühen. Betroffen waren dabei vor allem AutorInnen (Hörspiel, Film-, TV-Drehbuch, RundfunkjournalistInnen, Feature- RedakteurInnen etc.) aber auch KomponistInnen (TV-, Film-, Hörspielmusik). Die Gruppe der Bildenden KünstlerInnen erfuhr den stärksten Impuls durch die chemische Mediamorphose in Form der Fotografie, deren wesentlichster Wirkungsbereich in den Printmedien, also in einem Resultat der grafischen Mediamorphose zu suchen ist. (Dies weist auf die Zwischenstellung der Fotografie zwischen grafischer und elektronischer Mediamorphose hin). Die elektronische Mediamorphose betraf die Bildenden KünstlerInnen (quantitativ betrachtet) marginal (Ausstatter, Kostüm), wenn es um deren Produktionsbedingungen geht, als PR-Faktor bekamen natürlich die elektronischen Medien auch für sie einen entscheidenden Stellenwert. Dazu kommt, dass einige spezifisch neue künstlerische Tätigkeitsfelder (Video, Kamera, Bildschnitt) gelegentlich den Bildenden KünstlerInnen zugeordnet wurden und werden.

Neben diesen neuen Einkommens- und Beschäftigungsmöglichkeiten für 'alte' Kulturberufe, die zwar zum Teil das Erscheinungsbild nicht aber das Wesen dieser Tätigkeiten verändern (ShowmasterInnen sind letztlich DarstellerInnen, StudiomusikerInnen bleiben MusikerInnen, VideokünstlerInnen bleiben Bildende KünstlerInnen) brachte die elektronische Mediamorphose auch völlig neue Kulturberufe hervor: technische Sonderberufe und Werbefachleute.

Die Problematik der Zuordnung dieser Tätigkeitsbereiche zu den Kulturschaffenden wurde bereits erörtert. Hier soll nur auf die wachsende Anerkennung der künstlerischen Bedeutung der technischen Sonderberufe hingewiesen werden, der ein tatsächlich wachsender Beitrag dieser Kulturschaffenden zum künstlerischen Produkt entspricht, wobei die Ursache dafür in der wachsenden Komplexität der Aufzeichnungs- und Übertragungsverfahren zu sehen ist: TonmeisterInnen von Schellack-Aufnahmen spielten eine andere Rolle als TonmeisterInnen etwa der 1950er Jahre und diese sind wieder kaum vergleichbar mit TonmeisterInnen, die in einem Studio der 1980er Jahre mit Musikcomputern arbeiten. Je mehr die Qualität und die Akzeptanz eines künstlerischen Produkts vom Standard der technischen Vermittlung abhängt, um so größer wird der künstlerische Beitrag jener, die für diesen rein technischen Standard verantwortlich sind. Somit nähern sich TonmeisterInnen, LichtregisseurInnen tatsächlich dem Status von schaffenden KünstlerInnen mit spezifischen technischen Kompetenzen. In einschlägigen Publikationen zur Berufsinformation wird auch bereits sehr deutlich auf die jeweils nötigen 'technisch-kreativen' oder 'gestalterischen' Begabungen hingewiesen.[34]

Die Annäherung erfolgt aber auch von der anderen Seite: Wenn schaffende (oder nachschaffende) Kulturschaffende die Kontrolle über ihre Tätigkeit, die in einer technischen Vermittlung mündet, nicht verlieren wollen, sind sie gezwungen, sich den kompetenten Umgang mit den technischen Apparaten anzueignen, um zumindest mit den Technikern kommunizieren zu können. Für viele Sparten des Kulturschaffens wurde es im Zuge der elektronischen Mediamorphose also zunehmend nötig, neben den in diesem Zusammenhang oft genannten Qualifikationskriterien: künstlerisches Talent, Durchsetzungsvermögen (darunter fallen wohl Eigenschaften wie Fleiß, Selbstbewusstsein, Ausdauer etc.) auch technische Kompetenzen vorweisen zu können, um sich weiterhin künstlerisch zu behaupten.

Neue Qualifikationsansprüche: Kompetenzausweitung und Spezialisierung

In den bereits erwähnten Berufsführern zum Medien- und Kulturbereich wird die Ausdifferenzierung dieses Arbeitsfeldes auf nachvollziehbare Weise dokumentiert, ein Prozess der im übrigen in der digitalen Mediamorphose vorangetrieben wird. Für die elektronische Mediamorphose, in der Radio und Fernsehen eine zentrale Rolle spielten stellt z.B. der Mindesthonorarkatalog des Österreichischen Rundfunks eine

---

34 Vgl. z.B. Schümchen 1995, Zembylas 1997a und b.

beinahe paradigmatische Quelle zur Illustration dieses Phänomens dar. In einem entsprechenden Dokument aus 1983[35] werden fast 260 verschiedene künstlerisch-kulturelle Tätigkeiten unterschieden. Zum Teil handelt es sich zwar um äußerst pragmatische Unterscheidungen traditioneller künstlerischer Tätigkeiten, wenn z.B. 20 verschiedene Kategorien von Schauspielern in Fernsehspielen angeführt werden, zum Teil machen aber schon die Tätigkeitsbezeichnungen klar, dass das elektronische Medium Rundfunk gänzlich neue, kaum einer traditionellen Gattung eindeutig entsprechende Tätigkeitsbereiche hervorgebracht hat. So wird zum Beispiel ein 'Gestalter' im Honorarkatalog folgendermaßen definiert: „Er gestaltet eigenverantwortlich eine Sendung für eine bestimmte Sendezeit, wobei er entweder als Autor seine eigene Idee realisiert oder aus ihm zur Verfügung gestellten Beiträgen aller Art eine nach eigenen künstlerischen Gesichtspunkten ausgerichtete Sendung erstellt. (Layout)"

Mit dieser Beschreibung können sowohl Aspekte der Tätigkeiten von AutorInnen, JournalistInnen, aber auch von DarstellerInnen/SprecherInnen oder RegisseurInnen erfasst werden. Der 'Gestalter' muss wohl jede dieser Tätigkeiten zumindest im Ansatz beherrschen, erlangt aber erst durch die medienadäquate Kombination seine eigene Charakteristik.

Eine ähnliche Ausweitung der Qualifikationsansprüche, wenn auch unter anderen Voraussetzungen, ist bei den Kulturschaffenden im Werbebereich zu beobachten: hier entstehen Berufe, die sicherlich den Kulturschaffenden, aber kaum einer traditionellen Gattung zuordenbar sind: Kreativ-DirektorInnen müssen im Idealfall sowohl im Wort-, wie im Musik-, wie im Bildbereich, im konzeptuellen (kreativen) wie im realisierenden (technischen) Bereich, im Bereich der elektronischen wie in jenem der Printmedien kompetent sein, wenn sie für eine Werbekampagne kreative Verantwortung übernehmen. Daneben müssen sie noch imstande sein, diese kreativen Aspekte ihrer Tätigkeit mit wirtschaftlichen Aspekten des Marketings sowie mit wissenschaftlichen Aspekten der Werbewirkungsforschung abzustimmen. Kreativ-DirektorInnen sind damit gleichsam in der Position von RegisseurInnen und als solche mit einem GeneralistInnenanspruch behaftet. Doch auch von den ihm unterstellten kreativen Ebenen, (Art-DirektorIn, TexterIn, FotografIn, GrafikerIn usw.) wird Kooperationsfähigkeit und Einfügenkönnen in ein Gesamtkonzept verlangt, was natürlich auch mit einer zumindest rudimentären Kompetenz für andere kreative Bereiche, als es der eigene ist, verbunden sein muss.

---

35 ORF 1983.

Dass diese paradigmatische Form der reellen Subsumtion auf der einen Seite dem traditionellen Anspruch auf Autonomie in der Kunst widerspricht, ist offenkundig, ebenso offenkundig ist aber die Tatsache, dass auf der anderen Seite die Aneignung neuer kreativer Kompetenzen damit gleichsam strukturell erzwungen wird. Man könnte daraus folgern: die reelle Subsumtion bewirkt eine Entindividualisierung kreativer Tätigkeit und verlangt damit tendenziell nach einer Vergrößerung des Kompetenzspektrums über die eigene gattungsspezifische Tätigkeit hinaus.

Versteht man die Technischen Sonderberufe und die Werbung als symptomatische Phänomene des Kulturschaffens, insofern als sie mit der elektronischen Mediamorphose entstanden sind, so könnte folgende Hypothese aufgestellt werden (die im übrigen schon an der ersten neuen Kunstform des 20. Jahrhunderts, dem Film, überprüft werden kann): Während die grafische Mediamorphose die Kulturberufe ausdifferenzierte, schaffende von nachschaffenden KünstlerInnen trennte (KomponistIn/MusikerIn, DramatikerIn/SchauspielerIn, SchriftstellerIn), und im Zuge der formellen Subsumtion Autonomie- und Individualitätsbestrebungen hervorgebracht hat, verschmilzt die elektronische Mediamorphose Tätigkeitsbereiche, befördert im Zuge der reellen Subsumtion Teamarbeit und Anpassungsfähigkeit und erzwingt Kompetenzausweitung in die Breite, also Flexibilität. (Inwieweit damit auch der traditionelle Anspruch auf künstlerische 'Tiefe', wenn schon nicht verloren geht, so sich doch zumindest verändert, wäre gesondert zu diskutieren.)

Diese Kompetenzausweitung in die Breite wird allerdings von einem beinahe gegenläufigen Trend begleitet, nämlich von einer steigenden Ausdifferenzierung von Tätigkeiten und damit von Kompetenzen. Denn je weiter die Mediatisierung, die auch als Automatisierung im Kulturbereich verstanden werden kann, voranschreitet, umso mehr werden spezialisierte, medienadäquate Qualifikationen erforderlich. Die Frage nach den zukünftigen Qualifikations- und Kompetenzanforderungen an Kulturberufe müsste demgemäss auch vor dem Hintergrund der ganz allgemein gestellten Frage diskutiert und vor allem auch empirisch untersucht werden, ob und wie weit voranschreitende Automation zu einer Dequalifikation oder zu einer erhöhten Qualifikation von beruflichen Tätigkeiten führt[36]. Vermutlich nimmt der Kulturbereich im Rahmen die-

---

36 Eine Frage, die die Industriesoziologie seit den 1980er Jahren beschäftigt, vgl. z.B. Friedrichs/Schaff 1982, wobei die Entwicklung derzeit, im Zeichen der Globalisierung in die Richtung zu gehen scheint, dass sehr wenigen, höchst- und breitestqualifizierten sehr viele kaum bis schlecht qualifizierte Tätigkeiten (McJobs) gegenüberstehen, vgl. z.B. Rifkin 1996, Klein 2000.

ser Entwicklung – wiederum – eine Sonderstellung ein, die eben durch die Spannung zwischen dem Anspruch auf künstlerisch- kreativer Kompetenzausweitung auf der einen und Erfordernis nach spezialisierter medienadäquater Qualifikation auf der anderen Seite geprägt wird.

Dieses Erfordernis nach Kompetenzausweitung und beruflicher Flexibilität auf der einen und nach spezialisierter medienadäquater Qualifikation auf der anderen Seite müsste natürlich einen Niederschlag im Ausbildungssystem ebenso wie im Selbstverständnis der Kulturschaffenden finden. Während die Kulturschaffenden durch die 'normative Kraft des Faktischen', durch die Realität der industrialisierten Kultur also, ihre Orientierung am traditionellen Verständnis von der KünstlerInnenrolle bereits weitgehend modifiziert haben dürften (man bedenke nur den Imagewandel, den 'Angewandte', DesignerInnen, Werbeschaffende, MedienkünstlerInnen etc. bereits durchgemacht haben), ist es fraglich, ob das staatliche Ausbildungssystem auf die realen Veränderung der Berufswelt von Kulturschaffenden zeitgerecht adäquat reagieren kann. Diese Thematik bedürfte eingehenderer und detaillierterer Analysen. Es ist zu vermuten, dass die Strukturen der etablierten Ausbildung sich nur sehr langsam an die durch technische Innovationen geschaffenen Verhältnisse anpassen und z.B. derzeit – zu Beginn des 21. Jahrhunderts – gerade erst beginnen, den Anforderungen der elektronischen Mediamorphose zu entsprechen, während die Bereitstellung adäquater Ausbildungsmöglichkeiten für den 'digitalen' Bereich kaum zu sehen sind.

Der Public Relations-Effekt (PR-Effekt)

Neben den direkten und indirekten Einkommens- und Beschäftigungsmöglichkeiten, die die elektronischen Medien den Kulturschaffenden bieten, dürfen deren materiell nicht erfassbare Einflüsse nicht unerwähnt bleiben. Denn die elektronischen Medien berichten auch über Kulturschaffende und beeinflussen damit deren Bekanntheitsgrad, deren Image, aber auch deren Marktwert. Ein Schauspieler, der in Gesellschaftskolumnen der Boulevard-Presse präsent ist, hat auch bessere Chancen, einen lukrativen Werbevertrag zu erhalten; eine Bildende Künstlerin, über die in der einschlägigen Kunstkritik häufig berichtet wird – manchmal nicht nur wegen der Qualität ihrer Arbeit, sondern wegen der Qualität ihrer Beziehungen zur Kunstkritik – verkauft seine Werke besser. Manche kulturellen Ereignisse (vor allem im sogenannten 'U'-Bereich, zunehmend aber auch im 'E'-Bereich) verdanken ihren kommerziellen Erfolg der 'Rundum'-Berichterstattung (Kulturindustrien haben Marketingabteilungen), sind also Medienereignisse in dem Sinn, dass sie von den Medien zu Ereignissen, die man nicht versäumen darf, hochstilisiert werden usw. usf.

Neben der Notwendigkeit, sich medienadäquate Kompetenzen anzueignen, um in und mit elektronischen Medien arbeiten zu können, entsteht also eine weitere Notwendigkeit (für karrierebewusste Kulturschaffende), nämlich sich und/oder das eigene Schaffen medienadäquat präsentieren zu können, wobei meist die Tatsache wichtiger ist, 'in den Medien' zu sein, als das, was dann letztlich über einen berichtet wird. Nun war das öffentliche Ansehen von Kulturschaffenden und die entsprechende Kompetenz, 'Öffentlichkeitsarbeit' in eigener Sache zu betreiben, nie unwesentlich für deren Einkommens- und Beschäftigungsmöglichkeiten, doch mit der zunehmenden Mediatisierung, die auch die gesellschaftliche Kommunikation über das Kulturschaffen erfasst, verändern sich auch die Ansprüche an die Selbstdarstellungsfähigkeiten der Kulturschaffenden, die nun schon ganz wesentlich auch als PR-ManagerInnen in eigener Sache tätig sein müssen – oder solche angestellt für sich arbeiten lassen. (Die Ursachen für diese Entwicklung sind neben der simplen Tatsache der Mediatisierung vielfältig; sie liegen zum Teil in der gesellschaftlichen Erwartungshaltung an den KünstlerInnen, besonders individuell und originell sein zu müssen; zum Teil in den fehlenden objektiven Kriterien zur Beurteilung avancierter Kunst – aber das sind andere 'Geschichten'.)

Das Phänomen der Medien als PR-Instanz für Kulturschaffende hat auch eine Kehrseite: Indem die bloße Präsenz in den Medien für die Kulturschaffenden einen unbestreitbaren Prestigewert besitzt, wird von vielen – vor allem unbekannten oder jungen KünstlerInnen – der Prestigegewinn als so hoch angesehen, dass sie gerne dafür in Kauf nehmen, einen zu geringen oder keinen materiellen Ertrag zu erzielen, eine Tatsache, die von Medienverantwortlichen gerne genutzt wird, um die Programmkosten niedriger zu gestalten. Der gleichsam psychologisch Ertrag, der sich aus dem Erfolgserlebnis ergibt, im Programm zu sein, wird von manchen Kulturschaffenden vielfach zumindest ebenso geschätzt wie das tatsächliche Einkommen. Dass diese Tatsache Kulturschaffende zu tendenziellen Tarifdrückern macht und von den kaufmännisch denkenden Programm- Machern gezielt gefördert wird, soll hier nicht unerwähnt bleiben.

Transnationale und multimediale Verflechtungen

Das Phänomen der extensiven Mediatisierung bewirkte eine Verflechtung und Vernetzung verschiedenster Bereiche des Kulturschaffens, wodurch Abhängigkeiten und Wechselwirkungen sowohl auf ökonomischer wie auch auf inhaltlich-formaler Ebene entstanden. Formal und inhaltlich ergab sich mit der extensiven Mediatisierung für die Kulturschaffenden ein informeller Anpassungszwang an jene Standards, die eine möglichst optimale Nutzung des Werks auf möglichst vielen Stufen der Kommunikationskette zulassen. Anders gesagt, das Werk soll mehrfach, wenn möglich in allen Medien einsetzbar sein (ein Theaterstück, ein Film, soll auch im Fernsehen gesendet werden können; Filmmusik soll auch Hitparaden-adäquat sein usw. usf.), wodurch sich formale (Dauer, Formate etc.) wie auch inhaltliche (Anpassung an den kleinsten gemeinsamen Nenner des Geschmacks verschiedenster Medienpublikumssegmente) Vorgaben einstellen. Dieser multimedialen Verflechtung, die die einzelnen Kulturschaffenden als Anspruch an ihre konkrete Arbeit erfahren, entsprechen ökonomische Verflechtungen der verschiedensten Zweige der Kulturindustrien, die die Einkommens- und Beschäftigungsmöglichkeiten der Kulturschaffenden wesentlich und auf eine qualitativ neue Weise mitbestimmen. Am offenkundigsten sind die gegenseitigen Abhängigkeiten zwischen der phonografischen Industrie und dem Radio sowie zwischen der Film- und Videoindustrie und dem Fernsehen. Daneben existiert noch eine Vielzahl weniger offensichtlicher oder gewichtiger Abhängigkeiten, etwa zwischen der Film- und Fernsehindustrie und der Printindustrie (das Buch zur Fernsehserie; die Verfilmung von Bestsellern; Programmzeitschriften etc.), zwischen der Phonoindustrie und dem Fernsehen (seit Beginn der 1980er Jahre verstärkt durch Musikvideos), oder zwischen Phonoindustrie und Printindustrie (z.B. Musikzeitschriften). Im Zuge der steigenden Mediatisierung werden diese Verflechtungen deutlich dichter, sodass es nicht verwundert, dass es immer mehr zu multimedialen und multinationalen Konzernbildungen kommt. Mit der Digitalisierung ergab sich bezüglich dieser Entwicklung seit den 1980er Jahren eine deutliche qualitative Veränderung, die vielfach unter dem Aspekt der Globalisierung diskutiert wird und auf die ich im nächsten Kapitel noch zurückkomme [37].

Funktionierende kulturindustrielle Verflechtungen betreffen auf den ersten Blick die Lebensfähigkeit und die Rentabilität von kulturindustriellen Unternehmen und sichern dadurch – auf den zweiten Blick – die Einkommens- und Beschäftigungsmöglichkeiten der Kulturschaffenden. Die Schallplatten von MusikerInnen, die nicht im Radio gespielt wird, wird sich (in der Regel) schlechter verkaufen, als wenn sie gespielt würde. Wird sie aber gespielt, erhalten die MusikerInnen neben den

---

[37] Vgl. z.B. Guback/Varis 1982, Malm/Wallis 1992, insbesondere zur Globalisierung neben vielen anderen Beck 1998.

vermutlich höheren Einnahmen aus dem Schallplattenverkauf auch noch Tantiemen für die Nutzung ihrer Schallplatte im Radio.

In diesem Zusammenhang müssen nun nationale und internationale Gegebenheiten gleichermaßen berücksichtigt werden, denn kulturindustrielle Verflechtungen auf internationalem Niveau können für die Kulturschaffenden des einen Landes deutlich negative und für die Kulturschaffenden des anderen Landes deutlich positive Auswirkungen haben. So wies Sean MacBride in einem für die Unesco erstellten Bericht[38] auf die ungleichgewichtigen Beziehungen zwischen Industrie- und Entwicklungsländern hin, wobei in der anschließenden breiten Diskussion um eine neue internationale Informations- und Kommunikationsordnung auch der Begriff 'Medienimperialismus' prominente Verwendung fand. In diesem Zusammenhang wurde vielfach auch darauf hingewiesen, dass auch zwischen größeren und kleineren Industriestaaten 'imperialistische' bzw. 'kolonialistische' Beziehungen bestünden. Existiert etwa keine eigenständige nationale Filmindustrie wird die jeweilige Fernsehanstalt stärker auf den Einkauf ausländischer Produkte angewiesen sein als wenn es eine solche gäbe. Existiert keine eigenständige nationale phonografische Industrie, werden die jeweiligen heimischen MusikerInnen geringere Chancen haben, Schallplattenaufnahmen zu machen und die jeweiligen nationale Radioanstalt wird weniger heimische Musik in ihren Programmen senden können.

Da aber gerade die Film- und die Phonoindustrie zur multinationalen Verflechtung tendieren, entwickelten demzufolge die Rundfunk- und Fernsehanstalten von Ländern, die in diesen multinationalen Konzernen nicht wesentlich mitmischen, eine starke Auslandsabhängigkeit, was ihre Programmgestaltung betrifft[39]. Damit wurden aber die Voraussetzungen für die rein marktgemäße Entwicklung einer eigenständigen Film- oder Phonoindustrie erst recht geschmälert, da die heimischen Kulturschaffenden nur beschränkte Möglichkeiten haben, in den Kreislauf der Mediatisierung einzutreten. Umgekehrt erhielten Kulturschaffende aus Ländern, die in der internationalen Mediatisierung eine größere Rolle spielen, deutlich bessere Chancen, in diesen Kreislauf einzusteigen.

Extensive Mediatisierung im internationalen Maßstabe führte also dazu, dass kulturindustriell 'Starke' stärker und 'Schwache' schwächer wurden, dass sich die Einkommens- und Beschäftigungsmöglichkeiten für Kulturschaffende jeweils deutlich verbesserten bzw. deutlich verschlechterten, solange die Entwicklung nach rein kommerziellen Prinzi-

---

38 MacBride 1980.
39 Vgl. z.B. Varis 1985, Ramsdale 2000.

pien verläuft. Da bis in die 1980er Jahre in den meisten europäischen Ländern ein Rundfunkmonopol existierte kam in dieser Phase der elektronischen Mediamorphose ebendiesen öffentlich-rechtlichen Rundfunkanstalten eine Schlüsselfunktion insofern zu, als sie die Chancen von heimischen Kulturschaffenden für den Zugang zum Kreislauf der Mediatisierung ermöglichen bzw. erschweren konnten. Daher konzentrierte sich als Medienpolitik verstandene Kulturpolitik in dieser Phase hauptsächlich auf die kulturelle Funktion von Radio und Fernsehen.[40] Mit der weitgehend erfolgreich durchgesetzten Deregulierung des Rundfunkmarktes in den 1980er Jahren, in deren Zuge vor allem Kabel- und Satellitenfernsehen die europäische Medienlandschaft veränderten, wurde eine Situation geschaffen, die auch im wesentlichen den Übergang zur digitalen Mediamorphose markiert.

Die wachsende Bedeutung der Werbung

Die wechselseitigen Abhängigkeiten der Kulturindustrien und die dadurch entstehenden Einflüsse auf die Einkommens- und Beschäftigungsmöglichkeiten der Kulturschaffenden wurden in Ansätzen immer schon durch das Element der Werbung mithergestellt und zwar nicht nur durch gleichsam informelle Werbung (PR-Effekt), sondern auch durch rein kommerzielle Werbung. Ein Filmplakat ist letztlich Werbung für einen Film und bietet Beschäftigungsmöglichkeit für Grafiker, Fotografen etc. Dieses Filmplakat in der Zeitung als Inserat wiedergegeben, bringt dem Printverlag Einnahmen, die indirekt wiederum Beschäftigungsmöglichkeiten z.B. für Journalisten garantieren. Im Zuge der elektronischen Mediamorphose und der extensiven Mediatisierung wird die ökonomische Bedeutung der Werbung für die Existenz der Kulturindustrien und damit für Einkommens- und Beschäftigungsmöglichkeiten von Kulturschaffenden deutlich verstärkt. Vor allem das Entstehen privater Fernsehanstalten in Europa hat den Stellenwert der Werbeeinnahmen für die Lebensfähigkeit von solchen kulturindustriellen Unternehmungen offensichtlich gemacht, wenngleich natürlich auch eine Vielzahl der öffentlich-rechtlichen Anstalten immer schon ihr Budget zum Teil mit Werbeeinnahmen haben abdecken können.

Der Werbung kommt also in Bezug auf die Einkommens- und Beschäftigungsmöglichkeiten von Kulturschaffenden eine zumindest zweifache Bedeutung zu:

– sie bietet direkte Einkommens- und Beschäftigungsmöglichkeiten für jene Kulturschaffenden, die in der Werbewirtschaft arbeiten; und

---

40 Z.B. Blaukopf 1989, zusammenfassend: Smudits 1996.

- sie sichert indirekt Einkommens- und Beschäftigungsmöglichkeiten für Kulturschaffende, die in Medienunternehmen beschäftigt sind, indem sie eine existenzsichernde Einnahmequelle für die meisten dieser Unternehmen darstellt.

Einen zusätzlichen – im Verhältnis zu diesen beiden Komponenten aber wohl marginalen – Stellenwert in Bezug auf Einkommens- und Beschäftigungsmöglichkeiten von Kulturschaffenden hat die Werbung schließlich, wenn sie als Instrument zur Verkaufsförderung kulturindustrieller Güter und Leistungen selbst eingesetzt wird (z.B. Inserate für Plattenneuerscheinungen, Filme etc.).

Im Zuge der wachsenden Bedeutung der Werbung im kulturindustriellen Kontext, die auch mit der ständigen Suche nach neuen Möglichkeiten Werbung in den Programmen der Kulturindustrien unterzubringen einhergeht, lässt sich eine Tendenz zur Verschmelzung 'redaktioneller' und 'werbender' Botschaften erkennen. Denn im Zuge der Kanalvermehrung wird es für den RezipientInnen natürlich immer leichter, der Werbung auszuweichen (Kanalwechsel bei Werbung; Zapping; Ausblendung der Werbung bei Videoaufzeichnung etc.) und so ist es nur folgerichtig für die Werbung, die Attraktivität des 'normalen' Programms anzustreben. Dass eine solche Tendenz erneut die formalen und inhaltlichen Aspekte der Arbeit von Kulturschaffenden und damit vermittelt auch deren Einkommens- und Beschäftigungsmöglichkeiten beeinflusst, muss nicht betont werden. Wer sich der Werbeästhetik aus künstlerischen Gründen verweigert, begibt sich einer Einkommenschance.

Zusammenfassung: Auswirkungen der ersten beiden technischen Mediamorphosen

Die erste Form der technischen Vermittlung setzt sich mit der **'chemisch-mechanischen Mediamorphose'** durch; sie ist charakterisierbar durch Fotografie und Grammophon sowie in weiterer Folge durch den Film. Diese Mediamorphose, in deren Zuge historisch erstmalig ein unmittelbarer 'Abdruck' der Welt mittels technischer Apparaturen ermöglicht wird, stellt einen radikalen Einschnitt in der Entwicklung der Kommunikationstechnologien dar. Beinahe parallel dazu entwickelt sich die **'elektronischen Mediamorphose'**, in deren Zuge alle Arten von Ton- und/oder Bildaufzeichnung und/oder -übertragung möglich werden. Sie treibt die technische Vermittlung voran und bringt eine technikintensive Kommunikationskultur hervor: erstmals werden auch Apparaturen zum Dekodieren unabdingbar.

Mit diesen beiden Formen von technischen Mediamorphosen, der 'chemisch-mechanischen' und in weiterer Folge der 'elektronischen' setzt ein dramatischer Wandel des Kulturschaffens ein, dessen Folgen bis heute nicht vollständig aufgearbeitet sind und der gegenwärtig in Form der dritten technischen, der digitalen Mediamorphose vorangetrieben wird.

Kurz zusammengefasst lässt sich diese Entwicklung folgendermaßen darstellen:

Neu entstehende und expandierende Kulturindustrien (Phonoindustrie, Filmwirtschaft, Rundfunk, Fernsehen, Werbung) schaffen neue Einkommens- und Beschäftigungsmöglichkeiten für beinahe alle Kulturschaffenden.

Gleichzeitig sind neue künstlerische Tätigkeitsbereiche entstanden, wie z.B. Filmschaffende, TonmeisterInnen, StudiomusikerInnen, AV-KünstlerInnen etc. und es haben sich neue künstlerische Ausdrucksformen herausgebildet: die Pop- und Rockmusik, die Werbung oder die vielfältigen film-, radio- und fernsehspezifischen künstlerischen Ausdrucksformen, die – was immer man von deren ästhetischen Wert halten mag – ohne elektronische Mediamorphose nicht denkbar sind.

Für die reproduzierenden KünstlerInnen (MusikerInnen, DarstellerInnen) bewirkt die elektronische Mediamorphose eine Rationalisierungstendenz: einmal aufgezeichnete Vermittlungen können immer wieder, ohne Mitwirkung der Akteure, abgerufen werden.

Gleichzeitig erhöht die Zahl der Distributionskanäle (Programme) die Nachfrage nach kulturellen Gütern und Dienstleistungen. Nicht zufällig spricht man gelegentlich bereits von der 'content industry', wenn die Arbeiten von Kulturschaffenden gemeint sind.

Zum Urheberrecht kommt daher (für die reproduzierenden KünstlerInnen) das Leistungsschutzrecht hinzu, gleichzeitig aber wurden und werden eben durch die elektronische Mediamorphose die Prinzipien des geltenden Urheberrechts immer unhaltbarer. So werden z.B. durch die private Aufzeichnungsmöglichkeit unentgeltliche Werknutzungen zunehmend erleichtert und damit die Kulturschaffenden tendenziell zumindest teilweise enteignet.

Extensive Mediatisierung bewirkt eine Tendenz zur Bildung von multinationalen und multimedialen Verflechtungen. Die Kulturindustrien werden zum bestimmenden Element der kulturellen Entwicklung, Mediatisierung und Kommerzialisierung sind zentrale Merkmale der industrialisierten Kultur.

Die beinahe unbegrenzte Verfügbarkeit sämtlicher kultureller Güter und Dienstleistungen für immer größere Bevölkerungsgruppen bringt neue Rezeptionsmuster hervor, die in starkem Gegensatz zur kontemplativen Rezeption stehen und am ehesten als zerstreut, fragmentarisch bezeichnet werden können.

Dominierte in der Schriftkultur der grafische Code, so tendiert die von technischen Mediamorphosen geprägte Kultur dazu, sämtliche kulturellen Äußerungen in einen elektronischen Code übersetzbar zu machen.

Wesentliche Fortschritte bei diesen Bemühungen konnten durch die digitale Mediamorphose erreicht werden, auf die im folgenden eingegangen werden soll.

10. Kapitel

Die 'digitale Mediamorphose' als dritte technische Mediamorphose

Im Laufe der 1980er Jahre hat – wie schon mehrfach angesprochen – mit der wachsenden Verbreitung des Computers, der damit einhergehenden Durchsetzung der Digitalisierung, und mit der Entwicklung des Internet ein neuer, viel diskutierter und viel beachteter Innovationsschub im kommunikationstechnologischen Bereich Platz gegriffen, der weit über den unmittelbaren Bereich der kulturellen Kommunikation hinaus Wirkung zeigt. Vermutlich historisch erstmals wird einer Kommunikationstechnologie, nämlich dem digitalen Rechner, denn nichts anderes ist ein Computer, die Rolle einer zentralen gesellschaftlichen und vor allem wirtschaftlichen Produktivkraft zuerkannt. Die bislang beobachtbaren Auswirkungen dieses Phänomens auf gesamtgesellschaftlicher Ebene ebenso wie spezifisch für das Kulturschaffen legen daher immer deutlicher nahe, nicht bloß von einer Intensivierung der elektronischen Mediamorphose, sondern von der Herausbildung einer eigenständigen, nämlich der digitalen Mediamorphose zu sprechen.

Die Geschichte mechanischer Rechenmaschinen reicht weit zurück in die frühen Hochkulturen (Rechenbretter etc.), und bereits gegen Ende des 19. Jahrhunderts gab es Rechner, die mit Lochkarten arbeiteten, doch der Prototyp des Computers von dem weg die digitale Mediamorphose ihren Ausgang nahm, nämlich der autonom von größeren Netzwerken, auf mikroelektronischer Basis funktionierende Personal-Computer kam erst gegen Ende der 1970er Jahre auf den Markt[1], d.h. ab da gewann diese neue Kommunikationstechnologie gesellschaftliche Relevanz. Die zweite Kommunikationstechnologie, die mit der digitalen Mediamorphose identifiziert wird, nämlich das Internet, also die Verbindung von voneinander unabhängig arbeitenden Computern zu einem Netzwerk, wurde prinzipiell schon in den späten 1950er Jahren im US-Verteidigungsministerium entwickelt. Bis in die späten 1980er Jahre fanden Computer-Netzwerke aber nur im militärischen und wissenschaftlichen Bereich Verwendung, erst zu Beginn der 1990er Jahre wurde das Internet mit der Etablierung des World-Wide-Web potentiell und dann auch sehr schnell in Realiter zum 'Massenmedium'.[2]

---

1 Es war dies ein mit einem Intel-8088-Prozessor ausgestatteter IBM-PC, der sog. '8088' von 1979, vgl. Hiebel 1998: 238.
2 Zu den Entwicklungsphasen im Detail vgl. Winter 1998.

Die Schlagworte, die mit der Digitalisierung einhergehen, haben immer kürzere Lebenszyklen, was natürlich eine einigermaßen sinnvolle Bestandaufnahme, geschweige denn Analyse oder gar Prognostik erschwert. Wer spricht z.B. heute noch davon, dass die massenhafte Verbreitung von High Definition Television (HDTV) unmittelbar bevorstünde, so wie dies Anfang der 1990er Jahre vielfach prognostiziert wurde[3]. Wer hätte noch zu Beginn der 1990er Jahre vorhersagen können, dass ein wesentlicher Träger zukünftiger Kommunikationsentwicklung das Mobiltelefon sein würde. Diese Erfahrungen mahnen zumindest zur Vorsicht bei der Bewertung von Phänomenen bzw. Schlagworten wie Communication Highways, interaktive Medien, Virtual Reality, Datenkompression, E-Commerce, MP3, Nanocomputern, DVD-Brennern etc.

Was kann also das Mediamorphosen-Konzept im Hinblick auf die Digitalisierung zum gegenwärtigen Zeitpunkt angesichts beschleunigter und gleichzeitig unabsehbarer Entwicklungen leisten? Sicherlich keine langfristigen Prognosen, aber doch die Formulierung von Fragestellungen bzw. die Identifikation von Problemfeldern, die genauer und kontinuierlicher Beobachtung zu unterziehen sind, um möglichst objektive Beschreibungen dessen, was geschieht und vielleicht sogar mittelfristige Trends formulieren zu können. Die Sichtweise des Mediamorphosen-Konzepts, die von den Produktionsmitteln, also den materiellen Grundlagen des Kulturschaffens bzw. der Kunstproduktion ausgeht, sollte daher geeignet sein, einer Mythologisierung des Computers bzw. des Internets etc. entgegenzuwirken und einen klaren Blick auf den gegenwärtigen und absehbaren Strukturwandel des Kulturschaffens zu ermöglichen.

Bei der Identifikation von Fragestellungen bzw. Problemfeldern ist es naheliegend, von den Erkenntnissen, die die Analysen der vorangehenden Mediamorphosen erbracht haben, auszugehen. Denn absehbar ist, dass von dieser aktuellen Mediamorphose, wiederum sämtliche Bereiche des Kulturschaffens und der kulturellen Kommunikation betroffen sind:

– Kreation und Produktion (der Computer als Instrument zur Generierung, Bearbeitung, Speicherung und Wiedergabe aller denkbaren Texte, Bilder und Klänge),

---

3 Vgl. z.B. die Schwerpunkthefte zu HDTV des Medien-Journals 1991/4 und 1992/1. Tatsächlich wurde diese Technologie Mitte der 1990er Jahre auf Eis gelegt und der Entwicklung des digitalen Fernsehens Vorrang gegeben (vgl. Lange/Seeger 1996/97: 79ff.).

- Verbreitung (künstlerisch-kreative, aber auch kommerzielle Nutzung von Compternetzwerken, des Internets)
- Rezeption (neue Zugangsarten zu allen Arten von kulturellen Gütern und Dienstleistungen, vor allem aber die Herausbildung neuer Seh- und Hörgewohnheiten).

Entsprechend der bisherigen Vorgangsweise, werde ich im folgenden von den Produktionsbedingungen ausgehen, und dabei – anknüpfend an das vorige Kapitel – versuchen abzuklären, in welchen Bereichen eine Intensivierung der elektronischen Mediamorphose ohne grundsätzliche qualitative Veränderungen und in welchen Bereichen die Etablierung völlig neuer Strukturen absehbar ist.

Industrialisierung des Kulturschaffens

Seit der Ausbreitung der elektronischen Mediamorphose findet der überwiegende Teil der kulturellen Kommunikation in oder mit elektronischen Medien statt. Die Digitalisierung wird diese Tendenz zunehmender Mediatisierung zumindest vorläufig verstärken, denn zumindest der Computer, und erst recht der vernetzte Computer, verlängert die Kommunikationskette erneut. Grundsätzlich sind bezüglich der Digitalisierung zwei Phänomene zu unterscheiden: einmal, dass die digitale Kodierung bei herkömmlichen elektronischen Geräten Verwendung findet, was z.B. im Falle des Radios für NutzerInnen kaum merkbar ist, was aber im Falle der Ton- und Bildträger eine weitgehende Ablöse einer elektronischen Kommunikationstechnologie (Schallplattenspieler, Videorecorder) durch eine digitale (CD-PLayer, DVD-Player) mit sich brachte oder bringen wird. Zum anderen ist der Computer, bzw. sind Computernetzwerke eigenständige neue Medien, wobei es derzeit noch sehr unsicher ist, ob ein bestimmtes Gerät, und wenn ja, welches (Fernseher, Computer, Mobil-Telefon o.ä.), die Funktion einer zentralen Schnittstelle einnehmen wird können. Vieles deutet allerdings darauf hin, dass eine Ausdifferenzierung in viele benutzerfreundliche, aber prinzipiell autonome Geräte (TV mit großem Flachbildschirm, PC mit keinem Flachbildschirm, Spielkonsole, Mobil-Telefon eventuell mit Radio und MP3-Funktion, DVD-Player etc.) und nicht die Herausbildung eines zentralen Gerätes Platz greifen wird. Eindeutige Indizien gibt es allerdings dafür, dass von seiten der Industrie die Intention besteht, 1) alle Formen der kulturellen Kommunikation in einen digitalen Kode überzuführen und 2) mittels der Entwicklung von Datenträgern mit immer größerer Speicherkapazität, bzw. mittels Datenkompression auch komplexe Inhalte, wie z.B. ganze Filme, digital auf einem Datenträger speichern bzw. relativ schnell im Netz übermitteln zu können.

Diese Strategien zielen ganz offensichtlich auf eine Rationalisierung der Distribution kultureller Güter und Dienstleistungen ab, also in erster Linie auf eine diesbezügliche Kostenreduktion und daher auf potentielle Ertragszugewinne. Allerdings ist dieser Aspekt, der einer fortschreitenden Kommerzialisierung entsprechen würde, aus heutiger Sicht ein zweischneidiges Schwert. Denn bislang werden die Gewinne der Kulturindustrien noch immer in der 'Old Economy', also im Rahmen herkömmlicher 'materieller' Produktions- und Distributionsweisen bzw. im Auswerten von Urheberrechten gemacht und es gibt wenig Anzeichen dafür, dass es den Kulturindustrien problemlos und schnell gelingen könnte, weitgehende Kontrolle über eine mögliche immaterielle Distribution zu gewinnen. Genauso gut ist nämlich eine ziemlich radikale Aufstörung der vorderhand noch gesicherten Geschäftsverhältnisse denkbar, insofern, als die 'Digitalisierungs/Kompressions-Strategie' optimale, weil kaum monopolisierbare technologische Voraussetzungen für das Erstellen von Raubkopien und für die illegale Verbreitung von digitalisierten kulturellen Gütern und Dienstleistungen jeder Art via Internet ermöglicht.[4]

Conclusio: Die Digitalisierung kann eine verstärkte Mediatisierung und Kommerzialisierung der kulturellen Kommunikation mit sich bringen und damit die Industrialisierung des Kulturschaffens intensivieren, sie kann aber auch die Regeln von traditionellen Formen des Warentauschs auf eine Weise in Frage stellen, beinträchtigen oder gar konterkarieren, die völlig neue, aus heutiger Sicht nicht abschätzbare, Produktions- und Distributionsstrukturen für das Kulturschaffen ergeben. Dies kann so weit gehen, dass es möglicherweise fraglich wird, ob noch von Industrialisierung im herkömmlichen Sinne gesprochen werden kann. Viel wird bei dieser Weichenstellung davon abhängen, ob und wie weit es den Kulturindustrien gelingen kann, die Kontrolle über die 'Digitalisierung' zu erlangen, denn vielfach wird ja von den ApologetInnen der Netzkultur behauptet, dass die eigengesetzliche Logik der Digitalisierung (und hier vor allem des Internet) traditionelle Kontrollmechanismen verunmögliche und daher zu Demokratisierung führen müsse.[5]

---

4   Zu dieser Thematik gibt es kaum gesicherte Befunde, da die meisten diesbezüglichen Veröffentlichungen vor allem im Bereich der Fachpresse, oder in Organen einschlägiger Interessensvertretungen, wie z.B. Billboard zu finden sind. Für den Bereich der Musik vgl. z.B. Flender/Lampson 2001.
5   Eher emphatische Sichtweisen vertreten z.B. Brand 1990, Bolz 1993, Negroponte 1997, Lévy 1997, eine differenzierte Darstellung findet sich bei Hartmann 2000: 308ff.

Veränderungen im Berufsstatus von Kulturschaffenden: neue Berufsfelder und neue Qualifikationsansprüche

Mit der Digitalisierung wird nach der Reproduktion kultureller Güter auch deren Produktion rationalisiert. Zu beobachten ist diese Tendenz schon im Bereich der Wortproduktion, der Grafik und des Musikschaffens: Die Textverarbeitung ist in den Printmedien und natürlich auch für die literarischen WortproduzentInnen innerhalb kürzester Zeit zum Normalfall geworden. Computer-Grafik ist ebenfalls bereits Alltag und ersetzt bzw. rationalisiert zahlreiche Arbeitsgänge in Architektur- und Grafik-Studios. Der Musikcomputer als Produktionsmittel von KomponistInnen bringt ähnlich wie ehemals die Notenschrift neue Qualitäten des Komponierens und damit neue Musiken hervor. So können KomponistInnen z.B. schon beim Komponieren selbst verschiedene Instrumentierungen bzw. Klangfarben ohne mühevolle Proben mit MusikerInnen 'durchspielen', können Improvisationen speichern und dokumentieren (sich Partituren ausdrucken lassen) und damit auch spontan entstandene Effekte verwenden. Die Sampling- und Resynthesizing-Technik erlaubt die Verwendung bzw. Generierung jeglicher Klangfarben, mittels MIDI (Music Instrument Digital Interface) lassen sich prinzipiell alle, also auch 'herkömmliche' Instrumente mit einem Musikcomputer verbinden.[6]

Die Computeranimation im AV-Bereich steckt vor allem in der 'Königsdisziplin' Kinofilm (gemessen an den denkbaren Möglichkeiten) einstweilen noch in den Kinderschuhen, derzeit sind es eher Spezialeffekte, bzw. die Architektur- und Grafik-Studios im Filmbereich, die Computeranimation bereits intensiv einsetzen, während die SchauspielerInnen noch nicht ersetzt werden. (Als Utopie werden oft 'realistische' Animationsfilme mit bereits verstorbenen Stars angesehen.)

Die Verschmelzung von Computer-Spielen mit avancierter Computer-Animation bzw. -Grafik könnte allerdings von einer anderen Seite her völlig neue Perspektiven für die AV-Medien eröffnen.

Schaffende KünstlerInnen aller Sparten verändern also ihre Arbeitsweise tendenziell, wenn sie gelegentlich oder partiell mit dem Computer arbeiten, oder sogar radikal, wenn sie dies ständig und ausschließlich tun. In Abhängigkeit davon werden auch Arbeitsweise und künstlerischer Stellenwert von nachschaffenden KünstlerInnen beeinflusst bis verändert. Zum einen erleiden sie, wie schon im Zuge der elektroni-

---

6 Vgl. dazu z.B. Claus 1991, Noll 1997, Supper 1997, Ruschkowski 1998, Smudits 2001: 260ff.

schen Mediamorphose, erneut das Schicksal, 'wegrationalisiert' zu werden, zum anderen wird ihre Leistung dequalifiziert bzw. leichter manipulierbar. Bei den Musikschaffenden sind immer weniger MusikerInnen nötig, um eine Studio-Einspielung, aber auch um ein live-Konzert zu realisieren, da der Sound meist im Musikcomputer vorfabriziert, abgespeichert und auch auf der Bühne beliebig abrufbar bzw. manipulierbar ist. Instrumentalisten erfüllen bei Konzerten daher nicht selten die Rolle von StatistInnen. Ebenso sind die einmal erbrachten Leistungen von Musikschaffenden nicht nur reproduzierbar, sondern durch digitale Bearbeitung auch soweit manipulierbar, dass sie eigentlich nur mehr Rohmaterial für den Musikcomputer abgeben – und dies oft ohne Wissen der UrheberInnen dieser interpretatorischen Leistungen.

Bei den DarstellerInnen von AV-Produktionen ist die Situation noch nicht so weit fortgeschritten, doch zeichnet sich auch hier ein Szenario ab, bei dem die eigentliche Endfertigung des Bildmaterials mittels computergrafischer Gestaltung erfolgt. SchauspielerInnen erfüllen dann eine ähnliche Funktion wie 'Lichtdoubles', (also von StatistInnen, die in einer bestimmten Szene nur dieselben Bewegungen wie die 'Stars' machen, damit das Licht richtig eingestellt werden kann) und die 'Endfertigung', also Maske, Mimik, Geschwindigkeit der Bewegungen etc. erfolgt dann am Bildschirm.

Diese absehbaren Tendenzen, die – mit Ausnahme einiger 'Superstars' – das Gros der nachschaffenden KünstlerInnen betreffen bzw. betreffen werden, dürften vermutlich zu einer 'Umorientierung' bei den Nachschaffenden führen: MusikerInnen werden sich zunehmend auch kompositorisch betätigen, denn der Schritt vom elektronischen Instrument zum Musikcomputer ist nicht weit[7]. DarstellerInnen, die mehr als bessere FilmstatistInnen sein wollen, werden sich vermutlich verstärkt auf die lebendige Darbietung in Theatern oder 'freien Gruppen' konzentrieren, mit der Hoffnung, vielleicht doch entdeckt und 'Stars' zu werden.

Weiterhin ist die Tatsache festzuhalten, dass sich mit der Digitalisierung der kulturellen Kommunikation erneut neue künstlerische Arbeitsfelder ergeben, vergleichbar den technischen Sonderberufen, die mit der elektronischen Mediamorphose entstanden sind. Das heißt, dass neue Kompetenzen nachgefragt werden, dass neue Qualifikationen erworben werden müssen. Diese Nachfrage kann zum Teil von Kultur-

---

7   Schon Anfang der 1990er Jahre äußerten in einer einschlägigen Untersuchung (Smudits u.a. 1993) zahlreiche KomponistInnen bzw. MusikerInnen, dass sie den Begriff Musikschaffende für sich vorzögen, da die Trennung zwischen kompositorischer und interpretatorischer Tätigkeit immer schwerer einzuhalten ist.

schaffenden 'traditionellen' Zuschnitts mit technischen Ambitionen, also z.B. von solchen, die ohnehin schon intensiv mit Computern arbeiten, zum Teil von 'InformationstechnikerInnen' mit künstlerischen Ambitionen bedient werden.

An der Schnittstelle ist bereits die Herausbildung eines neuen Typs von Kulturschaffenden erkennbar. Es handelt sich dabei um 'KünstlertechnikerInnen', 'Interaktive KünstlerInnen' oder 'MedienkünstlerInnen', die zum Teil noch der traditionellen 'KünstlerInnen-Ideologie' verpflichtet sind, zum Teil aber auch bereits weit davon entfernt sind, sich als 'HandwerkerInnen', 'WissenschaftlerInnen' oder 'TechnikerInnen' mit ästhetischen Kompetenzen fühlen. Dass dieser Bereich nicht nur künstlerisch-kulturell von Interesse ist, sondern auch als bedeutendes Arbeitsmarktsegment wahrgenommen und diskutiert wird belegen bereits zahlreiche einschlägige Untersuchungen und Publikationen[8]. So beschäftigte sich z.B. der Europarat bereits eingehend mit dem künstlerischen und gesellschaftsrelevanten Potential der digitalen Kultur in Europa[9] und die Europäische Kommission gab eine Untersuchung zur 'Ausschöpfung und Entwicklung des Arbeitsplatzpotentials im kulturellen Sektor im Zeitalter der Digitalisierung' in Auftrag[10]. In diesen Publikationen werden vor allem 'angewandte' Tätigkeiten thematisiert, die mit Bezeichnungen wie: Web-DesignerIn, Installations-DesignerIn, Web-PublisherIn, Screen-DesignerIn, Online-ProducerIn, InformationsbrokerIn u.ä. charakterisiert werden.

Auf der andern Seite gibt es ebenfalls bereits eine umfassende Literatur zu jener Form von Medienkunst, die sich eher als eigenständige künstlerische Gattung versteht[11], ohne allerdings gleichzeitig die wesentliche Rolle der Technologie bzw. der Wissenschaft in diesem Zusammenhang zu leugnen, im Gegenteil, sehr oft wird ein Selbstverständnis propagiert, das dem der 'Zukunftsforschung' sehr nahe kommt.[12] Das Verhältnis von Kunst und Wissenschaft wird in diesem Zusammenhang z.B. folgendermaßen beschrieben:

'Art and Science: Our two modes of experimentation, deriving an order from things observed, have proposed in the modern era a New Renaissance: science, by inventing a new space, and art, by prefiguring that space and making it habitable and part of the human experience'[13]

---

8 Z.B. Hummel/Götzenbrucker 1997, Naumann 1999.
9 Vgl. Council of Europe 1997, Mediacult 1999.
10 Vgl. Europäische Kommission 2001, Österreichische Kulturdokumentation 1999.
11 Z.B. Schwarz/Shaw 1996, Dinkla 1997, Gendolla 2001.
12 So z.B. im Projekt des Europarates 'New Ideas in Science and Art', Council of Europe 1997.

MedienkünstlerInnen erkunden also die Möglichkeiten, die die neuen digitalen Kommunikationstechnologien eröffnen, sie experimentieren gleichermaßen mit ihnen und zwar, im Gegensatz etwa zu Web-DesignerInnen, die ja in letzter Konsequenz doch einen kommerziellen Auftrag haben, aus rein künstlerischen Motiven. Das Ergebnis dieses Experimentierens kann aber durchaus 'marktfähige' Produkte hervorbringen. So sind zahlreiche Arbeiten aus dem Bereich interaktiver Medienkunst mutatis mutandis als Inhalte von Computerspielen wiedererkennbar.[14] Das Experimentieren mit digitalen Kommunikationstechnologien ist deshalb so ertragreich, weil die 'banale', alltägliche Nutzung des Computers und des Internet meist nur einen sehr geringen Teil des Potentials dieser Kommunikationstechnologien tatsächlich beansprucht[15], und weiters, weil auf Grund der rasanten Entwicklung sogar in 'veralteten' Computermodellen noch einiges zu entdecken ist.

Allerdings ist die präformierende Kraft der Computerprogramme dazu geeignet, dass die Unterscheidung zwischen MedienkünstlerInnen, die dem traditionellen KünstlerInnenbild entsprechen und 'angewandten' MedienkünstlerInnen (Web-Design etc.), sowie zwischen TechnikerInnen und KünstlerInnen ganz allgemein möglicherweise von immer geringerer Bedeutung wird, etwa wenn die Grenze zwischen TechnikerInnen bzw. 'Angewandten', die Programme für KünstlerInnen erstellen und KünstlerInnen, die mit diesen Programmen arbeiten wollen, verschwimmen.

In diesem Zusammenhang ist durchaus auch die Herausbildung eines neuen Kunstbegriffs absehbar bzw. bereits im Gange, der jenseits der Unterscheidung von traditionellem und angewandtem Kunstverständnis liegt. Pointiert gesagt: Die künstlerische Avantgarde des digitalen Zeitalters sitzt möglicherweise bereits heute in den research and development departments des Computerspiele-Herstellers Nintendo.

---

13 Council of Europe 1997: 8.
14 Zum Beispiel die Arbeiten von Jeffrey Shaw, vgl. Dinkla 1997: 97.
15 Hier ist die einfachen ComputerbenutzerInnen bekannte Tatsache zu bedenken, dass ja nur ein geringer Teil der Möglichkeiten, die ein Computer theoretisch bietet, genutzt werden, und weiters, dass dasselbe für beinahe jede beliebige Software gilt, was bedeutet, dass es eine ganze Menge Neuland zu entdecken gibt.

Formelle Subsumtion, neue Selbstständige: fortschreitende Flexibilisierung

Das bisher Ausgeführte legt nahe von einer Fortschreibung der mit der elektronischen Mediamorphose begonnenen Entwicklung auszugehen:

- die Rationalisierung weitet sich aus

- die Nachfrage nach technischen Kompetenzen und neuen Qualifikationen steigt

- der Arbeitsprozess wird erneut verändert, künstlerische Arbeit wird – im schaffenden wie im angewandten, aber auch im nachschaffenden Bereich technikintensiver und 'technikbewusster'.

Da der Stellenwert der Kulturindustrien für die Kulturschaffenden zweifellos weiterhin steigt (ich komme darauf noch zurück), ist zu fragen,

- ob auch weiterhin von einer zunehmenden reellen Subsumtion unter die industrielle bzw. kapitalistische Produktionsweise der Kulturindustrien gesprochen werden kann,

- und ob die Entwicklung anhält, dass sich der Berufsstatus von immer mehr Kulturschaffenden von einem selbstständigen in einen unselbstständigen verändert bzw. verändern muss.

Hier gibt es nun eindeutige Anzeichen dafür, dass dem nicht so ist. Vielmehr ist davon auszugehen, dass im Zuge der digitalen Mediamorphose sowohl formale Subsumtion wie auch selbstständige künstlerische Arbeit wiederum im Zunehmen begriffen sind.

Die empirischen Befunde sind zwar karg und schwer vergleichbar, sie reichen aber meines Erachtens aus, um einen Einbruch der bis zu den 1980er Jahren deutlich nachweisbaren Entwicklung in Richtung zunehmender reeller Subsumtion zu belegen. So ist etwa im Bericht der Europäischen Kommission zur Kulturwirtschaft in Europa aus 1998, dem immerhin die verfügbaren einschlägigen empirischen Untersuchungen zugrunde liegen, zu lesen: „Für alle Länder der Europäischen Union gilt, dass die Arbeitsplätze im Kulturbereich in sehr kleinen Unternehmen angesiedelt sind bzw. die Tätigkeit freischaffend ausgeübt wird (...) In Italien sind 28,3% der Erwerbsbevölkerung selbstständig: für die darstellende Kunst beträgt der Anteil 45,6%, für die Film- und Fernsehindustrie 38,6% und für den Kunsthandel 71% (...). Im Vereinigte Königreich hat die Zahl der Selbstständigen im Kulturbereich um 91% zugenommen (53% in der Wirtschaft insgesamt) – gegenüber einem Anstieg von 12% bei den abhängig Beschäftigten. In 97% der Kultureinrichtungen sind weniger als 9 Personen beschäftigt."[16]

Und in einem anderen, ebenfalls im Auftrag der Europäischen Kommission erstellten Bericht aus dem Jahre 2001 zum ‚digitalen Arbeitsmarkt' wird das Verhältnis von FreiberuflerInnen und Festangestellten in sogenannten TIMES-Unternehmen (**T**elekommunikation, **I**nternet, **M**ultimedia, **E**lektronischer Handel, **S**icherheit) als Indikator zur Beschreibung dieses Berufsfeldes herangezogen. Dabei zeigt sich, dass bei den EU-15 1,3, weltweit 1,2 und in den USA (interessanterweise nur) 0,9 FreiberuflerInnen auf eine/n Festangestellte/n kommen, was bedeutet, dass in der EU gut 55% der in diesem Sektor Beschäftigten freiberuflich tätig sind. Dass es sich dabei um eine steigende Tendenz handelt, legt der Befund nahe, wonach in Betrieben, die vor 1998 gegründet wurden, der Freiberufler-Indikator 1,2 und in Betrieben, die seit 1998 gegründet wurden, dieser Indikator bereits 1,6 ausmacht.[17]

Für Österreich liegen Ergebnisse einer Untersuchung zur Lage weiblicher Kulturschaffender vor, darin werden die folgenden Selbstständigen-Anteile ausgewiesen: Bildende Kunst: 54,9%, Darstellende Kunst 14,6%, Musik 16%, Literatur 14,6%.[18] Sieht man sich allerdings die Anteile jener Frauen an, die bezogen auf die Krankenversicherung angeben, als Künstlerin angestellt zu sein, sehen die Werte anders aus: Bildende Kunst: 3,4%, Darstellende Kunst 47,9%, Musik 26,7% und Literatur 1,7%. Das bedeutet, dass viele der Unselbstständigen in einem Zweitberuf angestellt, mitversichert oder arbeitslos sind, und weiters dass die Unselbstständigen-Anteile deutlich geringer sein dürften, als dies noch 1981 der Fall war[19].

<u>Die Ursachen für diese Entwicklung sind in erster Linie in der Miniaturisierung und Verbilligung der Produktionsmittel zu sehen. Ein wesentlicher Grund für die Zunahme reeller Subsumtion im Zuge der elektronischen Mediamorphose bestand ja darin, dass die Produktionsmittel für einzelne immer weniger erschwinglich oder handhabbar wurden.</u>

---

16 Europäische Kommission 1998: 18f. Die Zahlen für das Vereinigte Königreich beziehen sich auf den Beginn der 1990er Jahre.
17 Europäische Kommission 2001: 44f.
18 Vgl. Almhofer u.a. 200: 84ff.
19 Die Relation der Volkszählungsdaten 81 (nach Smudits 1988) zu Almhofer 2000 sieht folgendermaßen aus: Bildende Kunst: 63,3% : 3,4%, Darstellende Kunst 78,4% : 47,9%, Musik 82,4% : 26,7%, Literatur 73,7% : 1,7%. Auf Spezifika, dass Frauen eher zu einer angestellten Tätigkeit tendieren und dass die Untersuchung sich eher an einem traditionellen Verständnis künstlerischer Identität (vor allem bei der Bildenden Kunst und der Literatur) orientiert, soll hier nicht näher eingegangen werden. Die grundlegende Tendenz würde sich nicht ändern.

Ein Tonstudio, eine Grafik-Werkstätte, ein Fernseh- und erst recht ein Filmstudio beanspruchten Raum, meist großen Raum, brachten nicht nur entsprechende Investitions- sondern auch Erhaltungskosten mit sich, verlangten nach arbeitsteiliger Nutzung usw. Mit immer kleineren, handhabbareren und auch billigeren Produktionsmittel, die im Zuge der Digitalisierung auf den Markt kamen, änderte sich dies sehr schnell. Ein Buch, eine CD, ein Video kann heute prinzipiell schon im 'Schlafzimmer' (gelegentlich ist die Rede von 'bedroom productions') hergestellt werden, ohne dass deshalb das professionelle Niveau darunter leiden muss. Der Filmbereich ist derzeit diesbezüglich noch der am wenigsten 'miniaturisierte' Bereich, allerdings erscheinen entsprechende Entwicklungen (computergenerierter Film) auf lange Sicht durchaus wahrscheinlich.

<u>Auf diese Entwicklungen wurde von den Kulturindustrien mit der Auslagerung, dem sogenannten 'outsourcing', von kreativen Arbeitseinheiten reagiert, was durchaus einem Rationalierungsinteresse entsprach, dessen Motiv vor allem in der Kostenreduktion zu sehen ist.</u> Da große 'Maschinenparks' immer weniger notwendig wurden, um Produktionen, die professionelle Standards erfüllen, zu erstellen, lohnte es auch nicht mehr, solche anzuschaffen, instandzuhalten und von mehr oder weniger festangestellten Kulturschaffenden ständig am Laufen zu halten. Die Kulturindustrien begannen statt dessen vermehrt die Arbeit von selbstständigen Kulturschaffenden nachzufragen, erteilten Aufträge an diese – also nach 'außen' – z.B. zur Herstellung einer Hörfunksendung, eines TV-Films, eines druckfertigen, also schon layoutierten Textes, einer Tonträgerproduktion. Und die entsprechenden Kulturschaffenden, die diese Aufträge mit eigenen Produktionsmitteln nunmehr leicht und gut herstellen können, begannen Klein- bis Kleinstunternehmen zu gründen, um wiederum ihre Produkte großen Unternehmen anzubieten. Gerade im 'computerspezifischen' Bereich ist diese Entwicklung besonders auffällig: der Mythos von Bill Gates (Microsoft) und Steve Jobs (Apple), die angeblich in Garagen ihre Unternehmen begründet haben findet seinen Widerhall in zahllosen Kleinstfirmen, die kreative Arbeit in Bezug auf ästhetische Dimensionen des Computers (Screen-Design, Web-Design, Sound-Production etc.) leisten.

Diese Tendenz zur 'Auslagerung' kreativer Arbeit aus dem industrialisierten Bereich des Kulturschaffens beginnt etwa seit den 1980er Jahren, also seit dem Einsetzen der digitalen Mediamorphose, merkbare Spuren zu hinterlassen. Das Phänomen, das in der Industriesoziologie als 'flexible Spezialisierung' diskutiert wird[20], wird auch und vielleicht sogar gerade im Kulturbereich wirksam. Gemeint ist mit diesem indu-

---

20 Vgl. Piore/Sabel 1985, Hesmodhalgh 1996, Prokop 2001.

striesoziologischem Terminus, dass die Betroffenen, also z.B. 'ausgelagerte' Kulturschaffende, einerseits ein breites Kompetenzspektrum aufweisen müssen und andererseits in der Lage sein sollen, auf sehr spezifische, projektbezogene Anforderungen optimal eingehen zu können. Es entstehen Bereiche, die den Kulturindustrien vorgelagert, bzw. diesen ausgelagert sind. Hier sind KünstlerInnen im traditionellen oder in einem vollkommen neuen (z.B. als 'digitale KleinunternehmerInnen') Sinn tätig.

In diesem Zusammenhang ist anzumerken, dass von manchen AutorInnen Frühformen der flexiblen Spezialisierung im kulturellen Sektor bereits in den 1950er Jahre identifiziert werden, als im Filmbereich das oligopolistische Studio-System[21] zurückgedrängt wurde und zahlreiche unabhängige Produktionsfirmen entstanden und im Musikbereich kleine Plattenfirmen eine wichtige Rolle als Entdecker und Promotoren innovativer Musikschaffender zu spielen begannen[22]. Auch diese Phänomene werden als Auslagerung der eigentlich kreativen Arbeit aus dem eher industriellen Produktionsprozess beschrieben. Diese Gleichsetzung trifft bis zu einem gewissen Grad natürlich zu, allerdings ist ein wesentlicher Unterschied festzuhalten: die kleinen Unternehmenseinheiten der 1960er Jahre funktionierten im Prinzip ebenso arbeitsteilig wie die große Industrie, die kleinen Unternehmenseinheiten nach der digitalen Mediamorphose können im Prinzip aus einer einzigen Person bestehen, die den kompletten Arbeitsprozess von der Idee bis zum fertigen Endprodukt überschaut und durchführt. Damit ist aber die Arbeitsweise eine völlig andere.

Wie ist diese Entwicklung für den beruflichen Status der Kulturschaffenden nun einzuschätzen? Handelt es sich um eine Befreiung von den Zwängen industrieller Produktion, um eine Re-Autonomisierung künstlerisch-kultureller Arbeit, oder handelt es sich um den Verlust sozialer und ökonomischer Absicherungen. Naheliegenderweise gibt es dazu unterschiedliche ideologische Positionen, (die so alt sind wie die Industriegesellschaft), objektiv spricht allerdings wenig dafür, dass sich die soziale Lage der Kulturschaffenden damit verbessert hätte.[23] Darüber hinaus ist auch festzuhalten, dass die Abhängigkeiten zu bestimmten AuftraggeberInnen ja weiterhin bestehen, ja notwendigerweise von den Betroffenen sogar gut gepflegt werden müssen. Der nicht unwesentliche Unterschied ist aber damit gegeben, dass Krankenstände, Urlaube und ähnliche soziale Absicherungen wegfallen, dafür die

---

21 Das Studiosystem zeichnete sich dadurch aus, dass DrehbuchautorInnen, Filmteams etc. festangestellt waren, in einer sogenannten 'Filmstadt' arbeiteten, in der mehrere Filme gleichzeitig produziert wurden, vgl. dazu Prokop 1995.
22 Vgl. Hesmonhalgh 1996: 470f.

Buchhaltung anfällt – und dass schließlich bessere AuftraggeberInnen ständig gesucht und gefunden werden können.

In einer von der Europäischen Union initiierten Untersuchung zum 'digitalen Arbeitsmarkt' werden diese Probleme deutlich angesprochen:

„Der berücksichtigten Literatur zufolge ist in allen EU-Staaten eine hohe Zunahme an 'atypischen', prekären Beschäftigungsformen zu verzeichnen. In fast allen Studien zu diesem Thema wird betont, dass der Sektor Kunst, Kultur und Medien erheblich von **atypischen Beschäftigungsformen** gekennzeichnet sei. Diese atypischen Beschäftigungsformen zeichnen sich aus durch:

- Flexibilität
- Mobilität
- Projektarbeit
- kurzfristige Verträge
- Teilzeitbeschäftigung
- freiwillige oder sehr schlecht bezahlte Aktivitäten
- arbeitgeberähnliche Beschäftigte, Scheinselbstständige/Freiberufler

Die verfügbaren Berichte betonen die Tatsache, dass der Kultursektor zum überwiegenden Teil aus Kleinunternehmen (mit weniger als 10 Mitarbeitern), Mikro-Unternehmen und Freiberuflern bestehe. Diese 'neuen Selbstständigen' oder 'Freiberufler' werden einerseits heroisch als 'Mikro-Unternehmer' oder als 'Unternehmer in das eigene Humankapital' beschrieben, andererseits aber auch als 'Job-Sklaven', 'Taglöhner', 'WanderarbeiterInnen' oder als 'Scheinselbstständige'."[24]

Dass sich bei einer intensiveren Auseinandersetzung mit einem sehr konkreten Bereich des Kulturschaffens durchaus Hinweise für das Entstehen von neuen Formen künstlerischer Produktion und künstlerischen Selbstverständnisses ergeben, die in sehr allgemein ausgerichteten Aussagen wie den obigen (deren Stichhaltigkeit damit nicht in

---

23 Der Vergleich mit der 'Freisetzung' der Kulturschaffenden aus feudalen Abhängigkeitsverhältnissen drängt sich auf: auch damals wurden KünstlerInnen autonom, mussten sich an anonymen Märkten orientieren und nicht an den Wünschen ihrer 'Arbeitgeber'. Und zur Hochblüte des bürgerlichen KünstlerInnen-Ideals gab es eben auch die Boheme. Eine ausführlichere Analyse dieser tendenziellen Analogie ist hier allerdings nicht möglich, angemerkt sei nur, dass die These von der 'Refeudalisierung' im Zusammenhang mit der elektronischen Mediamorphose ebenso problematisch war, wie die von einer möglichen Re-Autonomisierung im Zuge der digitalen Mediamorphose.

24 Europäische Kommission 2001: 28, Hervorhebung im Original.

Frage gestellt werden soll) keinen Platz haben, lässt sich am Beispiel der 'Neuen elektronischen Musik' (eher popularmusikalischer Prägung) nachvollziehen[25]. Diese erlebte in den 1990er Jahren befördert eben durch Miniaturisierung und Verbilligung der Hardware einen Boom, der sich u.a. in der Ausdifferenzierung verschiedenster Subgenres von Techno, House und auch HipHop ausdrückte. Das Segment, bei dem die Trennung von Komposition, Interpretation und Produktion kaum mehr sinnvoll und möglich war, wuchs. Neu hinzugekommen ist noch ein zusätzliches Phänomen, nämlich, dass zunehmend Disc-Jockeys begannen, als MusikerInnen/ProduzentInnen in Erscheinung zu treten. Im Zuge dieser Entwicklung konnte das Entstehen von relativ vielen, relativ kleinen Produktionseinheiten festgestellt werden, die seither in einem breiten Betätigungsfeld aktiv sind, was bis zu einem gewissen Grad auch Unabhängigkeit sichern kann und soll: zur Tätigkeit als Disc-Jockey und zum Produzieren eigener Tonträger wie zum Produzieren von anderen Acts[26] kamen noch Auftragsarbeiten für die Werbung, für die Privatwirtschaft, für Rundfunkstationen (Sound-Design), für den Kunstsektor, sodass eine Abhängigkeit von den großen Tonträgerunternehmungen oder davon, andere Acts aus finanzieller Not produzieren zu müssen gut umgangen werden konnte. Eigenproduktionen z.B. werden oft gar nicht als Verkaufserfolge konzipiert, sondern gleichsam als musikalische Visitenkarte, auf Grund deren Qualität Aufträge als Disc-Jockey erfolgen. Vor diesem Hintergrund erhält die Tonträgerproduktion natürlich einen völlig anderen Stellenwert, kann durchaus auf engste Nischen hin konzipiert werden und es müssen nicht von vornherein Zugeständnisse an den breiteren Massengeschmack gemacht werden.

<u>Zusammen mit der relativ leicht erreichbaren produktionstechnischen Unabhängigkeit entsteht hier ein neuer Typus des Musikschaffenden, den ich vom Habitus her als Musikgewerbetreibende/n bezeichnen möchte. Ziel ist nicht, ein berühmter Star, ein großer Act zu werden, sondern durch Diversifizierung der Arbeitsbereiche, durch Flexibilisierung also, eine gewisse ökonomische Unabhängigkeit zu erlangen, die auf länger Sicht auch in künstlerischer Hinsicht ermöglich, zu tun, was Spaß macht.</u> Dieser eher kaufmännisch-nüchterne denn künstlerisch-idealistische Grundeinstellung <u>begünstigt auch eine eher gelassene Haltung gegenüber dem Big Business.</u> Der große Erfolg oder Durchbruch ist natürlich nicht ausgeschlossen – z.B. eine Nummer auf einer CD etwa von Madonna oder Michael Jackson produzieren zu

---

25 Die folgenden Überlegungen fundieren auf empirischen Untersuchungen, die MEDIACULT in diesem Bereich durchgeführt hat, vgl. vor allem Mediacult 2001.
26 Mit dem Begriff 'Act' wird im Musikbusiness eine 'musikalische Produktionseinheit' verstanden: ein Star, eine Gruppe, ein Orchester, ein Duo etc.

können und dann als neuer Produzentenstar in aller Munde zu sein – unabdingbares Ziel ist er nicht.

Ob nun die Kulturschaffenden nach der digitalen Mediamorphose dauergestresste TaglöhnerInnen oder gelassene Kleingewerbetreibende sein werden, kann aus heutiger Sicht unmöglich beantwortet werden. Vermutlich werden die beide genannten Varianten die Enden eines breiten Feldes abstecken. Sicher kann allerdings davon ausgegangen werden, dass die Rolle der Kulturschaffenden, ihr beruflicher Status und ihre gesellschaftliche Funktion unter digitalen Bedingungen neu zu überdenken sein wird: Schlagworte wie Entindividualisierung, Anonymisierung der Kreation angesichts allmächtiger Kulturindustrien, aber auch Re-Autonomisierung, Deprofessionalisierung, ja Amateurisierung begünstigt durch die immer leichtere Verfügbarkeit von hochwertigsten Produktionsmitteln und die wachsenden Zugangsmöglichkeiten zu einer breiten Internet-Öffentlichkeit als potentiellem Publikum mögen hier nur als Hinweise dienen.

Urheber- und Leistungsschutzrecht

Die mit der elektronischen Mediamorphose einsetzende Irritation des Urheberrechts wird mit der Digitalisierung eindeutig vorangetrieben. Gleichzeitig und ebenso eindeutig ist auch der weiterhin wachsende Stellenwert, den die Einkünfte z.B. für die Musikschaffenden ausmachen, die auf technische Vermittlung ihrer Arbeit zurückzuführen sind. Damit sind natürlich Ausgangsbedingungen für eine brisante Zuspitzung der Probleme um die Anwendbarkeit und Exekutierbarkeit des geltenden Urheberrechts gegeben[27]. Zumindest drei Phänomene sind seit den 1980er Jahren zu beobachten, die mit schwer- oder unkontrollierbarer Werknutzung einhergehen und die mit den Schlagworten 'Sampling', 'CD-Brennen' und 'MP3' charakterisiert werden können.

– das Sampling, also das Verwenden von Elementen von Musik, die bereits auf Tonträgern verfügbar sind. Dabei kann es sich um einen signifikanten Sound, z.B. eines bestimmten Instruments, um eine kurze Tonfolge, ein musikalisches Pattern, das aus dem Zusammenhang gerissen, kaum wiedererkennbar ist, ebenso handeln, wie um größere, leicht wiedererkennbare Passagen eines mehr oder weniger bekannten Musikstücks. Dies war natürlich theoretisch auch schon mit der analogen Tonbandtechnologie möglich, das 'Zusammenkleben' vorhandener Tonband-

---

27 Vgl. die Überblicksdarstellungen Zanger 1996 oder Flender/Lampson 2001, zur internationalen Diskussion z.B. Unesco 1998: 210ff.

schnipsel war allerdings mühselig und beim Kopieren gab es immer Qualitätsverluste (Rauschen etc.). Im Zuge der Digitalisierung erhielt das Kopieren von Musik eine völlig neue Qualität: digitale Samples sind Kopien ohne Qualitätsverlust, die noch dazu beliebig bearbeitet, weiterkopiert, z.B. zu Endlosschleifen umgestaltet, aber auch verfremdet und bis zur Unkenntlichkeit umgestaltet werden können.

Der Sampling-Begriff findet vor allem im Bereich der Musik Verwendung, ist aber auch für den Bereich der Bildenden Kunst, der Computergrafik, ja sogar bei audiovisuellen Produktionen beobachtbar. Dass im Bereich der Werbegrafik zahlreiche Arbeitsschritte, die beim Collagieren, einer zentralen Vorgangsweise in diesem Bereich, in den Computer 'gewandert' sind, verwundert nicht. Dass es sich letztlich auch hierbei um eine Form des Samplings handelt wird aber vielleicht klarer, wenn die Arbeit eines 'Kunstmalers' als Beispiel herangezogen wird: der Bildende Künstler Jeff Koons 'generiert' Bilder am Bildschirm, indem er 'Schnipsel' von Illustrierten, Prospekten, Reisekatalogen etc. collagiert und mit einem Grafikprogramm farblich und formlich überarbeitet. Mit dem 'Farbausdruck' ist die eigentliche kreative Arbeit erledigt. Die Acryl-Bilder in Großformat, die dann in Auststellungen zu sehen sind, stellen MitarbeiterInnen von Koons her.[28] Im Bereich audiovisueller Produktionen ist z.B. bei zahlreichen Werbespots oder Musikvideos festzustellen, dass hier neben vielen computergenerierten Effekten, auch Zitate berühmter Filmszenen Verwendung finden, die ebenfalls mittels einschlägiger Computerprogramme verfremdet werden und manchmal nur ansatzweise wiedererkennbar sind.

Mit dem Produktionsmittel Computer bzw. den entsprechenden Programmen zum Kopieren und Bearbeiten von auditivem, visuellem oder audiovisuellem Material ergeben sich also neue Produktionsweisen für die Kulturschaffenden, bei denen die Frage nach Originalität, und damit nach Urheberschaft neu zu stellen ist.

Die Kreativität und Originalität, die in den ursprünglichen Materialien steckt, sowie jene, die im verwendeten Programm steckt wird immer schwerer zu trennen von der Kreativität der Kulturschaffenden, die diese Ausgangsmaterialien mit entsprechenden Programmen bearbeiten.

Damit ist natürlich die Frage des Urheberrechts angeschnitten. Bis wohin ist die Verwendung von bereits vorhandenen Klang- oder Bildmaterialien eigenständige schöpferische Leistung und ab wann handelt es sich dabei um (tantiemenpflichtiges) Zitat?[29] Wie kommen Kulturschaffende, deren Arbeit gesampelt wird, zu den ihnen zustehenden Abgel-

---

28 Vgl. Schneider 2001.
29 Vgl. z.B. Bindhardt 1998.

tungen für Werknutzungen? Wie sollen oder können künstlerische Softwareprogramme (die ja letztlich verdinglichte Kodes und also Arbeitsvermögen sind) urheberrechtlich geschützt werden? usw. usf.

– das CD-Brennen

ist eine populäre Bezeichnung für das Kopieren bespielter Ton- oder Bildträger auf digitaler Basis. Hier handelt es sich prinzipiell um das gleiche Problem, wie jenes, das sich im Zuge der elektronischen Mediamorphose mit unbespielten Audio- und Videokassetten ergeben hatte, allerdings auf einem qualitativ 'höherem' Niveau. Waren analoge Kopien qualitativ immer ein wenig schlechter als die jeweilige Kopiervorlage, so sind digitale Kopien völlig ident mit der Vorlage. Das heißt, die hundertste auf analogem Wege hergestellte Kopie (und zwar im Sinne: Kopie der Kopie der Kopie...) nähert sich vermutlich dem 'weißen Rauschen', während die entsprechende hundertste auf digitalem Wege hergestellte Kopie sich vom Original nicht unterscheidet. Das hat Konsequenzen vor allem für die Industrie und im Weiteren auch für die UrheberInnen. Denn nunmehr werden illegal und massenhaft hergestellte CD-Kopien auch für ein Publikum mit anspruchsvollen Hörerwartungen interessant, was zu Einbrüchen beim CD-Markt auch in den entwickelten Industrienationen zu führen droht[30]. Nicht zuletzt deshalb hat sich erst in den 1990er Jahren eine entsprechende Technologie (CD-Brenner, Mini-Disc) etablieren können, nachdem die Industrie (aus den eben genannten Gründen) in den 1980er Jahren lange gezögert hat, ein digitales Nachfolgeformat für die analoge Musicassette auf den Markt zu bringen.[31] Und mittlerweile gibt es Bemühungen, diverse Formen des Kopierschutzes einzuführen, wobei es aber den Anschein hat, also ob diese nur ständig neue Herausforderung für 'Computer-Freaks' darstellen, diese Sicherungen zu 'knacken'.

Von Seiten der UrheberInnen bzw. der entsprechenden Verbände und Organisationen gibt es Kampagnen gegen das CD-Brennen, da hier gewichtige Einkommenseinbussen gesehen werden, und das nicht ohne Grund, berücksichtigt man die Tatsache, dass in den meisten EU-Ländern der Anteil an den Tantiemen-Einkünften der aus 'techni-

---

30 Massenhafte Produktion und Verbreitung von Raubkopien, sogenannte 'Piraterie' gab es natürlich auch beim analogen Kopierverfahren, allerdings vor allem in den ohnehin kaufkraftschwachen 'Entwicklungsländern' (vgl. z.B. Smudits 1998: 36f.), und auch damals schon hatte die Industrie Piraterie (zumindest rhetorisch) heftigst bekämpft (vgl. z.B. Davies 1983).
31 In diesem Zusammenhang ist erwähnenswert, dass hier die Hardware-Industrie (z.B. Hersteller von Mini-Disc-Playern oder CD-Brennern) in einen Interessenskonflikt mit der Software-Industrie (den großen Tonträgerunternehmen) geraten ist, wobei das pikante Detail am Rande ist, dass es sich dabei gelegentlich um zwei Subunternehmen eines Konzerns handelt (z.B. Sony).

scher Darbietung' rührt, deutlich über 90% liegt[32]. Allerdings ist zu bedenken, dass es sich beim erlaubten Privatkopieren wie beim illegalen Kopieren für kommerzielle Zwecke um keine grundsätzlich neuen Phänomene handelt und dass das Prinzip der Leerkassettenabgabe auch auf die neuen Tonträgerformate ausgeweitet wurde. Ob der Rückgang der Tonträgerumsätze zu Beginn des 21. Jahrhunderts tatsächlich auf vermehrtes Kopieren oder auf andere – möglicherweise auch 'innermusikalische' Gründe – zurückzuführen ist, bedürfte eingehender Analyse.

Ebenfalls als Grund für den Rückgang der Umsätze der Musikindustrie wird eine tatsächlich völlig neue Form der Verbreitung von Musik angesehen, nämlich die mit dem Schlagwort

MP3

charakterisierte Verbreitung von Dateien mit musikalischen oder audiovisuellen Inhalten über Computernetzwerke.[33] Der Vorgang ist kurz zusammengefasst folgendermaßen beschreibbar: mittels Datenkompression wird die Datenmenge eines Musikstücks um den Faktor 12 reduziert, ohne dass dadurch große Einbussen bezüglich der Klangqualität in Kauf genommen werden müssen. Diese 'Musik-Files' sind nun auf der Festplatte des Computers speicherbar und auch über (ohnehin immer leistungsfähigere) Computernetzwerke relativ schnell übermittelbar. Mittels spezifischer Software können nun Musikfiles beliebig versandt, gesucht, ausgetauscht, verkauft, vermietet etc. werden. Die Files können aus dem Netzwerk bzw. von der Festplatte auf spezielle Wiedergabegeräte geladen werden (MP3-Player) oder auf eine CD gebrannt werden. Tatsächlich verbreitete sich diese Form der weitgehend kostenlosen Aneignung von Musik vor allem bei jüngeren, mit dem Computer gut vertrauten Menschen sehr rasch. Die Geschädigten waren und sind, wie beim 'CD-Brennen' die Musikindustrie bzw. die Musikschaffenden. Folgerichtig versuchte die Industrie sehr bald, die neue Technologie in Griff zu bekommen und kaufte einschlägige Unternehmen, die sich auf den Austausch von Musik-Files spezialisiert hatten, auf[34], oder reichten Klagen ein, die zur 'Schließung' dieser Firmen (bzw. Server) führten, wobei allerdings für jede geschlossene Firma einige neue mit z.T. einer anderen Software arbeitende Firmen entstanden. Wie diese Entwicklung weitergehen wird, ist aus heutiger Sicht unmöglich zu beurteilen, allerdings kann davon ausgegangen

---

32 Vgl. European Music Office 1996: 29, bzw. oben Kapitel 9, Fußnote 31.
33 Vgl. dazu z.B. Tschmuck 2001.
34 Der nach MP3 bedeutendste Musik-Server im Internet, nämlich Napster, wurde im Jahr 2000 von der Bertelsmann-Gruppe gekauft.

werden, dass ein Zurück hinter die mit digitalen Aufzeichnungs- bzw. Kopier- und immateriellen Verbreitungsmöglichkeiten geschaffenen Verhältnisse nicht möglich ist, d.h. die 'alten' Produktions- und Distributionsstrukturen sind mit den neuen Technologien nicht haltbar oder restabilisierbar. Eine entscheidende Rolle für die zukünftige Entwicklung wird das Vermögen der Musikindustrien spielen, die neuen Technologien für sich **und** die Musikschaffenden gleichermaßen produktiv zu nutzen, ohne das Publikum zu verärgern[35].

Bei den Musikschaffenden selbst sind unterschiedliche Haltungen festzustellen: ein Teil der etablierten Acts befürwortet Sampling und die Nutzung des Internet zur Verbreitung ihrer Arbeit, sieht dies als Teil der Promotion und Imagepflege an, ein Teil bekämpft diese Phänomene mittels Klagen und sieht darin in erster Linie den Diebstahl an ihrem geistigen Eigentum. Bei den Musikschaffenden, die vorwiegend im Bereich elektronischer Musik tätig sind, fühlen sich viele durch das geltende Urheberrecht zunächst einmal in der freien Entfaltung ihrer Arbeit eingeschränkt, für sie sollte jeder verfügbare Sound auch tatsächlich frei nutzbar sein. Weiters wird vielfach im Urheberrecht bloß ein Geschäftsbereich der 'großen Musikindustrie' gesehen, mit der 'autonome ElektronikerInnen' ohnehin nichts zu tun haben wollen (und von der sie auch nichts erwarten). Kurz: Die unterschiedlichen Haltungen sind sehr unausgegoren, z.T. überschäumend nach vorne orientiert, z.T. trotzig beharrend und entsprechen so der Unsicherheit, die der Transformationsprozess des künstlerischen Schaffens eben mit sich bringt, wenn die alten Produktions- und Machtstrukturen noch sehr präsent sind, das Entstehen von neuen Strukturen aber schon unübersehbar ist.

Nicht zuletzt muss darauf hingewiesen werden, dass das, was sich derzeit im Feld musikalischen Schaffens ereignet, vermutlich ein unbedeutendes Vorspiel dafür abgibt, was im Laufe des nächsten Jahrzehnts im Bereich der AV-Produktion zu erwarten ist. Wenn nämlich Raubkopien von Spielfilmen über das Internet verbreitet und /oder auf DVDs nachgebrannt werden können, wird der Bereich der AV-Produktion – bei dem es ja um Budgets anderer Größenordnung geht – möglicherweise so umgekrempelt, dass er nicht wiederzuerkennen sein wird.

Trotz all der Unsicherheiten in Bezug auf die zukünftige Ausformung der ökonomischen Beziehungen zwischen Kulturschaffenden und de-

---

35 Wer darin eine Quadratur des Kreises sieht, liegt vermutlich nicht ganz falsch. Und natürlich sind Entwicklungen denkbar, bei denen die Musikindustrien umgangen werden und die Vermittlung direkt von den Musikschaffenden hin zum Publikum erfolgt.

ren künstlerischen Schöpfungen, den Kulturindustrien und den RezipientInnen bzw. KonsumentInnen ist eines absehbar, nämlich dass eine gut nachvollziehbare Legitimität sowie die Exekutierbarkeit des geltenden Urheberrecht angesichts des Distributionsmediums Internet bzw. angesichts einer sich ständig ausbreitenden 'Sampling-Kultur', die das, was bislang unter Originalität und Urheberschaft verstanden wird, ignoriert bis destruiert, kaum aufrecht zu erhalten sein wird. Zur Diskussion steht daher, welche Formen der Abgeltung für künstlerische Arbeit beibehalten werden können und welche neu etabliert werden müssen. Ob es sich dabei um urheberrechtliche Regelungen, um die Entwicklung eines spezifischen Vertragsrechts oder um ganz etwas anderes handeln wird, darüber kann derzeit nur spekuliert werden.

PR-Effekt

Entsprechend der weiterhin wachsenden Bedeutung kulturindustrieller Unternehmungen werden natürlich auch weiterhin Kulturschaffende gerne und oft in den Programmen der Kulturindustrien (auch ohne Honorar) vertreten sein, um die mediale Öffentlichkeit zur Steigerung ihrer Bekanntheit und damit ihres 'Marktwertes' zu nutzen. Daneben wird sich aber möglicherweise eine völlig neue Form von Öffentlichkeitsarbeit in eigener Sache etablieren, die entscheidende Auswirkungen auf die zukünftige Funktion traditioneller, also autonomer künstlerischer Arbeit haben kann. Autonome künstlerische Arbeit, davon muss ausgegangen werden, wird immer weniger als Existenzgrundlage dienen können,

– zum Teil weil der Staat, der bislang eine wesentliche Funktion bei der finanziellen Absicherung autonomer künstlerischer Arbeit spielte, sich ganz offensichtlich aus der Rolle des Subventionsgebers zurückzuziehen beginnt,

– zum Teil, weil lebenslange Existenzabsicherung über 'Kunstmärkte'[36] nur für eine begrenzte (sicher nicht wachsende) Zahl von Personen möglich scheint, die Zahl derer, die in künstlerisch-kulturelle Berufe drängen, aber weiterhin zunimmt[37].

Vor diesem Hintergrund lässt sich zumindest für einen Teil der Kulturschaffenden ein Szenario absehen, bei dem autonome künstlerische

---

36 Damit ist hier nicht nur der Markt für 'Bildende Kunst', sondern auch der für SchauspielerInnen, MusikerInnen oder Literaturschaffende, insoferne sich diese eher einem traditionellen Verständnis von Kunst verpflichtet fühlen, also einem Verständnis, bei dem Geld keine große Rolle spielen darf.
37 Zum Rückzug des Staates vgl. Wagner/Zimmer 1997, zum Wachstum des Kultursektors vgl. Europäische Kommission 1998: 2f.

Produktion den Stellenwert einer 'Visitenkarte' erhält, die den Zugang zum finanziell interessanten angewandten Markt ermöglicht, verbessert oder sichert. Dabei sind zunächst die schon beschriebenen Mechanismen, die sich auf Grund der Miniaturisierung und Verbilligung der Hardware in Richtung Flexibilisierung und Diversifizierung künstlerischer Tätigkeiten ergeben, in Erinnerung zu rufen: für immer mehr Kulturschaffende wird dann nämlich autonome künstlerische Produktion eines von mehreren 'Angeboten' ihrer Produktpalette, und zwar vermutlich dasjenige, das die geringsten ökonomischen Erträge verspricht, das allerdings auf der anderen Seite hohen symbolischen Ertrag bringen kann, einen Ertrag, der im Weiteren gleichsam als Referenz für Aufträge im kommerziellen Bereich Verwendung findet.

Konkret: Ein Filmemacher dreht 'Avantgarde'-Filme/Videos als 'autonome' Kunstprojekte, also ohne AuftraggeberInnen, ohne Subvention, erzielt damit vielleicht einen Preis bei einem Filmfestival, erregt damit Aufsehen in der einschlägigen – am besten internationalen – Fachpresse. Diese Aktivitäten, von der Herstellung bis zur Veröffentlichung, verursachen ihm eher Kosten, als dass er damit Geld verdienen würde. Auf Grund des künstlerischen Ansehens, dass er aber damit erhält, bekommt er – jetzt als interessanter junger, kreativer Filmemacher bekannt – leichter lukrative Aufträge im Werbefilmbereich. Oder das schon beschriebene Beispiel aus dem Musikbereich (vgl. oben), bei dem für Musikschaffende im 'Electronica'-Bereich die Produktion einer CD mit innovativen Sounds nicht aus dem Motiv heraus erfolgt, damit viel Geld zu verdienen, sondern aus dem Motiv, gleichsam eine künstlerische Visitenkarte herzustellen, die eine gute Fachpresse bringen soll, die die Chance zur Teilnahme an einschlägigen Festivals verbessern, und schließlich lukrative Aufträge als Disc-Jockey ermöglichen kann.[38]

Das Schicksal eines nicht geringen Teils der autonomen künstlerischen Produktion könnte also darin bestehen, dass er 'nebenbei' hergestellt wird, im Bewusstsein, dass er keinen materiellen Ertrag abwerfen wird, sondern 'nur' um den Zugang zum ökonomisch interessanten Auftragsmarkt zu eröffnen. Künstlerische Produktion im traditionellen (bürgerlichen) Sinn würde so zu einem notwendigen Werbemittel für die einzelnen Kulturschaffenden in eigener Sache, mit dem Ziel, ihren Marktwert innerhalb der industrialisierten Kultur zu verbessern.

---

38 Mutatis mutandis liegt hier ein Vergleich mit der Rolle von Tonträgern etwa bis 1945 nahe: bis dahin wurden Schallplatten nämlich nicht in erster Linie aus Profitgründen produziert sondern als Marketing-Mittel für 'Live'-Auftritte in Konzerten oder im Radio, das wirkliche Geschäft wurde bis dahin vor allem über den Verkauf von Noten gemacht, vgl. z.B. Miller/Schulze 1998: 54ff.

Rezeption und neue Kompetenzen

Wenngleich der Aspekt der Rezeption im Rahmen dieser Arbeit nicht im Zentrum steht, ist er gerade in einer Situation mit ungewissem Ausgang von Bedeutung insofern, als vermutlich vieles in der künftigen Entwicklung davon abhängen wird, ob und wie weit diverse Technologien vom Publikum kulturell aber auch ökonomisch angenommen werden bzw. aus Kompetenzgründen angenommen werden können. Zunächst wird die Digitalisierung die von der elektronischen Mediamorphose vorbereitete Veränderung der Wahrnehmungsweisen vorantreiben: z.B. die Gewöhnung an simulierte, computergenerierte Bilder und Klänge, immer schnelleres Reagieren auf immer neue Reize wird unabdingbare kommunikative Kompetenz des digitalen Zeitalters werden. Dazu kommt dann noch, dass im Gegensatz zu den meisten 'elektronischen' Geräten des Haushalts, zur Unterhaltung, aber auch zur kulturellen Kommunikation, bei entsprechend digitalisierten, also eigentlich mit Computertechnologie ausgestatteten, Geräten Kompetenzen angeeignet werden müssen, die nicht mehr im Bedienen von bestenfalls drei Knöpfen bestehen, sondern die der Arbeit mit Computern sehr nahe kommen, die also Kompetenz im Umgang z.B. mit 'Programmier-Menüs' verlangen. Dies kann sich durchaus als Barriere für viele, vor allem ältere Menschen erweisen, wenn es darum geht, neue Kommunikationstechnologien zu nutzen. Denn das Erwerben der entsprechenden Kompetenzen wird kaum in herkömmlichen Bildungseinrichtungen angeboten sondern größtenteils spielerisch, von klein auf erlernt. Als paradigmatisch können dafür Computerspiele angesehen werden, die derzeit eines der auffälligsten Breiten-Phänomene der Digitalisierung darstellen und deren komplexere Varianten vor allem von der heranwachsenden Generation genutzt werden. Hier werden neue Kulturtechniken 'spielend' und unter Ausschluss der Erwachsenen erlernt.

Schreib- und Lesefähigkeit dagegen werden keineswegs an Bedeutung verlieren, man denke nur an die wachsende Verbreitung und Bedeutung von e-mails.

Computernetzwerke – vor allem das Internet – funktionieren im weltweiten Maßstab in einigen Spezialbereichen bereits einigermaßen bis sehr gut, naturgemäß im Medienkunst-Bereich, aber auch im universitären Sektor, in speziellen Business-Bereichen (B2B, steht für Business to Business) oder in computerorientierten Jugendkulturen.

Entscheidenden Einfluss auf die Ausweitung der digitalen Kultur wird allerdings die ökonomische Nutzbarmachung des Distributionsmediums Internet im konsumentenorientierten Bereich (B2C, steht für Business to Consumer) haben. Obwohl schon erste Transformationen des herkömmlichen Handels auch im Bereich kultureller Güter sichtbar werden (Buch- und Tonträgerhandel), ist die langfristige Entwicklung äußerst ungewiss. Bislang existieren noch immer gewichtige Probleme auf Seiten der KonsumentInnen, die z.T. in Zugangsbarrieren, z.T. in Unsicherheiten beim virtuellen Zahlungsverkehr zu sehen sind.

In diesem Zusammenhang ist vielfach von 'information gap' die Rede, also von einer wachsenden Kluft zwischen jenen, die die digitalen Kommunikationstechnologien voll zu nutzen imstande sind und jenen, die keinen Zugang zu diesen finden, z.T. aus Inkompetenz, z.T. aus ökonomischen Gründen.[39]

Absehbar ist in diesem Zusammenhang, dass auch im Bereich der 'kulturellen Kommunikation' sich ein neues spezifisches 'cultural gap', also eine weitere Segmentierung in kulturell gut Versorgte und kulturell schlecht Versorgte, auftut, das die bisher schon existierenden kulturellen Ungleichheitsstrukturen vor allem verfestigen und nur teilweise neu strukturieren wird – etwa durch das Entstehen neuer 'Techniker-Eliten', die bislang eher außerhalb des engeren kulturellen Feldes angesiedelt waren.

Fraglich ist also, wie groß der Bevölkerungsanteil auch in Industrienationen tatsächlich sein wird, der an der digitalen Kultur teilnimmt: Die ökonomische Barriere der Anschaffung und ständigen Auf- und Nachrüstung einer adäquaten Grundausstattung (PC, Internet-Anschluss, regelmäßiges Updating etc.), also die Grundversorgung, aber auch schon die grundsätzliche Akzeptanz, und nicht zuletzt die Kompetenz, mit Computern umgehen zu können und zu wollen, sind Unabwägbarkeiten, die jede seriöse Prognose verunmöglichen.

Die digitale Kultur – eine technik- und kompetenzintensive Kultur

Das in Bezug auf das Publikum bzw. die KonsumentInnen Ausgeführte macht ebenso wie das schon in Bezug auf die Qualifikationsausweitungen der Kulturschaffenden Gesagte deutlich, dass es sich bei der digitalen Mediamorphose nicht um eine bloße Fortschreibung jenes Prinzips der elektronischen Mediamorphose handelt, das als 'technikintensive Kommunikationskultur' bezeichnet wurde. Natürlich ist die digitale Kultur technikintensiv, auch hier werden sinnlich wahrnehmbare Texte oder Gesten mittels technischer Geräte in sinnlich nicht wahrnehmbare Kodierungen umgewandelt und dann wieder von ebensol-

---

39 Vgl. z.B. Bonfadelli 1994, Lash 1996, Wirth 1999, Hamelink 1999.

chen Geräten in sinnlich wahrnehmbare Texte rückverwandelt. Aber zum Bedienen der Geräte sind nunmehr völlig andere Kompetenzen gefragt als bei herkömmlichen elektronischen Kommunikationstechnologien. Die Geräte müssen programmiert werden können, vielfach sind sehr komplexe Bedienungsvorgänge nötig, um ein Gerät optimal zu nutzen. Wer mit einem Computer, einem 'Menü', einem Display nicht umgehen kann, wer die Logik von Hypertexten nicht kennt, wird Schwierigkeiten beim Umgang mit einfachsten Aufnahme- und Wiedergabegeräten, z.B. einem Mini-Disc-Player oder einem CD-Brenner, haben, geschweige denn mit komplexeren Bearbeitungsverfahren, z.B. bei der digitalen Photographie.

Was für einfache NutzerInnen und KonsumentInnen digitaler Kommunikatstechnologien gilt, ist natürlich in viel stärkerem Ausmaß für Kulturschaffende gegeben: die Notwendigkeit, sich umfassende Kompetenzen zur Beherrschung und optimalen Nutzung digitaler Produktionsmittel anzueignen.

Dies vor allem, weil im Zuge der Miniaturisierung ein Gerät von einer Person allein beherrscht werden kann und soll, Arbeitsteiligkeit – wie bei den elektronischen Produktionsmitteln (z.B. Tonstudio) – prinzipiell nicht nötig ist, ja sogar kontraproduktiv sein könnte.

Das heißt: Digitalisierung bring eine technik- _und_ kompetenzintensive Kultur hervor. Damit sind auch die zwei Seiten der digitalen Mediamorphose angesprochen, die bei jeder prognostischen Aussage zu dieser zu bedenken sind. Einerseits bedarf es nicht geringer Investitionen um sich sowohl die technischen Geräte wie auch die Kompetenzen anzueignen, was bestehende gesellschaftliche Ungleichheitsstrukturen vermutlich verstärken wird, andererseits ermächtigt eine kompetenzintensive Kommunikationskultur das 'Publikum' (RezipientInnen, KonsumentInnen) prinzipiell eher zur aktiven Teilnahme als eine rein technikintensive Kommunikationskultur. Denn wer elaborierte Kodes beherrschen muss um an einer existierenden Kommunikationskultur teilzuhaben, lässt sich weniger gerne Vorfabriziertes vorsetzen, sondern wird eher versuchen die diesbezüglichen Kompetenzen auch praktisch anzuwenden, also zu partizipieren, wird Vorgefundenes um- und mitgestalten wollen.

Werbung und Globalisierung

Bereits beim Übergang von der elektronischen zur digitalen Mediamorphose hatte sich eine Veränderung des Stellenwerts der Werbung im kulturellen Bereich abgezeichnet. Die Werbebranche war nicht nur zu einem immer bedeutenderen Faktor als Beschäftigungsmöglichkeit für

Kulturschaffende geworden, auch ihr Image veränderte sich von einem reinen Brotberuf für Kulturschaffende hin zu einem immer angeseheneren Segment ästhetischer Produktion. Diese Entwicklung wird fraglos weiter vorangetrieben. Daneben wird die Einebnung der Trennung von Werbung und redaktionellen Inhalten immer weitreichender und schließlich verändert sich das Beziehungsgefüge zwischen werbetragenden Medien, Publikum und Wirtschaft radikal, denn spätestens ab dem Beginn der 1990er Jahre gilt für Medienbetreiber: „die Werbewirtschaft wird wichtiger als das Publikum"[40].

Vorausgegangen war dem die in Europa in den 1980er Jahren vollzogene Deregulierung und Kommerzialisierung des Rundfunks, der vermutlich wichtigsten Schaltstelle der Bewusstseins- und Kulturindustrien im Zeitalter der elektronischen Mediamorphose. Damit wurde die Kommerzialisierung der gesamten Kulturproduktion strukturell – und möglicherweise endgültig – gefestigt. Charakteristisch für diese strukturelle Festigung war die immer deutlichere Herauskristallisierung von Phänomenen wie (in groben Schlagworten zusammengefasst): Monopolisierung, Konzentration, Standardisierung bei gleichzeitiger Diversifizierung, Internationalisierung, Multimediatisierung.[41] Das bedeutet, dass im Zuge wachsender Kommerzialisierung für immer mehr Medien die finanzielle Grundlage im Verkauf von Werbeflächen bzw. Sendezeiten besteht. Diese Werbeflächen bzw. diese Sendezeiten können umso teurer verkauft werden, je größer die Reichweite bzw. Auflage des jeweiligen Produkts ist. Die eigentliche Zielgruppe der privaten Rundfunkanstalten sind also werbewillige Unternehmen, und das Kapital dieser Kanäle ist das Publikum, sind die Einschaltquoten. Diese Umkehrung der Produktionslogik der Kulturindustrien im Besonderen kann durchaus als Paradigmenwechsel angesehen werden, der meiner Wahrnehmung nach in den Beziehungen zwischen Kulturschaffen und Wirtschaft im Allgemeinen festzustellen ist.

Eng mit dieser Reorganisation des Verhältnisses von Kultur und Wirtschaft zusammen hängt eine Zuspitzung eines anderen ebenfalls bereits in der elektronischen Mediamorphose einsetzenden Phänomens, nämlich das der zunehmenden Verflechtung transnationaler und multimedialer Unternehmungen, das seit den 1990er Jahren unter dem Aspekt der Globalisierung[42] diskutiert wird.

Mit dem Ende des Kalten Krieges, der damit einhergehenden Durchsetzung eines weltweiten 'supranationalen' Kapitalismus und der Digi-

---

40 Prokop 1995: 369f.
41 Vgl. dazu u.a. Tomlinson 1991, Schiller 1991, Hermann/McChesney 1997.
42 Vgl. dazu z.B. Featherstone 1990, Featherstone/Lash/Robertson 1995, Beck 1997, Galtung 1997 u.v.a.

talisierung der Kommunikationstechnologien und der damit einhergehenden weltweiten Vernetzung haben sich für die Kulturindustrien nunmehr neue Voraussetzungen zur Realisierung ihrer Strategie – globale Märkte zu bedienen – ergeben.

In diesem Zusammenhang ist u.a. auch die Rede vom Entstehen einer transnationalen Medienkultur, einer 'Transkultur', also einer Kultur, die keiner nationalen, gewachsenen Kultur mehr zuordbar ist, sondern die ein auf den kleinsten gemeinsamen Nenner gebrachtes Konglomerat verschiedenster Kulturen darstellt, und die nur in mediatisierter Form denkbar ist und – bislang – von der anglo-amerikanischen Kultur dominiert wird[43]. Ebenfalls konstatiert wird die gleichzeitig wachsende Ausgrenzung und Ausbeutung 'kleiner', kulturindustriell schwacher Kulturen durch die transnationale Medienkultur[44]. Parallel zur Globalisierung der Kultur wird allerdings als Gegenbewegung eine verstärkte Tendenz zur Regionalisierung konstatiert. Diese äußert sich in Form von Abwehr oder Ablehnung transkultureller Werte oder Güter bzw. im Hervorstreichen der endogenen kulturellen Werte und Produkte. Beide Male sind ideologische und/oder wirtschaftspolitische Motive und entsprechende Maßnahmen (Diskriminierung transkultureller Werte als 'Schmutz'[45], Kontingentierungen, Quoten etc.) festzumachen.

Die Konzentrationstendenzen im Bereich der internationalen Kulturindustrien (Verflechtungen aller Art) lassen einerseits eine Entwicklung zu einigen wenigen großen 'global players' im Bereich der 'entertainment industries' erwarten, was zu einem Voranschreiten weltweiter Standardisierung der Software (d.h. von kulturellen Gütern und Dienstleistungen aller Art) führt, andererseits gibt es aber eben Hinweise, dass sich zwischen den großen transnationalen Unternehmen und den kleinen unabhängigen Produktionseinheiten bzw. regionalen kulturellen Phänomenen symbiotische, und damit innovations- und kreativitätsfördernde Beziehungen entwickeln können.

Es erhebt sich also die Frage, ob tatsächlich von einer Globalisierung schlechthin gesprochen werden kann, oder ob nicht eine differenziertere Sicht angebracht ist, bei der zumindest zwischen kultureller, politischer, wirtschaftlicher Globalisierung zu unterscheiden wäre, wie z.B. Arjan Appadurai[46] vorschlägt. Und weiters ist unklar, wie die Globalisierung speziell für den kulturellen Bereich zu bewerten ist. So fragt

---

43 Vgl. Wallis/Malm 1985.
44 Vgl. z. B. Schiller 1988, Unesco 2000.
45 So ist gelegentlich die Rede von 'akustischer' Umweltverschmutzung, wenn internationale Popmusik gemeint ist.
46 Appadurai 1990.

zum Beispiel der Kultursoziologe Abram de Swaan: „Ist eine einzige, einheitliche und weltweite Kultur im Entstehen, und, wenn ja, steht sie für eine Verwestlichung oder gar Amerikanisierung (Ritzer 1993) oder wird diese einzige globale Kultur durch einen 'Verkehr' in beide Richtungen zwischen Zentrum und Peripherie gestaltet, durch 'Indigenisierung' und 'Kreolisierung' (Hannerz 1987)), oder gibt es Pluralität transnationaler Kulturen, die ihren Ursprung in Afrika, Asien, Lateinamerika und auch in Europa und den USA haben (Appadurai 1991)?"[47]

Daneben sind noch andere Erklärungsmodelle, wie etwa das der Transkulturation[48], das des 'cultural mix'[49], das der Hybridisierung[50], oder der 'inversen Kolonialisierung'[51] zu erwähnen.

Tatsächlich scheint vieles dafür zu sprechen, dass im Bereich der Wirtschaft andere Formen und Geschwindigkeiten in Bezug auf Globalisierung zu konstatieren sind als im kulturellen Bereich[52] und weiters, dass Globalisierung im kulturellen Kontext differenzierter zu beurteilen ist, als dies manchmal geschieht. Und dennoch ist eines hervorzuheben: Nie zuvor war so offensichtlich, dass es sich bei 'Kultur' auch um ein ökonomisches Phänomen handelt. Die Indikatoren dafür sind

vielfältig und einige der wichtigsten sind wohl (unsystematisch und unvollständig aufgezählt): Kultur als Standortfaktor, Kultur als Arbeitsmarktfaktor (vgl. oben), Kultur als zentraler Wirtschaftsbereich in der 'Informationsgesellschaft'[53], Kultur als umstrittenes Thema bei den GATT und GATS- Verhandlungen[54] usw.

Allerdings ist es im vorliegenden Zusammenhang nicht möglich, eine eingehende Beschreibung all der Faktoren, die diese Entwicklung kennzeichnen zu erstellen, geschweige denn eine entsprechende Analyse vorzulegen, nicht zuletzt deshalb, weil diese Entwicklung derzeit voll im Gange ist und Daten und Fakten beinahe jeden Tag neu zu ordnen wären. Einige Grundzüge der kulturellen Entwicklung, die die digitale Mediamorphose mit sich bringt sind aber, so meine ich, dennoch zu erkennen, und es scheint angebracht, diese im Kontext allgemeinerer theoretischer Überlegungen in einem abschließenden Kapitel zur Diskussion zu stellen.

---

47 de Swaan 1995: 107, bibliografische Angaben im Original.
48 Wallis/Malm 1984, Malm/Wallis 1992.
49 Nettl 1985.
50 Z.B. Regev 1997.
51 Cooper 1993.
52 Vgl. z.B. Beck 1997.
53 Z.B. Lacroix/Tremblay 1997: 11ff.
54 GATT: General Agreement on Tariffs and Trade; GATS: General Agreement on Trade in Services, vgl. Unesco 2000: 66ff., Unesco 2000a.

11. Kapitel

Theoretischer Ausblick: Die Zukunft des Kulturschaffens zwischen Design und Eigensinn

Aspekte der gesellschaftlichen und kulturellen Entwicklung seit den 1980er Jahren

1979 veröffentlichte der Philosoph Jean-Francois Lyotard einen Bericht mit dem Titel 'La condition postmoderne'[1]. In dieser Arbeit, die er im Auftrag der kanadischen Regierung erstellt hatte, konstatierte Lyotard, dass mit der Ausweitung und der prinzipiell für alle gegebenen Verfügbarkeit des akkumulierten Wissens der Menschheit ein Zustand erreicht sei, in dem die großen 'Erzählungen' – also umfassende Welterklärungsmodelle, wie der Marxismus, der Liberalismus, der Logozentrismus, etc ihre Ansprüche auf universelle Gültigkeit und damit auf Legitimität immer weniger aufrecht erhalten können. Wie immer diese Diagnose zu beurteilen ist, sie hatte enorme Auswirkungen auf die Sozial- und Geisteswissenschaften sowie auf Kunst und Kultur. Die traditionellen Hierarchien ästhetischer, aber auch ethischer Wertungen wurden radikal in Frage gestellt, die Rede war von radikaler Pluralität, von Multivalenz, von der Ästhetisierung des Alltags, gefeiert wurde jede Art von Eklektizismus, von Relativität. In den 1980er Jahren war der sozial- und geisteswissenschaftliche, wie der künstlerisch-kulturelle Diskurs zweifellos von der 'Postmoderne-Debatte' geprägt. Als bemerkenswerte Tatsache ist festzuhalten, dass die Thesen Lyotards noch vor dem Sichtbarwerden der Auswirkungen der Digitalisierung formuliert wurden, dass darin aber eigentlich schon die Existenz weltweit vernetzter Computer antizipiert wurde und damit – gerade zum Beginn der digitalen Mediamorphose – der Paradigmenwechsel des gesellschaftlichen Umgangs mit Kommunikation, Information und Wissen thematisiert wurde, dessen Grundlagen eben erst gelegt wurden. Nicht zufällig stellte dann die Digitalisierung ein zentrales Thema der postmodernen Diskussion dar.

Ebenfalls zu Beginn der 1980er Jahre setzte eine neoliberale Wende in der internationalen Wirtschaftspolitik ein (Stichworte: Thatcherism, Reaganomics), gleichzeitig wurde immer klarer, dass – historisch erstmals – die Kommunikationstechnologien bzw. die Kulturindustrien eine

---

1   Lyotard 1982.

zentrale Rolle im gesamtwirtschaftlichen Zusammenhang zumindest der entwickelten Industrieländer zu spielen begannen. Diesem Phänomen wurde mit verschiedensten Etikettierungen versucht Rechnung zu tragen: die Rede war und ist von der Informationsgesellschaft, der Wissensgesellschaft, von entertainment industries, von 'content industries' oder 'creative industries', vom IT-Sektor, vom TIMES- Sektor[2] u.ä. Entsprechend der neoliberalen Wirtschaftspolitik wurde der bislang zumindest in Europa noch weitgehend öffentlich-rechtliche Rundfunkbereich dereguliert und privatisiert. Gleichzeitig setzte der Rückzug des Staates aus der Verantwortung der Kunst- und Kulturfinanzierung ein.

Mit dem Paradigmenwechsel der Wirtschaftspolitik setzte auch eine Neuordnung der Arbeitsorganisation, nicht zuletzt auch im kulturindustriellen Bereich ein[3], deren Auswirkungen für den Stellenwert von Kunst und Kultur in der Gesellschaft aber noch kaum erfasst worden sind.

Zu Beginn der 1990er Jahre wurde mit dem Zerfall der Sowjetunion eine weltpolitisch neue Situation geschaffen, die neoliberalen Strömungen zusätzlichen Antrieb gab und die schon in den 1980er Jahren beobachtbaren Tendenzen der Deregulierung und Privatisierung vorantrieb. Dazu kam, dass das kapitalistisch-industrielle System nunmehr unbeschränkte globale Ausbreitungsmöglichkeiten vorfand, der Zug zur Internationalisierung auf ein neues Niveau gehoben wurde. Auf die kulturelle Entwicklung hatte dies durchaus relevante Einflüsse: aus verschiedensten Gründen, die hier nicht näher analysiert werden können, wurde die Diskussion zur Postmoderne zurückgedrängt zugunsten einer auch im Kulturbereich geführten 'Globalisierungs-Debatte'. Nicht mehr die abstrakt-philosophische (und ein wenig luxuriöse) Auseinandersetzung mit der Vielfältigkeit von Wertmustern sondern die konkrete Frage, ob und wie weit die 'neue Weltordnung' nicht eine 'Weltkultur' hervorbringe, rückte ins Zentrum des Interesses. Dabei wurde und wird klarerweise davon ausgegangen, dass den global vernetzten entertainement industries eine zentrale Rolle zukomme, dass staatliche Interventionen oder Protektionismen immer schwieriger legitimierbar würden, und es stellte sich auch immer mehr die Frage, welche Chancen lokale, regionale Kulturen ebenso wie das traditionelle Verständnis von Kulturschaffen überhaupt noch in einer Welt hätten, in der die glo-

---

2 Vgl. z.B. Europäische Kommission 2001. 'IT' steht für 'information technologies', 'TIMES' für 'Telekommunikation, Internet, Multimedia, elektronischer Handel, Sicherheit'.
3 Deren wesentlichstes Merkmal – die flexible Spezialisierung – wurde bereits im vorhergehenden Kapitel erörtert.

balisierten kulturindustriellen Unternehmungen eine hegemoniale Stellung einnehmen.

Ebenfalls zu Beginn der 1990er Jahre wurde aber auch durch die weltweite Vernetzung von Computern, also durch das Internet, eine Kommunikationstechnologie etabliert, die geradezu als Metapher für Globalisierung anzusehen ist und die die These von einer digitalen Kultur nicht als bloß theoretisch interessantes Phänomen erscheinen ließ, sondern die konkret sämtliche Bereiche des gesellschaftlichen Lebens mehr oder weniger zu beeinflussen begann.

Darauf Bezug nehmend finden sich nun zahlreiche Analysen, die davon ausgehen, dass eben mit den neuen Kommunikationsverhältnissen eine radikale Demokratisierung auf globalem Niveau – zumindest für jene, die die Netzwerke nutzen können – erreicht werden kann.

Die meisten kulturtheoretischen Arbeiten, die versuchen, die neuen Kommunikationsverhältnisse, also die digitale Mediamorphose, über die bloße Beschreibung hinaus auch theoretisch zu analysieren, verabsäumen es meiner Wahrnehmung nach, die aktuelle Situation auch aus ihrer Entwicklung heraus, wie sie sich für die letzten Jahrhunderte nachzeichnen lässt, zu begreifen.[4]

Ebenfalls wird gerne übersehen, dass die Auswirkungen der elektronischen Mediamorphose sich erst im letzten Drittel des 20. Jahrhunderts voll zu entfalten begannen und durch die Digitalisierung zunächst nur noch weiter intensiviert wurden. Die aktuelle Situation ist also noch weitgehend durch die elektronische Mediamorphose geprägt. Mit der Digitalisierung und den damit einhergehenden (aber nicht notwendigerweise ursächlich zusammenhängenden) politischen und ökonomischen Entwicklungen wurden also eigentlich die wesentlichsten Merkmale der elektronischen Mediamorphose erst deutlich sichtbar. Diese 'Gleichzeitigkeit', bzw. Überlagerung – die ja nicht nur für die aktuelle Situation gilt, sondern genau so auf das Verhältnis der graphischen zur elektronischen Mediamorphose zutrifft – ist in der folgenden Darstellung wiedergegeben (wobei es sich nur um eine näherungsweise Veranschaulichung, nicht aber um eine exakte Abbildung handelt – den Proportionen entspricht also kein empirisches Korrelat)

---

4 Natürlich gibt es Ausnahmen, so z.B. die schon erwähnte Arbeit von Fidler (1997), oder einige, allerdings weniger theoretisch ausgerichtete, medienhistorische Bücher, z.B. Buddemeier 2001 oder Hörisch 2001.

Darstellung 7: Abfolge der Mediamorphosen

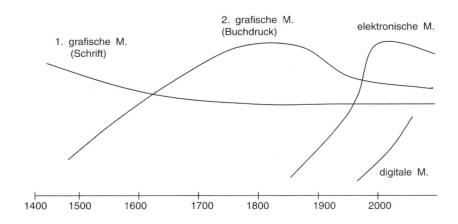

Der Darstellung ist zu entnehmen, dass mit der Etablierung der graphischen, ebenso wie der elektronischen Mediamorphose bereits die jeweils nachfolgende im Keim angelegt ist.[5]

Die Eigentümlichkeiten der digitalen Mediamorphose selbst sind derzeit also nur in Ansätzen erkennbar, sodass diesbezügliche Überlegungen erst vor dem Hintergrund der theoretischen Fassung der elektronischen Mediamorphose sinnvoll werden.

Ich will daher im folgenden versuchen, vor dem Hintergrund der erwähnten 'Meilensteine' der Entwicklung seit den 1980er Jahren, nämlich

– radikale Kritik an traditionellen Hierarchien ästhetischer Werte im Zuge der Postmoderne

– Durchsetzung neoliberaler Wirtschaftspolitik (Deregulierung und Privatisierung) und dementsprechender Arbeitsorganisation (Flexibilisierung)

---

5 Erwähnt werden soll in diesem Zusammenhang auch, dass diese Entwicklung durchaus mit der Entwicklung der Schwerpunktbildungen im 'Kunst-System', wie es Kapner (1991) nachzeichnet, übereinstimmt. Die frühe Schwerpunktbildung (AuftraggeberInnen) entspräche der 'lebendigen Vermittlung', die mittlere Schwerpunktbildung (KünstlerInnen) entspräche der 'grafischen Vermittlung', die gegenwärtige Schwerpunktbildung (vermittelnde Institutionen) entspräche der elektronischen Vermittlung. Ob die zukünftige Schwerpunktbildung, die Kapner beim Publikum vermutet, tatsächlich der digitalen Mediamorphose entsprechen könnte, wäre noch zu diskutieren.

- Ende der 'bipolaren Weltordnung' seit den 1990er Jahren, globale Durchsetzung des supranationalen Kapitalismus
- Herausbildung des Informationssektors, der entertainment industries als zentrale Faktoren des wirtschaftlichen Geschehens
- Etablierung des Internet als kommunikationstechnologische Grundlage der Globalisierung

die gegenwärtig – in 'Vollendung' der elektronischen Mediamorphose – beobachtbare und – angesichts der Digitalisierung – möglicherweise zukünftig zentrale Funktion der Kultur und des Kulturschaffens in einem weiterreichenden theoretischen Zusammenhang zur Diskussion zu stellen.

Fundierungen des Kulturschaffens

Dabei will ich von einer These von Walter Benjamin ausgehen, die dieser immerhin schon in der Mitte der 1930er Jahre formuliert hat, und in der er beinahe lakonisch auf die historische Formbestimmung von Kunst hinweist :

„Wie nämlich in der Urzeit das Kunstwerk durch das absolute Gewicht, das auf seinem Kultwert lag, in erster Linie zu einem Instrument der Magie wurde, das man als Kunstwerk gewissermaßen erst später erkannte, so wird heute das Kunstwerk durch das absolute Gewicht, das auf seinem Ausstellungswert liegt, zu einem Gebilde mit ganz neuen Funktionen, von denen die uns bewusste, die künstlerische, als diejenige sich abhebt, die man später als beiläufige erkennen mag."[6]

Und er stellt weiter fest, dass die quantitative Möglichkeit der technischen Reproduzierbarkeit einen qualitativen Sprung bezüglich der Ausstellbarkeit des Kunstwerks bewirkt, lenkt also das Augenmerk auf die 'Apparatur', die Kommunikationstechnologien, die er als Produktivkräfte im Bereich des Überbaus versteht. Benjamin spricht also davon, dass wir heute die kultische oder sakrale Funktion von vorbürgerlichen 'Kunstwerken' als beiläufig empfinden. In Analogie dazu vermutet er, dass die heute bewusst wahrgenommene Funktion des bürgerlichen 'Kunstwerks', die sich mit dessen Ausstellungswert entwickelnde 'künstlerische' Funktion nämlich, später ebenfalls als eine beiläufige erscheinen wird.[7] Wenn dieser Vergleich zwischen – grob gesprochen – vorbürgerlicher (kultischer, sakraler, feudaler) und bürgerlicher (autonomer) Kunst einerseits und bürgerlicher Kunst und nachbürgerlicher

---

6   Benjamin 1976: 22.
7   Vgl. ebenda.

Kunst andererseits in dieser Form zutreffen sollte, stellen sich u.a. folgende Fragen: Wo stehen wir heute, nach der elektronischen und zu Beginn der digitalen Mediamorphose? Sind neue Funktionen schon zu erkennen? Und wenn sie nicht zu erkennen sind, dann deswegen, weil es sie schlicht nicht gibt, oder aber, weil wir kein entsprechendes Instrumentarium zur Verfügung haben, sie sichtbar zu machen?

Benjamins eigene Prognose für die zukünftige Funktion von Kunstwerken, die er an etwas späterer Stelle im 'Kunstwerk'-Aufsatz andeutet, lautet: Fundierung der Kunst auf Politik, und als Alternativen führt er an: 'Politisierung der Ästhetik' als emanzipatorische, sozialistische Variante oder 'Ästhetisierung der Politik' als repressive, im Extremfall faschistische Variante.[8]

Ausformuliert heißt das: Die zukünftig zentrale Funktion des 'Kunstwerks' wird eine politische sein, die ästhetische, künstlerische Funktion dagegen wird verkümmern. Kunst als aufklärerische Erkenntnisform (Politisierung der Ästhetik) oder Kunst als manipulierende Verschleierungstaktik, als schöne Maskierung politischer Machtspiele (Ästhetisierung der Politik).

Wie ist nun diese – immerhin schon vor beinahe 70 Jahren und angesichts des schon herrschenden Faschismus formulierte – These angesichts der Realität einer entwickelten Industrialisierung des Kulturschaffens zu beurteilen? Tatsächlich wurde der 'Ausstellungswert' als die zentrale Kategorie, die die 'künstlerische' Funktion des Kunstwerks fundiert, schon im Zuge der elektronischen Mediamorphose de facto marginalisiert. Nicht Versenkung und Kontemplation in das 'ausgestellte' Kunstwerk, sondern die beiläufige, alltägliche Wahrnehmung allgegenwärtiger 'Kunstwerke', 'Zerstreuung' also, wurde charakteristisch für die Produkte der Massenmedien bzw. der Kulturindustrien. Und auf der anderen Seite gerät immer mehr der 'Preis', der ökonomische Wert am Kunstmarkt, also der 'Tauschwert' ins Zentrum des Interesses. Zerstreuung statt Kontemplation, Tauschwert statt Ausstellungswert sind die Kategorien, die die Produkte des Kulturschaffens heute – nach der elektronischen Mediamorphose – charakterisieren.

Als Fundierung auf Politik kann man das wohl nur in einem sehr weit gefassten Sinn von Politik verstehen. Naheliegender ist es, davon zu sprechen, dass mit der elektronischen Mediamorphose eine 'Fundierung der Kunst auf Ökonomie' erfolgte. Konkret sind damit zwei Phänomene gemeint:

---

8   Vgl. Benjamin 1976: 51.

- einerseits die 'Ökonomisierung der Ästhetik', bereits angelegt im Ausstellungswert des Kunstwerks und entfaltet unter den Bedingungen eines zunehmend alle Lebensbereiche erfassenden Kapitalismus, und

- andererseits die 'Ästhetisierung der Ökonomie' als vielleicht dramatischeres, weil die kulturelle Entwicklung tatsächlich in ein völlig neues Licht stellendes Phänomen.

Und im Bezug auf die digitale Mediamorphose wäre im Weiteren zu fragen, ob und wie weit mit dieser eine Zuspitzung oder ein Aufbrechen dieser Entwicklung gegeben ist? Doch davon später.

Ehe ich auf die beiden genannten Ausformungen der Fundierung des Kulturschaffens auf Ökonomie näher eingehe, ist zum besseren Verständnis dieses Gedankens ein kurzes Ausholen notwendig, in dem versucht werden soll, die allgemeinste Formel für die gesellschaftliche Funktion von Kunst kurz zu umreißen.

Die allgemeinste gesellschaftliche Funktion von Kunst: Systemwerbung

Künstlerische Ausdrucksformen stellen – das will ich postulieren – im jeweiligen gesellschaftlichen Kontext, in dem sie entstehen, immer Versuche dar, mehr oder weniger verbindliche Sinndeutungen der Welt zu erarbeiten, vorzugeben oder zur Diskussion zu stellen. Die Normen und Werte einer gesellschaftlichen Gruppierung, Schicht oder Klasse werden transzendiert und sinnlich wahrnehmbar in einzelnen 'Werken', Ereignissen oder Prozessen verdichtet.[9]

Künstlerisches Schaffen ist somit nicht bloß Sinndeutung, sondern auch Sinnproduktion (wenn zukünftige gesellschaftliche Entwicklungen antizipiert werden) oder Sinnreproduktion (wenn bestehende Verhältnisse – oft im Dienste der 'Herrschenden' – abgebildet werden). Sinnstiftung ist Kunst aber in jedem Fall. Sie schafft Identifikationsangebote (oder -zwänge) und trägt damit zur gesellschaftlichen Synthese bei.

Indem Kunst immer die Werte und Normen bestimmter gesellschaftlicher Gruppierungen, Schichten oder Klassen transportiert, wirkt sie natürlich bewusstseinsbildend, verbreitet sie latent oder manifest, bewusst oder unbewusst Ideologie.

---

9   Vgl. dazu u.a. Hauser 1974: 232ff. oder Kapner 1987. In der neueren Kunst- und Kultursoziologie etwa nach Bourdieu oder im Kontext der Cultural Studies (vgl. oben Kapitel 2) ist dies beinahe schon selbstverständlicher Ausgangspunkt einschlägiger Überlegungen.

Pointiert lässt sich sagen: Kunst wirbt für die Ideologie gesellschaftlicher Gruppierungen, und zwar nach innen wie nach außen: Nach innen stellt sie Gruppenidentität her, nach außen Selbstdarstellung dieser Gruppierung.

Oftmals wird dabei das Ergebnis als gültig für die gesamte Gesellschaft oder das Menschliche schlechthin ausgegeben. In einem solchen Fall handelt es sich dann eben um die Kunst einer gesellschaftlichen Gruppierung, die meint, ihre politischen Absichten nur dann durchsetzen zu können, wenn sie vorgibt, das Interesse aller zu vertreten. Folgerichtig muss dann auch die Ideologie, die die gesellschaftliche Funktion dieser Art von Kunst erklären will, auf politisch möglichst unverdächtige, möglichst allgemein menschliche Kategorien zurückgreifen: Spiel, Entspannung, Selbstverwirklichung, Freude am Schönen, 'interesseloses Wohlgefallen' etc.

Damit soll nun nicht behauptet werden, Kunst könnte diese Funktionen nicht erfüllen, bloß: Es handelt sich nicht um die allgemeinsten gesellschaftlichen Funktionen, sondern um historisch formbestimmte Funktionen von Kunst. Neben diesen historisch sich verändernden Funktionen (wie z. B. kultisch-religiösen, repräsentativen unterhaltenden, belehrend-erbaulichen etc.), die Kunst erfüllen kann, ist sie aber immer auch als gruppen-, schicht- oder klassenspezifische Kunst zu verstehen und steht daher – wie konkret oder vermittelt auch immer – in einem angebbaren Verhältnis zur Macht[10].

KünstlerInnen werben – wie wenig dies den einzelnen Kulturschaffenden auch bewusst sein mag – für die Ideologie einer gesellschaftlichen Gruppierung. Dies kann von der unhinterfragten (weil möglicherweise unhinterfragbaren) Übernahme herkömmlicher 'Kodes' oder eines traditionellen Formenkanons (dem ja bestimmte gesellschaftliche Verhältnisse entsprechen) über die intuitive Entwicklung neuer Kodes, Formen und Inhalte (zu der es ja gesellschaftliche Korrelate geben muss, sollen sie von der Gesellschaft angenommen werden) bis zum bewussten politischen Engagement (im konservativen wie im revolutionären Sinn) reichen. Die Rolle, die neue Kommunikationstechnologien in diesem Zusammenhang spielen, insofern als sie die Entwicklung neuer bzw. Transformation alter Kodes fast zwingend nahe legen, muss im Rahmen der vorliegenden Arbeit nicht weiter betont werden.

Der allgemeinste Nenner für die Funktion aller historisch vorfindbaren Formen von 'Kunst' wäre daher – in 'zeitgemäßer' Terminologie aus-

---

10 Dies macht Benjamins These von der Fundierung auf Politik als eine bestimmte Form der Fundierung fragwürdig, denn natürlich ist Kunst/Kulturschaffen aus dem eben ausgeführten Verständnis heraus immer politisch fundiert.

gedrückt – 'Systemwerbung', die Herstellung von 'support'[11]. Inwieweit eine Konzeption, bei der Kunst als soziales Interaktionsmedium[12] oder als symbolisch generalisiertes Kommunikationsmedium[13] verstanden wird, die hier vorgeschlagene Sichtweise abdeckt, müsste gesondert diskutiert werden. Hier soll nur angemerkt werden, dass der springende Punkt dabei vermutlich darin zu sehen ist, ob und wieweit ein so verstandener 'Kunstbegriff' traditionellen Vorstellungen von Kunst verhaftet bleibt oder über sie hinauszugehen imstande ist.

Kunst hat immer geworben: sakrale Kunst für religiöse Institutionen, aristokratische Kunst für die Lebensform des Adels, bürgerliche Kunst für die – in sich oft sehr widersprüchliche – Ideologie bürgerlichen Individualismus, sozialistische Kunst für die utopische Lebensform des Sozialismus.

Jede dieser Schichten und Klassen vertrat (und vertritt z. T. noch) immer den Anspruch, legitime Ordnungssysteme zu repräsentieren. Entsprechend sollte der Kunst der jeweiligen Schichten oder Klassen eine hegemoniale Stellung zukommen – sie sollte die einzig gültige und wahre künstlerische Ausdrucksform in einer gegebenen Gesellschaft repräsentieren und damit die Werte und Normen der jeweiligen Schichten oder Klassen als gesellschaftlich verbindlich darstellen – und so gesehen war und ist Kunst natürlich immer zumindest auch auf Politik fundiert.

Wenn man bürgerliche Kunst charakterisieren will, dann wohl am ehesten als 'Ästhetisierung des Menschlichen' (die Thematisierung des selbstbestimmten Menschen) oder als 'Vermenschlichung der Ästhetik' (die autonome Aneignung und Entwicklung und damit die Überwindung vorgegebener, gleichsam 'gottgewollter' ästhetischer Prinzipien).

Fundierung auf Ökonomie

Ich will mich jetzt wieder der Frage nach der Funktion von Kunst in der aktuellen Situation einer entwickelten industriell-kapitalistischen Gesellschaft nach der elektronischen Mediamorphose zuwenden. In diesem Zusammenhang ist es sinnvoll, den gegenwärtigen Funktionszusammenhang als das vorläufige Ergebnis einer historischen Entwicklung der Produktionsbedingungen des Kulturschaffens zu verstehen.

Ein Blick auf die Produktionsbedingungen des bürgerlichen Kulturschaffens, das seine Hochblüte im 18. und 19. Jahrhundert erlebte,

---

11 Vgl. Parsons 1969, zit. nach Prokop 1981.
12 Parsons 1980.
13 Vgl. Luhmann 1984: 222.

zeigt nämlich, dass einige bemerkenswerte Ungleichzeitigkeiten in bezug auf die gesamtgesellschaftlichen Produktionsweisen festzustellen sind.

Das bürgerliche Kulturschaffen lässt sich durch eigentlich recht vorindustrielle, handwerkliche, ja beinahe feudale Produktionsbedingungen charakterisieren. Aus der Perspektive der Produktionsbedingungen hinkt das bürgerliche Kulturschaffen deutlich hinter den realen gesellschaftlichen Produktionsbedingungen hinterher. Bürgerliches Kulturschaffen entspricht von den Produktionsbedingungen her nicht der Produktionsweise, die eben dieses Bürgertum auf gesamtgesellschaftlicher Ebene hervorgebracht hat, nämlich der hoch arbeitsteiligen Industrialisierung. Pointiert gesagt: Originalgenie und Industrialisierung schließen einander aus.

Künstlerische Produktion im bürgerlichen Sinn blieb also in einer zunehmend industrialisierten Gesellschaft vorindustriell, sie stellte objektiv betrachtet beinahe einen Anachronismus dar und wurde wohl gerade deswegen von ebendiesem Bürgertum idealisiert, als jener Bereich, in dem noch der Einzelne Überblick über den gesamten Produktionsprozess, von der Kreation bis zum fertigen Endprodukt, hat, in dem sich noch der 'ganze Mensch' einbringen kann.

Man kann gut und gerne davon ausgehen, dass sich bürgerliches Kulturschaffen weitgehend an aristokratischen Vorbildern und Idealen orientierte (und z.T. noch heute orientiert), zumindest was die Produktionsbedingungen, vielfach aber auch Formen und sogar Inhalte betraf. Hinzu kamen allerdings aufklärerische Impulse, Bildungsaspekte, also neue Werte. Und weiters kamen eben hinzu die neuen Verbreitungsformen, vor allem der Buchdruck mit all seinen Folgewirkungen, die – den neuen aufklärerischen Werten entsprechend – den breiteren Zugang zu den Produkten des Kulturschaffens – den Kunstwerken – ermöglichten. Mit dieser Entwicklung der Produktivkräfte künstlerischer Produktion ist aber schon das Aufbrechen der Widersprüche bürgerlichen Kulturschaffens im Keim angelegt.

Die Entwicklung neuer Produktivkräfte im Bereich des Kulturschaffens – vom Buchdruck und der Druckgrafik über die Fotografie, den Film, über Tonträger, Radio und Fernsehen hin zur Telematic und zu Computern – bewirkte eine zunehmende Industrialisierung und damit einhergehende Kommerzialisierung und Mediatisierung des Kulturschaffens.

Industrialisiertes Kulturschaffen entspricht nun der gesamtgesellschaftlichen Produktionsweise strukturell, allerdings fand industrialisiertes Kulturschaffen lange Zeit weitgehend keine Beachtung im ästhetischen

Diskurs, zumindest insoweit, als dieser noch von der Ideologie der bürgerlichen Kunst hegemonial geprägt ist.

Dennoch: Mit voranschreitender Industrialisierung wird die bürgerliche Kunstideologie, bei der es in erster Linie um 'Humanität' und nicht um ökonomische Rentabilität, um große Auflagen oder Reichweiten, geht immer brüchiger, immer obsoleter. Sie wird von einer neuen, dem industrialisierten Kulturschaffen strukturell viel besser entsprechenden Ideologie unterwandert, ausgehöhlt, transformiert. Diese 'neue' Ideologie, die der gesellschaftlichen Funktion von industrialisiertem Kulturschaffen entspricht, kann nun, auf den Punkt gebracht, als eine Ideologie bezeichnet werden, die der 'Ökonomisierung der Ästhetik' bzw. 'Ästhetisierung der Ökonomie', und zwar der kapitalistischen Ökonomie, entspricht.

Versteht man nun Kulturschaffen im schon beschriebenen Sinne als Systemwerbung, so liegt der Schluss nahe, dass im Zuge der elektronischen Mediamorphose, also mit der Industrialisierung des Kulturschaffens erstmals eine tatsächlich genuin kapitalistische Kultur entstanden ist: Die Produkte der industrialisierten Kultur werden als Waren auf Märkten gehandelt und sie werben für den Kapitalismus schlechthin. Die Ästhetik wird ökonomisiert und die Ökonomie wird ästhetisiert.

Ökonomisierung der Ästhetik

Das Phänomen der Ökonomisierung der Ästhetik ist natürlich auch schon beim traditionellen bürgerlichen Kulturschaffen gegeben gewesen. Spätestens seit dem Entstehen von Verlagen wurden kulturelle Güter objektiv betrachtet als Waren auf Märkten gehandelt, bloß: entsprechend der bürgerlichen Kunstideologie durfte der Marktwert bei der Bewertung eines 'Kunstwerks' keinerlei Bedeutung haben – im Gegenteil, großer Erfolg konnte sich sogar wertmindernd in ästhetischer Hinsicht auswirken. Mit der Industrialisierung des Kulturschaffens sank die 'Schamgrenze', wenn es um das Herausstellen des Marktwertes ästhetischer Phänomene geht, langsam aber sicher und die dementsprechende Ideologie hat vermutlich ab den 1980er Jahren eine hegemoniale Stellung erlangt[14]; wenngleich in bestimmten Bereichen die traditionelle Kunstideologie natürlich weiterhin vorzufinden ist.

Zunächst einmal fand schon spätestens ab der Mitte des 20. Jahrhunderts über den herkömmlichen Kunstmarkt eine voranschreitende

---

14 Im Detail habe ich das in den vorigen Kapiteln immer wieder, z.B. an der Neubewertung des Design oder der Werbung, herausgestrichen.

'Ökonomisierung der Ästhetik' statt: Kunst wurde zum Spekulationsobjekt, zur Wertanlage[15]. Nicht mehr die ästhetische, inhaltliche Botschaft, nicht mehr formale Qualitäten trugen und tragen zum Wert eines Kunstwerks oder einer künstlerischen Leistung bei, sondern ein imaginärer Tauschwert. Dieser wird am Kunstmarkt und bei den Kulturbetrieben durch gezielte 'Werbestrategien' von Seiten der Kulturschaffenden oder ihrer ManagerInnen erreicht. Dabei wird vor allem das Charisma von KünstlerInnenpersönlichkeiten produziert, oftmals Genialität simuliert.

Der Ausstellungscharakter wird durch den Anlagecharakter oder Warencharakter[16] abgelöst. Dies gilt vor allem für den Bereich der Bildenden Kunst, die ja nicht zufällig dem Ideal des traditionellen Kulturschaffens noch am nächsten kommt – sie ist am wenigsten mediatisiert, hier sind die vorindustriellen Produktionsbedingungen noch am ehesten erhalten.

Für die anderen traditionellen Kulturschaffenden, die KomponistInnen, die AutorInnen, aber auch für DarstellerInnen und MusikerInnen ist tendenziell eine größere Nähe zur Kulturindustrie und damit ohnehin die Möglichkeit zu mediatisierter Vermarktung gegeben. Ihre Leistungen werden (immer schon in gedruckter Form, jetzt auch) auf Ton- und Bildträgern materialisiert und damit individuell aneigenbar. Ton- und Bildträger erhalten einen 'Anlagecharakter' insofern, als Bibliotheken, Schallplattensammlungen oder neuerdings Videotheken eine Form demonstrativen kulturellen Kapitals darstellen (können). Aber auch hier sind zusätzliche Aspekte von 'Ökonomisierung der Ästhetik' im Sinne der Herstellung von Images als imaginäre Tauschwerte vorzufinden, etwa wenn Stars aufgebaut werden, deren Auftritte spektakulären Charakter erhalten.

Für die neueren, erst im Zuge der elektronischen Mediamorphose entstandenen Ausdrucksformen wie Film, Tonträger, Radio, Fernsehen waren von Anfang an ökonomische Überlegungen bei der Herstellung und für die Bewertung des Erfolges maßgeblich, wenngleich nicht notwendigerweise dominierend. So manche Filme wurden oder werden z.B. in erster Linie nach traditionellen ästhetischen Kriterien bewertet, für das Gros kulturindustriell hergestellter Produkte – und es gibt beinahe keine mehr, die sich kulturindustriellen Produktions- oder Verwertungszusammenhängen entziehen können – gelten aber Rentabilitätskriterien, wenn es um deren Lebens- und Überlebensfähigkeit am Markt geht.

---

15 Vgl. z. B. Pommerehne/Frey 1993, Zembylas 1997: 59f.
16 Vgl. Holz 1972, Leithäuser 1987.

Schließlich ist festzustellen, dass öffentliche Auseinandersetzungen über Kunst- und Kulturschaffen ohne die Zuziehung ökonomischer Kategorien kaum mehr stattfinden, etwa wenn es um die Evaluierung der Verwendung von Kulturfinanzierung durch die öffentliche Hand, oder um die Legitimität von Subventionen geht. Gleichzeitig finden kulturelle Themen in wirtschaftspolitischen Überlegungen oder Verhandlungen Platz, etwa wenn Kultur als Standortfaktor bei der Stadtplanung eine gewichtige Rolle spielt oder wenn Import- und Exportregelungen für den internationalen Warenverkehr im Rahmen der WTO (World Trade Organisation) verhandelt werden und audio-visuelle Güter hier eine Streitfrage darstellen.

All dies sind Belege dafür, was in einer Unesco-Publikation folgendermaßen zusammengefasst wird: „(...) trade in cultural goods multiplied by five between 1980 and 1998. Cultural (content) industries are growing exponentially, (...) culture has moved to the forefront (...) all this in a context where cultural industries are progressively taking over traditional forms of creation and dissemination and bringing about changes in cultural practices. (...) the issue of culture and trade has now acquired prime strategic significance. (...) some governments understand that international trade law is exercising growing pressure on their ability to influence the production and distribution of cultural goods and services."[17]

Darüber, ob und wieweit diese Tendenzen durch die Digitalisierung, die ja seit den 1980er Jahren begonnen hat, das Kulturleben entscheidend zu beeinflussen, vorangetrieben oder verändert werden, lässt sich derzeit nur spekulieren, ich komme noch darauf zurück.

Neben der Ökonomisierung der Kultur, von der hier die Rede ist, wird gelegentlich auch eine 'Kulturalisierung der Ökonomie'[18] konstatiert, wobei damit aber nur die Tatsache gemeint ist, dass der Markt für kulturelle Güter und Dienstleistungen einen immer wichtigeren Faktor in volkswirtschaftlichen Gesamtrechnungen ausmacht. Mit der 'Ökonomisierung der Kultur' wird in diesem Zusammenhang die Tatsache zum Ausdruck gebracht, dass 'Kunst' im traditionell bürgerlichen Sinn zur Ware wird, während mit 'Kulturalisierung der Ökonomie' die ökonomische Bedeutung der Populärkultur angesprochen wird. Für das vorliegende Verständnis von Ökonomisierung der Ästhetik sind beide Varianten gleichermaßen relevant, während 'Ästhetisierung der Ökono-

---

17 Unesco 2000: 8f. Ich zitiere aus einer Unesco-Publikation, weil diese sich durch vorsichtige Formulierungen und ausgewogene Sichtweisen auszeichnen.
18 Z.B. Hoffmann/Osten 1999 oder Europäische Kommission 2001.

mie' auf eine andere Analyseebene abzielt. Ehe ich darauf im Detail eingehe, fasse ich zusammen:

Das ökonomische Paradigma hat sich zweifellos auch über die 'Kultur' gestülpt, sodass sich wohl mit gutem Grund zusammenfassend und in Paraphrasierung des Benjamin-Zitats, mit dem dieses Kapitel eingeleitet wurde, sagen lässt: Im Zuge der Ökonomisierung der Ästhetik verkümmert die 'künstlerische' Funktion, sie wird beiläufig, zentral dagegen wird die ökonomische Funktion, der Anlage- oder Marktwert, die Rentabilität von Werken, von materialisierten Leistungen, wie von Künstlerpersönlichkeiten. Dies fällt vor allem im Bereich der traditionellen Kunst auf, im Bereich der Popularkultur, bzw. der von Beginn an industrialisierten Kultur der AV-Medien gilt es ja seit jeher.[19]

Ästhetisierung der Ökonomie

Der Aspekt der Ökonomisierung der Ästhetik sollte noch einigermaßen leicht nachvollziehbar sein, nicht zuletzt, weil er ja schon im bürgerlichen Kunstverständnis angelegt war und im Zuge der elektronischen Mediamorphose eigentlich nur deutlicher sichtbar wurde bzw. sich voll entfaltet hat. Etwas schwieriger dürfte es sein, die Charakteristik der 'Ästhetisierung der Ökonomie' herauszuarbeiten, da es sich hierbei um einen Paradigmenwechsel handelt, der weit über den engeren Bereich des Kulturschaffens hinausgeht und in letzter Konsequenz die Legitimationsbasis des gesamten industriell-kapitalistischen Wirtschaftssystems betrifft.

Auszugehen ist zunächst davon, dass nicht mehr die Waren, die Gebrauchsgüter, sondern deren äußere Erscheinungsbilder, die 'Gebrauchswertversprechen'[20], zirkulieren und Marktverhältnisse charakterisieren. Diese Sichtweise findet partielle Entsprechungen in den philosophischen Überlegungen von Henri Lefebvre[21], der von einer Kultur des Spektakels spricht, oder von Jean Baudrillard[22], der das Wertge-

---

19 Dies ist durchaus als interessantes Paradoxon zu konstatieren: ab dem Moment, ab dem traditionelle Kunst immer stärker ökonomisch bewertet wird, beginnt die ästhetische Dimension der populären Kultur Gegenstand theoretischer Diskurse zu werden. Daraus wären weitreichende Schlüsse zu ziehen, wofür hier allerdings nicht der Platz ist.
20 Vgl. Haug 1972, der unter Gebrauchswertversprechen jenen Teil der Produktgestaltung versteht, der über Informationen zum eigentlichen Gebrauswert hinausgehend, zusätzliche Qualitäten verspricht. z.B. eine Seife, die die KonsumentInnen nicht nur sauber (Gebrauchswert), sondern darüber hinaus jung und begehrenswert macht.
21 Lefebvre 1977.
22 Baudrillard 1982, vgl. auch oben in Kapitel 4.

setz der Produktion durch das Wertgesetz der Zeichen abgelöst sieht. Sie weist über die These von der Warenästhetik[23] insofern hinaus, als davon ausgegangen wird, dass nicht bloß die äußeren Erscheinungsbilder der Waren gleichsam ein ästhetisches Design erhalten, sondern dass die gesamte kapitalistisch strukturierte Ökonomie sich der Strategie der Ästhetisierung bedient bzw. sich den Regeln der Ästhetisierung unterwirft.[24]

Jegliche industrielle Produktion wurde im Laufe und vor allem gegen Ende des 20. Jahrhunderts immer untrennbarer verbunden mit der ästhetisierenden (Selbst-) Darstellung ihrer Produzenten, also von 'Firmen' und der von diesen hergestellten bzw. angebotenen Güter und Dienstleistungen. Die Schaffung von Produkt-Images (Werbung, Logos) und Produzenten-Images (corporate identity, corporate design) wurde zunehmend gleichbedeutend mit der Herstellung von Waren selbst. Eine bestimmte Automarke, ein bestimmtes Soft-Getränk, ein bestimmtes Jeans-Etikett oder bestimmte Sportschuhe sollen so beschaffen sein, sollen ein solches Image besitzen, sollen also ästhetisch so gestaltet und semantisch so 'aufgeladen' sein, dass deren BesitzerInnen nicht nur den Gebrauchswert, sondern auch den Symbolwert dieser Produkte benutzen wollen, wenn sie ein solches Produkt erstehen. Die KonsumentInnen zeichnen sich damit als 'Gefolgsleute' eines multinationalen Unternehmens aus, die einen Teil ihrer Identität durch den Konsum und die Nutzung der symbolisch hoch aufgeladenen Güter genau dieses Unternehmens festigen – sie gehören zur 'community' derer, die z.B. genau diese und keine anderen Sportschuhe tragen. Dabei ist die ästhetische Ausformung, das Design des Produkts, selbst nur eines von vielen Elementen, die zur Image-Bildung des Produkts beitragen. Hergestellt werden symbolische Kopplungen mit bestimmten Lebensstilelementen, mit prominenten Persönlichkeiten aus Sport, Politik oder Kultur, mit Bündeln von sonstigen kulturellen Phänomenen. Der Konsum des Produkts wird so zum mehr oder weniger bewussten Deklarieren einer Geisteshaltung. Dabei ist die Ausrichtung dieser Geisteshaltung, also die inhaltliche Botschaft, von geringer Bedeutung, weil tagesaktuellen Moden unterworfen; wesentlich ist, dass die Verbindung von 'Konsum', 'Ästhetik' und 'Identität' überhaupt stattfindet, ein untrennbares Ganzes wird.

Die besondere Rolle, die dabei den immer mehr mit der Sphäre der eigentlichen Produktion verzahnten und auf globalem Niveau agierenden Bewusstseins- und Kulturindustrien, den entertainement industries, zu-

---

23 Haug 1972.
24 Ganz allgemein zu Werbung und Desing vgl. Lorenz 1990, Wernick 1991, Willems 1991.

kommt, ist offensichtlich: Sie gestalten das Design der materiellen wie immateriellen Umwelt und diese so gestaltete Umwelt wird damit zu einer einzigen Werbebotschaft für die kapitalistische Produktionsweise umfunktioniert. Da dies mittels Ästhetisierung und nicht mittels vordergründiger Politik oder Propaganda bewerkstelligt wird, erfolgt die Herstellung von 'support' umso subtiler und daher griffiger. Es sind nicht die aufgesetzten, plumpen Überredungs- und Manipulationsstrategien der als solche deklarierten Werbung, es sind also nicht Inhalte, sondern es ist die Form der kontinuierlichen Präsenz, es sind die unauffälligen, beiläufigen, als selbstverständlich hingenommenen, in der akustischen und visuellen Umwelt ständig präsenten und von Kulturindustrien erzeugten Botschaften, die diesen Prozess im Kern vorantreiben. Das industrialisierte Kulturschaffen wird letztlich zu einer einzigen Werbeagentur für die kapitalistische Produktionsweise, wobei Immer mehr Kulturschaffende damit beschäftigt sind – direkt oder indirekt – das Image von Unternehmen zu kreieren. Direkt als Werbeschaffende, indirekt als DesignerInnen, ArchitektInnen, PublizistInnen etc. Durch die Tendenz zur Internationalisierung der Kulturindustrien, der die tendenzielle Globalisierung der kulturellen Kommunikation – in all ihrer Widersprüchlichkeit – entspricht, durch die zunehmende vertikale und horizontale Verflechtung von multimedialen und transnationalen Unternehmen werden immer mehr Kulturschaffende und deren Arbeit in weltweite Konzernstrategien eingebunden. Rundfunkanstalten, Tonträgerproduzenten und Bildträgerproduzenten gehen Verbindungen untereinander, mit Hardwareherstellern, mit Werbeagenturen oder mit anderen, 'branchenfremden' Unternehmungen ein.[25]

Die Bewertung dieses Phänomens in den einschlägigen kultur- und sozialwissenschaftlichen Diskursen ist sehr unterschiedlich. Zum Teil wird es unter dem schon im vorigen Kapitel erörterten Aspekt der 'Globalisierung' behandelt, wobei vor allem die Frage im Vordergrund steht, ob es ich um Vereinheitlichungs- oder Differenzierungsprozesse handelt[26]. Zum Teil wird es unter dem Aspekt der Konsum-Gesellschaft bzw. der Ästhetisierung des Alltags abgehandelt und da oft als eine die Lebensqualität bereichernde Entwicklung angesehen, insofern als in der individuellen Zusammenstellung von 'Waren-Paketen' ein produktiver Umgang mit kulturindustriell vorgefertigten Gütern gesehen

---

25 Die zahlreichen Mergers, die seit den 1980er Jahren innerhalb der globalen entertainment industries, z.T. auch mit branchenfremden Unternehmen wie z.B. dem Spirituosenhersteller Seagram oder dem 'Gemischtwarenmulti' Vivendi vollzogen wurden, sind mittlerweile beinahe unüberschaubar.
26 Vgl. neben der schon im vorigen Kapitel angeführten Literatur auch Gebesmair/Smudits 2001 oder Wagner 2001.

wird[27]. Zum Teil wird auf die wachsende Bedeutung von Kultur im Marketingbereich hingewiesen, wobei festgestellt wird, dass kulturelle Phänomene 'Kult'-Status erhielten und Konsum damit zur Ersatzreligion würde.[28] Zum Teil wird es aus der Sicht der Globalisierungskritik als bloße Gewinnmaximierungsstrategie der 'global players' beschrieben, wobei z.B. darauf hingewiesen wird, dass die Marketingbudgets exorbitant steigen und gleichzeitig – zur Kompensation – die Produktionskosten in Billiglohnländer ausgelagert würden.[29] Und schließlich finden sich kritische Beiträge, die mit der wachsenden Bedeutung der Kulturindustrien eine Fundierung des Kulturimperialismus westlicher Prägung diagnostizieren.[30]

'Ästhetisierung der Ökonomie' in meinem Verständnis meint, dass historisch erstmals Kulturschaffen deklariert und unverhohlen für die Selbstdarstellung eines Wirtschaftssystems (und nicht für ein religiöses oder politisches System) eingesetzt wurde und wird, sowie dass sich historisch erstmals eine der industriell/kapitalistischen Produktionsweise entsprechende Form des Kulturschaffens entwickelt hat, wobei die entscheidende qualitative Veränderung darin liegt, dass es sich – insofern als auch die Produktion betroffen ist – um ein umfassendes und nicht nur für Teilbereiche der Gesellschaft (wie Freizeit, Unterhaltung etc.) relevantes Phänomen handelt. 'Ästhetisierung der Ökonomie' meint aber auch, durchaus in Anspielung auf Walter Benjamins These von der 'Ästhetisierung der Politik' bezogen, dass das zentrale Motiv der Akteure des Wirtschaftssystems, nämlich Marktmacht zu erlangen und zu behalten, und dies z.T. auch durch politische Einflussnahme, durch Strategien der Ästhetisierung zumindest nicht so klar erkennbar sein soll. im Vordergrund stehen soll vielmehr das Spektakel, das Identitätsangebot, der lustvolle Aspekt des Konsumierens, dieser soll unmittelbar, sinnlich erfahrbar sein, während soziale Ungleichheiten, leidvoller Mangel an Kaufkraft etc. als individuelle Unzulänglichkeiten hingestellt werden. 'Ästhetisierung' – darauf sei noch eindringlich hingewiesen – soll hier keinesfalls als Behübschung oder Verschönerung verstanden werden, sondern in Referenz zum ursprünglichen Bedeutungsgehalt des Wortes 'aisthesis' als unmittelbare, sinnliche Wahrnehmung bzw. Erkenntnis. Die Bilder, Klänge und Slogans der entertainement industries sprechen nicht den kognitiven Bereich der Wahrnehmung an sondern die sinnliche und daher emotionale Dimension. Es

---

27 Vgl. z.B. Featherstone 1992, Fiske 1989.
28 Vgl. Bolz/Bosshart 1995.
29 Z.B. Klein 2000.
30 Vgl. Schiller 1991 oder Tomlinson 1991.

ist daher m.E. durchaus gerechtfertigt die 'Ästhetisierung der Ökonomie' als eine Strategie der Verführung zu bezeichnen.

Zum Verhältnis von Kulturschaffenden und entertainment industries

Die traditionellen, am bürgerlichen Kunstideal orientierten Kulturschaffenden, die es natürlich weiterhin gibt, haben auch eine Rolle im industrialisierten Kulturschaffen zu spielen. Sie sind – dem eigentlichen industrialisierten Produktionsbereich nur formell subsumiert, also vorgelagert und tendenziell ausgegrenzt – die Ideenbringer für die entertainment industries, vor allem dann, wenn es sich um unbekannte, innovative oder sendungsbewusste Kulturschaffende handelt. Denn die Risikobereitschaft innerhalb der industrialisierten Kultur ist aus ökonomisch einsichtigen Gründen nicht sehr hoch. Bewährtes wird so lange produziert, bis das Publikum gesättigt ist. Doch was dann? Innovative ästhetische Impulse kommen – vielleicht mit Ausnahme des avancierten Bereichs digitaler Kunstproduktion (webdesign etc.) – weitgehend immer noch aus dem experimentellen, ökonomisch kaum rentablen Bereich des traditionellen Kulturschaffens. Die traditionellen Kulturschaffenden sind gleichsam das den entertainment industries vorgelagerte Forschungs- und Entwicklungslabor derselben. Von ihnen kommen neue Ideen formaler wie inhaltlicher Art, die sich sozusagen am 'Probemarkt' der traditionellen Kulturproduktion bewähren müssen. Einmal auf diesen Märkten erfolgreich, finden ihre Ideen, Konzepte und Projekte – oftmals in entschärfter, befriedeter Form – auch Zugang zum 'großen' Markt der industrialisierten, mediatisierten Kultur. Ähnliches gilt auch für kleine Unternehmenseinheiten im Bereich der industrialisierten Kultur, vor allem in der Film- und Tonträgerbranche, den sogenannten Independents, die ebenfalls innovative Projekte hervorbringen, die dann – im Falle des Erfolges – von den großen Unternehmen, den Majors – aufgekauft werden.

Aber die Kulturindustrie bietet den traditionellen Kulturschaffenden auch etwas: Viele experimentelle Formen wären gar nicht denkbar, nicht produzierbar und verbreitbar in der Form, in der sie letztlich doch in Marktnischen produziert und verbreitet werden, gäbe es nicht die ständige Ausweitung technischer und ökonomischer Ressourcen, die vorwiegend von profitorientierten Kulturindustrien vorangetrieben werden. Damit ist etwa die einfache Tatsache gemeint, dass mit den ständigen Innovationen im Bereich der Produktionsmittel (Kameras, Mischpulte, Elektrogitarren, Computer etc.) natürlich auch gleichzeitig ständig neue 'Auslaufmodelle' entstehen, die billigst erhältlich sind und dennoch gute Dienste leisten können; oder der Tatbestand, dass viele junge Kreative als AssistentInnen bei Großproduktionen im Film- oder Musikbereich arbeiten und gelegentlich eigene Projekte am Rande dieser Großproduktion entwickeln oder gar durchführen können[31]. Das traditionelle Kulturschaffen hat also am Big Business der Kulturindustrien ebenso parasitär teil, wie das industrialisierte Kulturschaffen an den ästhetischen Innovationen der traditionellen Kulturschaffenden parasitär teilhat.

So besteht bei aller vordergründigen Animosität und Berührungsangst zwischen den beiden Bereichen auch ein gewissermaßen symbiotisches Verhältnis zwischen dem traditionellen, eigensinnigen Kulturschaffen und der industriellen Kulturproduktion. Traditionelles Kulturschaffen ist heute ohne industrialisierte Kulturproduktion nicht mehr denkbar, so wie industrialisierte Kulturproduktion langfristig nicht ohne die Impulse traditionell-eigensinnigen Kulturschaffens überleben könnte.

Ähnlich beschaffen wie das Verhältnis zwischen industrialisiertem und traditionellem Kulturschaffen erscheint das Verhältnis zwischen mediatisierter 'Transkultur', die ja die derzeit avancierteste Form industrialisierter Kultur darstellt und authentischen, regionalen Kulturen bzw. dem, was mit Begriffen wie Soziokultur[32], alternative Kultur, dritter Sektor, Subkulturen oder autonome Kultur[33] bezeichnet wird.

Für die 'Transkultur' liefern die 'authentischen'[34] Kulturen ein Potential an unverbrauchten Formen und Inhalten. Elemente der authentischen Kulturen können jederzeit als kleine Prise Pfeffer in die transkulturellen Produkte gemengt werden und diesen dadurch immer wieder neue Impulse geben und neue Attraktivität verleihen.

In diesem Prozess der Integration von Elementen authentischer Kulturen in die Transkultur findet natürlich eine 'Zurechtstutzung' der ursprünglichen Ausdrucksformen im Sinn einer Anpassung an die Standards der Transkultur statt.

---

31 Viele Popgruppen sind als Projekte von Roadies (also jenen Leuten, die die Verstärker schleppen und aufbauen) gegründet worden, die bei Tourneen großer Acts zwischendurch die Anlage nutzen konnten. Der Filmemacher Jim Jarmusch hat seinen ersten Film gedreht, nachdem er als Assistent bei einem 'großen' Filmprojekt gearbeitet hatte und das dabei übrig gebliebene unbelichtete Filmmaterial geschenkt bekommen hatte.
32 Z.B. Husmann/Steinert 1993, Harauer/Bernard 1994.
33 Gemeint sind damit sowohl 'volkskulturelle Phänomene', wie z.B. Reggae, österreichische 'Volxmusik', world music etc, aber auch urbane subkulturelle Phänomene wie z.B. Punk, HipHop, die ja für umfassende 'Lebensstile' stehen, vgl. z.B. Mayer/Terkessidis1998 oder Breidenbach/Zukrigl 1998.
34 Ich setze den Begriff 'authentisch' in Anführungszeichen, weil er m.E. problematisch ist und keiner empirischen Realität entspricht, vgl. Smudits 2001.

Es wäre aber verfehlt, in diesem Zusammenhang grundsätzlich von bloßer Ausbeutung zu sprechen, denn gleichzeitig erhält ja die jeweilige authentische Kultur Zugang zum weltweiten Publikum der Transkultur.

Eine völlige Industrialisierung bzw. transkulturelle Standardisierung des Kulturschaffens schließt die im Rahmen kapitalistischer Verwertungsbedingungen dringendst nachgefragten Innovationen aus. Diese Impulse können nur aus einem der eigentlichen industriellen Produktion vor- oder ausgelagerten Bereich kommen und damit aus einem Bereich, der sich den der Industrialisierung immanenten Kontrollmechanismen weitgehend entziehen können muss. Der Eigensinn der den Idealen der traditionellen Kulturproduktion verpflichteten Künstler sowie der Eigensinn ursprünglicher sozio- oder subkultureller Ausdrucksformen sind die unkontrollierbaren Elemente der weiteren Entwicklung des Kulturschaffens in der elektronischen Mediamorphose und möglicherweise auch in der gerade aufkeimenden digitalen Mediamorphose.

Damit soll aber keinesfalls ein wohlgefälliges Gleichgewichtsmodell propagiert werden. Es soll nur der Realität der elektronischen Mediamorphose Rechnung getragen und auf die Interdependenzen zwischen Industrie und 'autonomem Bereich' hingewiesen werden. Traditionelles, bürgerliches Kulturschaffen und lokale kulturelle Praktiken sind ebenso keine historisch überkommenen oder obsoleten Formen des Kulturschaffens, wie das industrialisierte Kulturschaffen keine Verfallsform oder Bedrohung des Kulturschaffens darstellt. Beide Elemente benötigen einander, beide beeinflussen einander. Wie allerdings deren Verhältnis zueinander jeweils konkret aussieht, hängt von den kultur- und medienpolitischen Rahmenbedingungen ab, und also in letzter Konsequenz von den gesellschaftlichen Kräfteverhältnissen. Dass diese, wie bereits im vorigen Kapitels wie zu Beginn dieses Kapitels skizziert, derzeit in Richtung Deregulierung und damit Schwächung der außerhalb der industrialisierten Kultur befindlichen Kräfte gehen ist das Ergebnis der vollen Entfaltung der elektronischen Mediamorphose als originäre kapitalistische Form der Kulturproduktion. Mit der Digitalisierung kommt es aber möglicherweise zu einer Irritation dieses Paradigmas, deren Reichweite heute aber noch nicht abschätzbar ist. Mit dieser Thematik will ich mich nun abschließend noch beschäftigen.

Ausblick auf eine digitale Kultur und die Rolle der Forschung

Das Ergebnis der elektronischen Mediamorphose ist die Fundierung des Kulturschaffens auf Ökonomie, diese äußert sich als Ökonomisierung der Ästhetik und als Ästhetisierung der Ökonomie. Dass Ökonomie auch im Bereich des Kulturschaffens eine zentrale Rolle zu spielen beginnt hängt u.a. zumindest indirekt mit der Tatsache zusammen, dass es sich bei der elektronischen Mediamorphose um die Durchsetzung einer technikintensiven Kommunikationskultur handelt – erst massenhaft verfügbare Empfangs- und Wiedergabegeräte, die also auch massenhaft hergestellt werden müssen, lassen die Produktivkraft der elektronischen Kommunikationstechnologien zur vollen Entfaltung kommen. Der elektronischen Mediamorphose entspricht also die Massengesellschaft bzw. die Massenproduktion (auch als economy of scale oder Fordismus bekannt). Bis zum Ende der 1970er Jahre kann noch weitgehend von einer Wirtschaftspolitik gesprochen werden, die sich durch wohlfahrtsstaatliche Sicherheiten auszeichnete, was die volle Entfaltung einer originär kapitalistischen Kommunikationskultur beeinträchtigte.

Das Ende der Massenproduktion (statt dessen: Postfordismus), der Massenkommunikation (statt dessen: z.B. Zielgruppen-Kommunikation, 'Interaktivität')[35], der Massengesellschaft (statt dessen: 'Lebensstil-Gesellschaft') zu Beginn der 1980er Jahre wird durch den Paradigmenwechsel der Wirtschaftspolitik hin zum Neoliberalismus eingeläutet (eine genaue Analyse dieses Wandels ist, wie schon mehrfach betont, hier nicht möglich). Im Rahmen dieser Entwicklung spielte und spielt die Digitalisierung eine gewichtige Rolle, weil mit ihr die Informationsflüsse auch im Wirtschaftsbereich auf ein neues Niveau gehoben werden. Und im Bereich der gesellschaftlichen bzw. kulturellen Kommunikation wurde Deregulierung bzw. Privatisierung damit legitimiert, dass die neuen Kommunikationstechnologien nunmehr freie Marktkräfte auch in jenen Bereichen zuließen, die bislang durch öffentliche Fördergelder gestützt worden waren oder die als natürliche Monopole galten,[36] (und die deshalb bis dahin auch verstaatlicht waren, wie z.B. Rundfunkanstalten oder das Telefonwesen).

Mit dieser Entwicklung wurde erst die endgültige Entfaltung der elektronischen Mediamorphose ermöglich, die aber gleichzeitig schon auf die digitale Mediamorphose verweist. Denn die Digitalisierung treibt

---

35 Vgl. Ang 1991, Hoffmann-Riem/Vesting 1994.
36 Eine Darstellung dieser Thematik findet sich z.B. in Blaukopf u.a. 1985.

nur eine Dimension der Kommunikationskultur weiter in die Richtung einer originären kapitalistisch-industriellen Kultur und eines ebensolchen Kulturbegriffs. Hier verweise ich auf die theoretischen Überlegungen, die dieser Arbeit zugrunde liegen[37] und die dahin gehen, dass neue Kommunikationstechnologien sich ab einem gewissen Zeitpunkt ihrer gesellschaftlichen Verbreitung bzw. ihrer historischen Durchsetzung einen ihren eigengesetzlichen Strukturen angemessenen institutionellen Rahmen schaffen. Dieser institutionelle Rahmen (ökonomisch, politisch, rechtlich, sozial und kulturell) wird zwar gleichermaßen von den gesamten politökonomischen Rahmenbedingungen – der herrschenden Produktionsweise – mitbestimmt, doch die genannten eigengesetzlichen Strukturen sind keinesfalls zu vernachlässigen. In Bezug auf die Digitalisierung zeichnen sie sich – grob betrachtet – dadurch aus, dass sie technik- und kompetenzintensive Kommunikationskulturen schaffen. Die Technikintensität entspricht einer Fortschreibung kapitalistisch-industrieller Entwicklung und also einer Fundierung der kulturellen Kommunikation auf Ökonomie im beschriebenen Sinne.

Die damit aber jetzt (im Gegensatz zur elektronischen Kultur) unabdingbar verbundene Kompetenzintensität eröffnet eine Dimension bislang noch schwer abschätzbarer 'demokratischer' Qualitäten. Neu zu diskutieren sind in diesem Zusammenhang Kategorien wie 'Öffentlichkeit', 'Realität', 'Partizipation', 'politische Willensbildung und -äußerung' etc. Ungeklärt ist die tatsächliche Bedeutung der Möglichkeit von 'Interaktivität', von 'one to many' bzw. 'many to many' – Kommunikation.

Für den Bereich des Kulturschaffens im engeren Sinn sind hier zumindest zwei Aspekte bemerkenswert, nämlich einerseits das Entstehen von 'interaktiver' Kunst, die dem Selbstverständnis nach ein 'In-Interaktion-Treten' der RezipientInnen mit 'Kunst' anstreben, wo sich also das 'Werk', der Prozess erst im Zuge der jeweils konkreten Interaktion realisiert und mit jeder neuen Interaktion auch immer wieder neu realisiert. Kulturschaffende stellen gleichsam 'nur' die Ausgangsbedingungen für Interaktivität her.

Und andererseits ist durch die Miniaturisierung und Verbilligung und damit der leichten Verfügbarkeit auch qualitativ hochstehender Hardware und entsprechender Softwareprogramme die Chance für eine Demokratisierung des Kulturschaffens gegeben, die durchaus den VertreterInnen der 'Kultur für Alle'-Bewegung der 1970er Jahre eine wahre Freude bereitet hätte.

---

37 Vgl. oben Kapitel 5.

Hier zeichnet sich also eine Qualität der digitalen Mediamorphose ab, die – ein wenig spekulativ – als Fundierung auf Demokratie/Partizipation gefasst werden könnte.

'Ästhetisierung der Demokratie' versus 'Demokratisierung der Ästhetik' würden dann die Optionen lauten, die durchaus in Analogie zur Fundierung auf Politik, wie sie Benjamin proklamiert hat, verstanden werden können.

- 'Ästhetisierung der Demokratie' wäre dann das Instrument zur Verschleierung der tatsächlichen Machtverhältnisse, die durch die ökonomische und politische Hegemonie des supranationalen Kapitalismus gegeben sind, und würde sich in permanenten, spektakelorientierten Abstimmungsritualen zu politisch und ökonomisch unbedeutenden Dingen äußern, wohingegen die tatsächlich lebensbestimmenden, z.B. wirtschafts- oder sozialpolitischen Entscheidungen jenseits der öffentlichen Wahrnehmbarkeit getroffen werden. Ein Vorgefühl der ästhetisierten Demokratie geben die TV-reality shows mit ihren 'Rauswähl-Mechansmen' per Email, aber auch die talkshows, in denen jede/r ein Star für 20 Minuten sein kann. Dass die Ästhetisierung der Ökonomie in der Ästhetisierung der Demokratie ein prächtiges Pendant hätte, muss nicht besonders betont werden.

- 'Demokratisierung der Ästhetik' wäre dann der reflektive Umgang mit den digitalisierten Kommunikationstechnologien[38], der spielerisch im künstlerisch-kulturellen Bereich erfolgt, hier gleichsam eingeübt und perfektioniert werden kann, und so zumindest eine Bereicherung der Lebensqualität in kreativer Hinsicht ermöglicht, der aber gleichermaßen bei der alltäglichen politischen Willensäußerung eine Rolle spielen kann und soll. Es ist zu vermuten, dass die Durchsetzungsfähigkeit eines solchen Modells der Demokratisierung die 'Ökonomisierung der Ästhetik' zur Voraussetzung hat. Erst wenn die künstlerische Tätigkeit 'entzaubert' ist, wird sie m.E. überhaupt 'reif' für demokratische Nutzbarmachung.

- Gar nicht so unwahrscheinlich ist mittelfristig die Gleichzeitigkeit all der hier skizzierten widersprüchlichen Tendenzen, vor allem nämlich dann, wenn die Tatsache der 'Wissenskluft' ins Kalkül gezogen wird. Sehr viele werden aus ökonomischen Gründen keinen oder nur sehr beschränkten Zugang zu den avancierten Technologien haben bzw. die Chance erhalten, entsprechende Kompetenzen zu erlangen. Für diese Menschen werden die verführenden Kräfte der 'Ästhetisierung der Ökonomie' und die machtverschleiernden Kräfte der 'Ästhetisierung der Demokratie' bestimmende Faktoren ihrer Le-

---

38 Vgl. z.B. Groll 1998.

benswelt sein. Relativ wenige werden dagegen Zugang zu den Technologien haben und entsprechende Kompetenzen besitzen (ohne notwendigerweise ökonomischen und politischen Eliten anzugehören). Für sie ergeben sich gute Chancen die Lebenswelt auch im Sinne der Demokratisierung der Ästhetik zu bereichern bzw. aktiv zu gestalten...

Doch damit genug der Spekulation. Ich fasse zusammen:

Die digitale Mediamorphose treibt einerseits Entwicklungen, die mit der elektronischen Mediamorphose eingesetzt haben, voran bzw. bringt sie zur vollen Entfaltung:

die Mediatisierung wird intensiviert, bezüglich der Kommerzialisierung können durchaus auch gegenläufige Tendenzen Platz greifen, da der herkömmliche Warentausch möglicherweise in der bisher bekannten Form an Bedeutung verliert.

Arbeitsweise und Berufsfeld der Kulturschaffenden verändern sich: traditionelle künstlerische Tätigkeiten werden weiter rationalisiert, bei 'schaffenden' KünstlerInnen durch die Produktivkraft Computer, während die Leistungen von nachschaffenden KünstlerInnen durch ebendiese Produktivkraft tendenziell ersetzt werden können.

Neue Kulturberufe bzw. ein neues Verständnis von Kulturschaffen entsteht aus dem sich neu herausbildenden Verhältnis von Technik und Kunst: für MedienkünstlerInnen ist die Trennung von Kunst, Kommunikation und Technik tendenziell aufgehoben.

Die Arbeitsbeziehungen verändern sich in die Richtung wieder wachsender Anteile von selbstständigen Kulturschaffenden. Zum Teil aus industriepolitischen Gründen: die Kulturindustrien lagern kreative Arbeitsbereich aus, zum Teil aus Gründen der Miniaturisierung und Verbilligung der Produktionsmittel, die nunmehr relativ leicht von einzelnen Kulturschaffenden individuell angeeignet werden können. Diese Entwicklung kann sowohl 'Re-Autonomisierung' wie auch als bloße 'Flexibilisierung' im Sinne von 'Scheinselbstständigkeit' bedeuten.

Das Urheberrecht stellt angesichts neuer, kaum zu kontrollierender Möglichkeiten des Kopierens oder Verbreitens von digital gespeicherten künstlerischen Phänomenen immer weniger ein adäquates Mittel zum Schutz geistigen Eigentums dar.

Legitimität und Wert traditionellen Kunstschaffens wird nicht mehr fraglos anerkannt, Produktionen, die nach rein ästhetischen Kriterien erstellt werden, können immer weniger als Einkommensquelle angesehen werden, möglicherweise werden sie den Stellenwert einer 'ästhetischen Visitenkarte', die einen guten Einstieg in den 'angewandten' Bereich des Kulturschaffens ermöglicht, erhalten.

Digitale Kultur ist technik- und kompetenzintensiv, sie verlangt entsprechende Kompetenzen beim Umgang nicht nur mit den Produktionsmitteln sondern auch mit den 'Rezeptionsmitteln' des Kulturschaffens. Der angemessene Zugang zur digitalen Kultur wird nur jenen möglich sein, die sowohl in Geräte (Geld) wie in die Aneignung der Kompetenzen (Zeit) investieren können. Das Entstehen einer wachsenden Kluft zwischen denen, die an der digitalen Kultur aktiv teilnehmen und jenen, die bestenfalls passiv rezipieren können, ist absehbar.

Mit der Digitalisierung wird die internationale Vernetzung der Kulturindustrien auf ein neues Niveau gehoben, die Globalisierung der Kultur bzw. die damit einhergehenden Widersprüche sind Gegenstand weitreichender kulturtheoretischer, aber auch kulturpolitischer Diskussionen.

Ebenfalls eine völlig neue Qualität erhält die Werbung. Angesichts der Digitalisierung und Globalisierung wird sie zu einem zentralen Faktor, ja möglicherweise zur zentralen Funktion des Kulturschaffens. Es ist davon auszugehen, dass Kunst im Zuge der digitalen Mediamorphose sich durch eine immer deutlichere Fundierung auf Ökonomie charakterisieren lässt. Dieser steht eine ebenso (und auch gleichzeitig) mögliche Fundierung auf Demokratie gegenüber.

Die Zukunft der Kulturschaffenden traditionellen Zuschnitts ist darin zu sehen, dass sie dem industriellen Produktionsprozess aus- bzw. vorgelagert, als (weitgehend unbezahltes) Forschungs- und Entwicklungslabor in Sachen Ästhetik dienen, die sich ihre Eintrittskarte ins künstlerische Erwerbsleben mit eigensinnigen ästhetischen Produktionen erstehen, um dann relativ gut bezahlte angewandte Kulturproduktion in der Werbung, im Design, im Entertainment-Bereich zu leisten.

Gleichzeitig entsteht ein neuer Typ von Kulturschaffenden, deren Selbstverständnis jenseits des traditionellen KünstlerInnenideals liegt und die sich eher als TechnikerInnen oder KommunuikationsforscherInnen mit ästhetischen Kompetenzen verstehen, die aber gleichermaßen selbstständig (MedienkünstlertInnen) wie (schein)angestellt (Angewandte) arbeiten können.

Wie aber letztlich das zukünftige Kulturschaffen und die kulturelle Kommunikation im digitalen Zeitalter im Detail und ganz konkret aussehen werden, ist aus heutiger Sicht nicht abzuschätzen, da vieles von ökonomischen und politischen Weichenstellungen abhängt, die jenseits künstlerisch-kultureller Entwicklungen liegen, aber auch von den Ideologien, die entsprechend den gesellschaftlichen Kräfteverhältnissen die Funktionen von Kunst (Erkenntnisform, Design, Unterhaltung etc.) definieren.

In Bezug auf die zukünftige Forschung und der sich vielleicht damit auch ergebenden Bewertung der digitalen Mediamorphose möchte ich abschliessend noch einen mir sehr wesentlich erscheinenden Aspekt unterstreichen. Ich verweise dabei nochmals auf die schon zitierten Feststellung von Umberto Eco, 'dass jede Veränderung der kulturellen Werkzeuge in der Menschheitsgeschichte eine tiefreichende Krise des überkommenen oder geltenden 'Kulturmodells' auslöst'[39]. In diesem Sinne bewirkt die digitale Mediamorphose – wie jede Veränderung – eine Krise des traditionellen Verständnisses von Kultur. Eine Beurteilung des 'neuen Modells' aus der Sicht 'alter' Modelle ist daher nicht zielführend, will man sich die Möglichkeit offen halten, klar zu sehen, was geschieht. Und gerade das ist der Anspruch, den sich eine kultursoziologische Betrachtungsweise stellen soll.

Damit ist eine ganz wesentliche Funktion angedeutet, die einer dem Konzept der Mediamorphose folgenden Forschungsansatz zukommt, nämlich Technologiefolgenabschätzung zu betreiben. Im konkreten Fall: das Studium der grafischen oder der elektronischen Mediamorphose liefert ein Modell eines umfassenden Strukturwandels des Kulturschaffens, der ganz wesentlich (mit)bestimmt worden ist durch die Erfindung und Verbreitung von (damals) neuen Kommunikationstechnologien. Die Auswirkungen der digitalen Mediamorphose sind an diesem formalen Modell eines umfassenden Strukturwandels, nicht aber am konkreten Kulturschaffen und der konkreten kulturellen Kommunikation, die im Zuge vorangehender Mediamorphosen entstanden sind, zu messen. Ein neues, diesmal durch die Digitalisierung geprägtes Kulturschaffen entsteht, neue Formen kultureller Kommunikation entstehen. Dass damit Folgewirkungen in verschiedensten Bereichen auftreten werden, von der sozialen Lage über die Produktionsbedingungen von Kulturschaffenden bis zu den künstlerisch-kulturellen Ausdrucksformen und entsprechenden Seh- und Hörgewohnheiten, ist unausweichlich. Kulturforschung, die dem Konzept der Mediamorphose verpflichtet ist, kann und soll Befunde darüber vorlegen, welche Entwicklungsmöglichkeiten bei unterschiedlicher politischer, rechtlicher aber auch sozialer Handhabung dieser neuen Kommunikationstechnologien denkbar und absehbar sind. Nicht mehr und nicht weniger.

---

39 Eco 1984: 38.

Epilog

Bei den redaktionellen Schlussarbeiten zur vorliegenden Publikation geraten mir zwei Bücher in die Hände, die ich hier doch noch erwähnen muss. Es handelt sich um Analysen der aktuellen kulturellen Entwicklung aus sehr unterschiedlichen Positionen, die beide ganz hervorragend mit der von mir aufgestellten These der Ästhetisierung der Ökonomie korrespondieren.

Da ist zunächst das Buch 'Megaphilosophie. Das Freiheitsversprechen der Ökonomie' verfasst von dem Philosophen Joachim Klein (Göttingen: Steidl Verlag 2002), der davon ausgeht, dass jede Epoche von einer Megaphilosophie, die Absolutheitsanspruch bei der Definition von 'Welt' erhebt, dominiert würde. Nach der 'Kirche' im Mittelalter und der 'Vernunft' im bürgerlichen Zeitalter sei nun die Epoche der Megaphilosophie der Ökonomie angebrochen, d.h. alles und jedes – und also auch die Kunst – würde gemäss den Prinzipien der Ökonomie funktionieren und funktionalisiert werden. U.a. spricht er in diesem Zusammenhang von 'Marketing als Kunst' und von 'Marken als Gesamtkunstwerke im kleinen', von einer 'Ökonomie des Immateriellen', die er als 'Ideologiewirtschaft' bezeichnet (S. 312ff.) usw.

Und dann ist da ein Buch 'The Entertainment Industry. The mega-media forces that are reshaping our lives' (London:Penguin, 1999) verfasst von Michael J. Wolf, seines Zeichens 'leading consultant to the world's top media and entertainment industries'. Allein die Nennung von drei Kapitelüberschriften macht klar, dass es hier um mehr als eine bloße Beschreibung der Macht der Kulturindustrien geht: 'The E-Factor (Entertainment Factor): There's no business without show business', 'The new world entertainment order' und 'Brand Empires'. Also auch hier wieder die Bedeutung von Kulturschaffen im Marketing-Bereich, auch hier die Bedeutung von Marken. Zunehmend – so die These Wolfs – gehe wirtschaftlich nichts mehr ohne die Einbeziehung des E-Faktors, und als Top-Consultant weiß er wovon er spricht.

Beide Male, bei Klein ebenso wie bei Wolf, steht also im Zentrum die Überzeugung, dass es um mehr als die bloße 'Ökonomisierung der Kultur' oder die 'Kulturalisierung der Ökonomie' geht – und die Nähe zu meiner These von der Ästhetisierung der Ökonomie ist unübersehbar. Diese Sichtweise scheint also – so der für mich ermutigende Schluss dieser Lektüren – gerade dabei zu sein, sich auf breiterer Ebene durchzusetzen. Es macht immer froh, wenn man die Bestätigung erhält, mit seiner Analyse nicht am falschen Dampfer zu sitzen.

Bibliografie

Adorno, Theodor W.: Einleitung in die Musiksoziologie. O.o. (Reinbek) (Rowohlt) 1968

Adorno, Theodor W.: Resüme über die Kulturindustrie. In: ders.: Ohne Leitbild. Frankfurt/Main (Suhrkamp) 1973

Adorno, Theodor W.: Zur gesellschaftlichen Lage der Musik. In: Prokop, Dieter (Hg): Kritische Kommunikationsforschung. Aufsätze aus der Zeitschrift für Sozialforschung. München (Hanser) 1973

AKM 1987 = Staatlich genehmigte Gesellschaft der Autoren, Komponisten und Musikverleger: Übersicht über die Einnahmen der AKM. Schreiben von Generaldirektor Ernst Huemer vom 17.März 1987 und ergänzende Auskunft vom 4.Juni 1987

Almhofer, Edith u.a.: Die Hälfte des Himmels. Chancen und Bedürfnisse kunstschaffender Frauen in Österreich. Gumpoldskirchen (deA) 2000

Anders, Günther: Die Antiquiertheit des Menschen. Band 1. München (Beck) 1987

Ang, Ein: Desperately Seeking the Audience. London New York (Routledge) 1991

Appadurai, Arjan: Disjuncture and Difference in the Global Cultural Economy. In: Mike Featherstone (Ed.): Global Culture, Nationalism, Globalization and Modernity. London etc: Sage, 1990.

AUSTROMECHANA 1987: Wert mechanisch-musikalischer Rechte in Österreich. Schreiben von Direktor Helmut Steinmetz vom 14.April 1987 und Erläuterungen zum Geschäftsbericht für das Jahr 1985

Baatz, Wilfried: Geschichte der Fotografie. Köln (Dumont) 1997

Bab, Julius: Das Theater im Lichte der Soziologie. Stuttgart (Enke) 1974 (1931)

Barck, Karlheinz (Hrsg.): Harold A. Innis – Kreuzwege der Kommunikation. Ausgewählte Texte. Wien New York (Springer) 1997

Barck, Karlheinz et al. (Hg.): Aisthesis. Wahrnehmung heute oder Perspektiven einer anderen Ästhetik. Leipzig (Reclam) 1990

Baudrillard, Jean: Der symbolische Tausch und der Tod. München (Matthes & Seitz) 1982

Baudrillard, Jean: For a Critique of the Political Economy of the Sign. St. Louis (Telos Press) 1981 (1972)

Baudrillard, Jean: Requiem für die Medien. In: ders.: Kool Killer. Berlin (Merve) 1978

Baumgart, Fritz: Vom Idealismus zum Realismus. Köln (Dumont) 1975

Baumgart, Fritz: Vom Klassizismus zur Romantik. Köln (Dumont) 1974

Beck, Ulrich (Hg.): Perspektiven der Weltgesellschaft. Frankfurt/Main (Suhrkamp) 1998

Beck, Ulrich: Was heißt Globalisierung? Frankfurt/Main (Suhrkamp) 1997

Benevolo, Leonardo: Geschichte der Architektur des 19. und 20. Jahrhunderts (Band 1) (3.Auflage). München (Campus) 1984

Benjamin, Walter: Das Kunstwerk im Zeitalter seiner technischen Reproduzierbarkeit. Frankfurt/Main (Suhrkamp) 1976 (1963) (1936)

Bentele, Günter (Hg): Semiotik und Massenmedien. München (Ölschläger) 1981

Berthold, Margot: Weltgeschichte des Theaters. Stuttgart (Kröner) 1968

Besseler, Heinrich: Aufsätze zur Musikästhetik und Musikgeschichte. Leipzig (Reclam) 1978.

Bindhardt, Heiner: Der Schutz von in der Popularmusik verwendeten elektronisch erzeugten Einzelsounds nach dem Urheberrechtsgesetz und dem Gesetz gegen den unlauteren Wettbewerb. Frankfurt/Main u.a. (Peter Lang) 1998

Bischoff, Joachim et al.: Die Fusionswelle. Die Grosskapitale und ihre ökonomische Macht. Hamburg (VSA) 2000

Bismarck, Klaus v. et al.: Industrialisierung des Bewusstseins. München (Piper) 1985

Blaukopf, Kurt / Hofecker, Franz-Otto / Smudits, Alfred: Technologie und kulturelle Identität. MEDIACULT Wien (Mediacult) 1985 (Forschungsbericht)

Blaukopf, Kurt: Beethovens Erben in der Mediamorphose. Kultur- und Medienpolitik für die elektronische Ära. Heiden (Niggli) 1989

Blaukopf, Kurt: Die qualitative Veränderung musikalischer Mitteilung in den technischen Medien der Massenkommunikation in: Kölner Zeitschrift für Soziologie und Sozialpsychologie, Jg.21, Heft 3 1969

Blaukopf, Kurt: Musik im Wandel der Gesellschaft. München (Piper) 1984 (2. überarbeitete und ergänzte Auflage: Darmstadt: Wissenschaftliche Buchgesellschaft 1996)

Blaukopf, Kurt: Musiksoziologie. Niederteufen (Niggli) 1972

Blaukopf, Kurt: Raumakustische Probleme der Musiksoziologie. In: Die Musikforschung 15, 1962 (S.237-246)

Bobrowsky / Langenbucher (Hg): Wege zur Kommunikationsgeschichte. München (Ölschläger) 1987

Bobrowsky, Manfred u.a. (Hg): Medien- und Kommunikationsgeschichte. Wien (Braumüller) 1987

Bohn, Rainer/Müller, Eggo/Ruppert, Rainer (Hg.): Ansichten einer künftigen Medienwissenschaft. Berlin (Sigma) 1988

Bolz, Norbert/Bosshart David: Kult Marketing. Die neuen Götter des Marktes. Düsseldorf (Econ) 1995

Bolz, Norbert: Am Ende der Gutenberg-Galaxis. Die neuen Kommunikationsverhältnisse. München (Fink) 1993

Bonfadelli, Heinz: Die Wissenskluftperspektive. Massenmedien und gesellschaftliche Information. München (Ölschläger) 1994

Bontinck, Irmgard (Hg.): Musik/Soziologie/... Thematische Umkreisungen einer Disziplin. Strasshof (Vier Viertel Verlag) 1999

Bontinck, Irmgard / Smudits, Alfred (Hg.): Elektronische Kultur zwischen Politik und Markt. Kulturindustrie und Medienpolitik in Österreich. Wien Mülheim/Rhur (Guthmann Peterson) 1996

Bontinck, Irmgard: Öffentliche Aufführung und Konzert als Kategorien musikalischen Handelns. In: Bontinck, Irmgard (Hg.): Musik/Soziologie/... Thematische Umkreisungen einer Disziplin. Strasshof (Vier Viertel Verlag) 1999 (S. 25-36)

Bosse, Heinrich: Autorschaft ist Werkherrschaft. Paderborn München Wien Zürich (UTB) 1981

Bourdieu, Pierre: Die feinen Unterschiede. Kritik der gesellschaftlichen Urteilskraft. Frankfurt/Main (Suhrkamp) 1982

Bourdieu, Pierre: Die Regeln der Kunst. Genese und Struktur des literarischen Feldes. Frankfurt am Main (Suhrkamp) 2001

Bourdieu, Pierre: Zur Soziologie der symbolischen Formen. Frankfurt/Main (Suhrkamp) 1974

Brand, Stewart: Media Lab. Computer, Kommunikation und neue Medien. Die Erfindung der Zukunft am MIT. Reinbek (Rowohlt) 1990

Braun, Christoph: Max webers Musiksoziologie. Laaber (Laaber) 1992

Brecht, Bertold: Der Rundfunk als Kommunikationsapparat. In: Pias, Claus et al.: Kursbuch Medienkultur. Stuttgart (DVA) 1999 (1932) (S. 259-263)

Brehpol, Klaus: Telematik. Bergisch Gladbach (Bastei Lübbe) 1983

Breidenbach, Joana / Zukrigl, Ina: Tanz der Kulturen. Kulturelle Identität in einer globalisierten Welt. München (Kunstmann) 1998

Brückner, Wolfgang: Elfenreigen - Hochzeitstraum. Die Öldruckfabrikation von 1880-1940. Köln (Dumont) 1974

Buddemeier, Heinz: Von der Keilschrift zum Cyberspace. Der Mensch und seine Medien. O.O. (Urachhaus) 2001

Bundesamt für Statistik (Hg): Volkszählung 1934, Heft 2. Wien 1935

Bungard, Walter / Lenk, Hans (Hg): Technikbewertung. Philosophische und psychologische Perspektiven. Frankfurt/Main (Suhrkamp) 1988

Bürger, Peter: Das Vermittlungsproblem in der Kunstsoziologie Adornos. In: Lindner, Burkhardt / Lüdke, Martin (Hg): Materialien zur ästhetischen Theorie Adornos. Frankfurt/Main (Suhrkamp) 1980

Bürger, Peter: Theorie der Avantgarde. Frankfurt/Main (Suhrkamp) 1974

Bystrina, Ivan: Kodes und Kulturwandel in: Zeitschrift für Semiotik Band 5 Heft 1/2. Wiesbaden (Athenaion) 1983

Charlton, Michael/Schneider, Sylvia (Hg.): Rezeptionsforschung. Theorien und Untersuchungen zum Umgang mit Massenmedien. Opladen (Westdeutscher Verlag) 1997

Clarke, John et al.: Jugendkultur als Widerstand. Frankfurt/Main (Syndikat) 1981

Claus, Jürgen: Elektronisches Gestalten in Kunst und Design. Richtungen, Institutionen, Begriffe. Reinbek bei Hamburg (Rowohlt) 1991

Collins, R. et al (Ed): Media, Culture and Society. London et al. (Sage) 1986

Colombet, Claude: Propriete litteraire et artistique. Paris (Dalloz) 1986

Cooper, C.: Noises on the Blood. Orality, Gender and the 'Vulgar' Body of Jamaican Popular Culture. London / Basingstoke: MacMillan, 1993

Council of Europe: In from the Margins. A contribution to the debate on Culture and Development in Europe. Strasbourg CC-Cult (96)7 (manuscript) 1996

Council of Europe: New Ideas in Science and Art. O.O. (Strasbourg) (Council of Europe) 1997

Czitrom, Daniel: Media and the American Mind: From Morse to McLuhan. Chappel Hill (University of North Carolina Press) 1982

Daheim, Hansjürgen: Berufssoziologie. In: König, Rene (Hg): Handbuch der empirischen Sozialforschung Band 8. Stuttgart (dtv) 1977

Daniel, Ute: Kompendium Kulturgeschichte. Theorien, Praxis, Schlüsselwörter. Frankfurt/Main (Suhrkamp) 2001

Davies, Gillian / Rauscher auf Weeg, H.M. von: Das Recht der Hersteller von Tonträgern. München (Beck) 1983

de Swaan, Abram: Die soziologische Untersuchung der transnationalen Gesellschaft. In: Journal für Sozialforschung, 35 Jg., Heft 2 1995, pp.107-120

Decker, Edith/Weibel, Peter (Hg.): Vom Verschwinden der Ferne. Telekommunikation und Kunst. Köln (DuMont) 1990

Dery, Mark: Cyber. Die Kultur der Zukunft. Berlin (Volk & Welt) 1996

Dinkla, Söke: Pioniere Interaktiver Kunst von 1970 bis heute. Ostfildern (Cantz) 1997

DMV 1984 = Deutscher Musikverleger Verband e.V. / Deutsche Landesgruppe der IFPI (Hg): Stellungnahme der Musikwirtschaft zum Entwurf eines Gesetzes zur Änderung von Vorschriften auf dem Gebiet des Urheberrechts (Bundestags-Drucksache 10/837). Bonn 1984

Dresdner, Albert: Die Entstehung der Kunstkritik. München (Bruckmann) 1968

Druckrey, Timothy (Hg.): Ars Electronica. Facing the Future. A Survey of two Decades. Cambridge/Mass. London (MIT Press) 1999

Duchkowitsch, Wolfgang (Hg): Mediengeschichte. Forschung und Praxis. Wien Köln Graz (Böhlau) 1985

Dürer, Albrecht: Schriften und Briefe, herausgegeben von Ernst Ullmann. Leipzig (Reclam) 1978

Durth, Werner: Die Inszenierung der Alltagswelt. Zur Kritik der Stadtgestaltung. Braunschweig (Vieweg) 1988

Eco, Umberto: Apokalyptiker und Integrierte. Frankfurt/Main (Fischer) 1984

Eco, Umberto: Einführung in die Semiotik. München (UTB) 1972

Eco, Umberto: Vom Cogito Interruptus. In: ders.: Über Gott und die Welt. München Wien (Hanser) 1985

Eisenberg, Evan: The Recording Angel. Music Records and Culture. New York (McGraw-Hill) 1987

Eisenstein, Elisabeth L.: The Printing Press as an Agent of Social Change (2Bde). Cambridge England (Cambridge University Press) 1979

Elm, Theo/Hiebel, Hans H. (Hg.): Medien und Maschinen. Literatur im technischen Zeitalter. Freiburg im Breisgau (Rombach) 1991

Elste, Martin: Kleines Tonträger-Lexikon. Von der Walze zur Compact-Disc. Kassel Basel (Bärenreiter) 1989

Enzensberger, Hans Magnus: Baukasten zu einer Theorie der Medien in: Kursbuch 20 1970

Europäische Kommission, Generaldirektion Beschäftigung und Soziales: Ausschöpfung und Entwicklung des Arbeitsplatzpotentials im kulturellen Sektor im Zeitalter der Digitalisierung. Schlussbericht – Zusammenfassung. O.O. (Broschüre) Juni 2001

Europäische Kommission, Generaldirektion X: Kultur, Kulturwirtschaft und Beschäftigung. Arbeitsunterlage der Kommissionsdienststellen. Brüssel (Manuskript) 4.Mai 1998

European Music Office (Ed.): Music in Europe. A study carried aout by the European Music Office with the support of the European Commission (DGX). No place (Manuscript) September 1996

Faßler, Manfred/Halbach, Wulf (Hg.): Geschichte der Medien. München (Fink) 1998

Faßler, Manfred: Mediale Interaktion. Speicher, Individualität, Öffentlichkeit. München (Fink) 1996

Faulstich Werner / Faulstich Irgard: Modelle der Filmanalyse. München Fink) 1977

Faulstich, Werner (Hg): Kritische Stichwörter zur Medienwissenschaft. München (Fink) 1979

Faulstich, Werner (Hg.): Grundwissen Medien. München (Fink) 1998

Faulstich, Werner: Das Medium als Kult. Von den Anfängen bis zur Spätantike (8. Jahrhundert). Göttingen (Vandenhoeck und Ruprecht) 1997

Faulstich, Werner: Medien und Öffentlichkeiten im Mittelalter. 800-1400. Göttingen (Vandenhoeck und Ruprecht) 1996

Faulstich, Werner: Medien zwischen Herrschaft und Revolte. Die Medienkultur der frühen Neuzeit (1400-1700). Göttingen (Vandenhoeck und Ruprecht) 1998

Faulstich, Werner: Medientheorien. Einführung und Überblick. Göttingern (Vandenhoeck und Ruprecht) 1991

Featherstone, Mike (Hg.): Global Culture. Nationalism, globalization and modernity. A Theory, Culture & Society special issue. London, Newbury Park, New Delhi (Sage) 1990

Featherstone, Mike/Lash, Scott/Robertson, Roland (Eds): Global Modernities. London Thousand Oaks New Delhi: Sage 1995

Fidler, Roger: Mediamorphosis. Understanding new Media. Thousand Oaks (Pine Forge Press) 1997

Fiske, John: Understanding Popular Culture. London Sidney Wellington (Unwin Hyman) 1989

Flender, Reinhard/Lampson, Elmar (Hg.) Copyright. Musik im Internet. Berlin (Kadmos) 2001

Flichey, Patrice: Tele. Geschichte der modernen Kommunikation. Frankfurt/New York (Campus Verlag) 1994

Flusser, Vilem: Die Schrift. Göttingen (Immatrix) 1987

Flusser, Vilem: Für eine Philosophie der Fotografie. Göttingen (European Photography) 1983

Flusser, Vilem: Ins Universum der Technischen Bilder. Göttingen (European Photography) 1985

Flusser, Vilem: Medienkultur. Frankfurt/Main (Fischer) 1997

Fohrbeck, Karla / Wiesand, Andreas Johannes: Der Künstler- Report. München Wien (Hanser) 1975

Franke, Herbert W.: Leonardo 2000. Kunst im Zeitalter der Computer. Frankfurt/Main (Suhrkamp) 1987

Fredel, Jürgen: Kunst als Produktivkraft. Kritik eines Fetischs am Beispiel der ästhetischen Theorie T.W.Adornos. In: Müller M. u.a.: Autonomie der Kunst. (Suhrkamp) Frankfurt/Main 1974

Freier, Rolf: Der eingeschränkte Blick und Die Fenster zur Welt. Marburg (Jonas) 1984

Freund, Gisèle: Photographie und Gesellschaft. Reinbek (Rowohlt) 1989

Friedrichs, Günter / Schaff, Adam (Hg): Auf Gedeih und Verderb. Mikroelektronik und Gesellschaft. Wien München Zürich (Europaverlag) 1982

Galtung, Johan: Der Preis der Modernisierung. Struktur und Kultur im Weltsystem. Wien: Promedia 1997

Garnham, Nicholas: Capitalism and Communication. Global Culture and the Economics of Information. London et al. (Sage) 1990

Garnham, Nicholas: Contribution to a political economy of mass-communication. In: Collins R. et al. (Ed): Media, Culture and Society. London u.a. (Sage) 1986

Gay, Paul de (Ed.): Production of Culture/Cultures of Production. London (Sage) 1997

Gebauer, Gunter/Wulf, Christoph (Hg.): Praxis und Ästhetik. Neue Perspektiven im Denken Pierre Bourdieus. Frankfurt/Main (Suhrkamp) 1993

Gebesmair, Andreas / Smudits, Alfred (Eds.): Global Repertoires. Popular music within and beyond the transnational music industry. Aldershot et al. (Ashgate) 2001

Gebesmair, Andreas: Grundzüge einer Soziologie des Musikgeschmacks. Wiesbaden (Westdeutscher Verlag) 2001

Gendolla, Peter et al. (Hg.): Formen interaktiver Medienkunst. Frankfurt/Main (Suhrkamp) 2001

Giedion, Siegfried: Die Herrschaft der Mechanisierung. Frankfurt/Main (Europäische Verlagsgesellschaft) 1982

Giesecke, Michael: Der Buchdruck in der frühen Neuzeit. Frankfurt/Main (Suhrkamp) 1991

Giesecke, Michael: Sinnenwandel Sprachwandel Kulturwandel. Studien zur Vorgeschichte der Informationsgesellschaft. Frankfurt am Main (Suhrkamp) 1992

Gombrich, Ernst: Die Geschichte der Kunst. (Dritte Auflage). Stuttgart Zürich (Belser) 1986 (1950)

Goodman, Nelson: Sprachen der Kunst. Ansätze zu einer Symboltheorie. Frankfurt/Main (Suhrkamp) 1973

Goody / Watt / Gough: Entstehung und Folgen der Schriftkultur. Frankfurt/Main (Suhrkamp) 1986

Göttlich, Udo: Kritik der Medien. Reflexionsstufen kritisch-materialistischer Medientheorien am Beispiel von Leo Löwenthal und Raymond Williams. Opladen (Westdeutscher Verlag) 1996

Gramsci, Antonio: Zu Politik, Geschichte und Kultur (Herausgegeben von Guido Zamis). Leipzig (Reclam) 1980

Greenfield, Patricia M.: Mind and Media. Aylesbury (Fontana Paperback) 1984

Grimm, Claus: "Kunst" kultursoziologisch betrachtet in: Kölner Zeitschrift für Soziologie und Sozialpsychologie, 31.Jg. Heft 3 1979

Groll, Matthias: Das Digital. Strategien der Neuen Medien. O.O. (Klaus Boer Verlag) 1998

Gronemeyer, Andrea: Film. Köln (Dumont) 1998

Grossberg, Lawrence: What's going on? Cultural Studies und Populärkultur. Wien (Turia+Kant) 2000

Guback, Thomas / Varis, Tapio: Transnational Communication and Cultural Industries. Reports and papers on mass communication No 92. Paris (Unesco) 1982

Gumbrecht, Hans Ulrich/Pfeiffer, K. Ludwig (Hg.): Materialität der Kommunikation. Frankfurt am Main (Suhrkamp) 1988

Gumbrecht, Hans Ulrich: Medium Literatur. In: Faßler, Manfred/Halbach, Wulf (Hg.): Geschichte der Medien. München (Fink) 1998, (S. 83-108)

Gurevitch et al. (Eds.): Culture, Society and the Media. London (Routledge) 1990 (1982)

Habermas, Jürgen: Strukturwandel der Öffentlichkeit. Neuwied Berlin (Luchterhand) 1971

Hall, Stuart et al. (Eds.): Culture, Media, Language. London (Unwin Hyman) 1980

Hamelink, Cees J.: Human development. In: Unesco: World Communication and Information Report 1999-2000. Paris (Unesco Publishing) 1999

Hannerz, Ulf: Cultural Complexity. Studies in the Social Organisation of Meaning. New York: Columbia University Press, 1992

Hannerz, Ulf: The World in Creolisation. In: Africa 57, 1987, pp.546-559

Harauer, Robert / Bernard, Jeff (Eds): "New Culture" in Europe: structures, problems, developments. Wien (ÖGS/ISSS) 1994

Harris, David: From Class Struggle to the Politics of Pleasure. The Effects of Gramscianism on Cultural Studies. London (Routledge) 1992

Hartmann, Frank: Cyber. Philosophy. Medientheoretische Auslotung. Wien (Passagen) 1996

Hartmann, Frank: Medienphilosophie. Wien (WUV) 2000

Hartwagner, Georg/Iglhaut, Stefan/Rötzer, Florian (Hg.): Künstliche Spiele. München (Boer) 1993

Haug, Wolfgang Fritz: Kritik der Warenästhetik. Frankfurt/Main (Suhrkamp) 1972

Hauser, Arnold: Sozialgeschichte der Kunst und Literatur. München (C.H. Beck) 1978

Hauser, Arnold: Soziologie der Kunst. München (C.H. Beck) 1974

Havelock, Eric A.: Origins of Western Literacy. Toronto (The Ontario Institute for Studies in Education) 1976

Heinz, Günther: Der Romanismus der Niederländer und die Maniera. In: Hofmann, Werner (Hg): Zauber der Medusa. Wien (Löcker) 1987

Hepp, Andreas/Winter, Rainer (Hg.) Kultur Medien Macht. Cultural Studies und Medienanalyse. Opladen (Westdeutscher Verlag) 1997

Hepp, Andreas: Cultural Studies und Medienanalyse. Opladen (Westdeutscher Verlag) 1999

Herman, Edward S./McChesney, Robert W.: The Global Media. The New Missionaries of Corporate Capitalism. London (Cassell) 1997

Hesmondhalgh, David: Flexibility, post-Fordism and the music industries. In: Media, Culture and Society (Sage) Vol. 18, 1996 (p.469-488)

Hiebel, Hans H. (Hg.): Kleine Medienchronik. Von den ersten Schriftzeichen zum Mikrochip. München (Beck) 1997

Hiebel, Hans H./Hiebler, Heinz/Kogler, Karl/Walitsch, Herwig: Die Medien. Logik – Leistung – Geschichte. München (Fink) 1998

Hochgerner, Josef: Arbeit und Technik. Einführung in die Techniksoziologie. Stuttgart Berlin Köln Mainz (Kohlhammer) 1986

Hoffmann, Justin/von Osten, Marion (Hg.): Das Phantom sucht seinen Mörder. Ein Reader zur Kulturalisierung der Ökonomie. Berlin (b-books) 1999

Hoffmann-Riem, Wolfgang / Vesting, Thomas: Ende der Massenkommunikation? In: Media Perspektiven 8/1994 (S. 382-391)

Hoffmann-Riem, Wolfgang: Kulturelle Identität und Vielfalt im Fernsehen ohne Grenzen? Zur Diskussion um die Sicherung der Vielfalt im internationalen Rundfunk. In: Media Perspektiven 3/1985

Holz, Hans Heinz: Vom Kunstwerk zur Ware. Studien zur Funktion des ästhetischen Gegenstandes im Spätkapitalismus. Neuwied und Berlin (Luchterhand) 1972

Holzer, Horst: Kommunikationssoziologie. Reinbek (Rowohlt) 1976

Holzer, Horst: Medienkommunikation. Einführung in handlungs- und gesellschaftstheoretische Konzeptionen. Opladen (Westdeutscher Verlag) 1994

Hömberg, Walter: Von Kärrnern und Königen. Zur Geschichte journalistischer Berufe. In: Bobrowsky / Langenbucher (Hg): Wege zur Kommunikationsgeschichte. München (Ölschläger) 1987

Hörisch, Jochen: Der Sinn und die Sinne. Eine Geschichte der Medien. Frankfurt/Main (Eichborn) 2001

Horkheimer, Max / Adorno, Theodor W.: Dialektik der Aufklärung. Frankfurt/Main (Fischer) 1971

Hummel, Roman/Götzenbrucker, Gerit: Wenig lernen – alles können. Empirische Ergebnisse zur Entwicklung von Multimediaberufen in Österreich. In: SWS-Rundschau, 37.Jg. 2/1997 (S.191-204)

Hund / Kirchhoff-Hund: Soziologie der Kommunikation. Reinbek (Rowohlt) 1980

Husmann, Udo / Steinert, Thomas: Soziokulturelle Zentren. Essen Hagen (Umbruch) 1993

Hütt, Wolfgang: Wir und die Kunst. Berlin (Henschel) 1976

Illich, Ivan/Sander, Barry: Das Denken lernt schreiben. Lesekultur und Identität. Hamburg (Hoffmann und Campe) 1988

Innis, Harold: Empire and Communication. Oxford (University of Toronto) 1950

Innis, Harold: The Bias of Communication. Toronto (University of Toronto) 1951

Johns, Dirk Max: Wirtschaftmacht Fernsehen. Märkte und Mythen der Medienindustrie. Frankfurt am Main (Fischer) 1998

Kaden, Christian: Musiksoziologie. Berlin (Verlag Neue Musik) 1984

Kaiser, Gert/Matejovski, Dirk/Fedrowitz, Jutta (Hg.): Kultur und Technik im 21. Jahrhundert. Frankfurt New York (Campus) 1993

Kapner, Gerhard: Die Kunst in Geschichte und Gesellschaft. Wien (Böhlau) 1991

Kapner, Gerhardt: Autonomietendenzen in der Kunst seit dem 18. Jahrhundert. In: Beiträge zur historischen Sozialkunde, 10.Jg. Nr.1. Wien 1980

Kapner, Gerhardt: Studien zur Kunstrezeption. Modelle für das Verhalten von Publikum im Massenzeitalter. Wien Köln Graz (Böhlau) 1982

Kapner, Gerhardt: Studien zur Kunstsoziologie. Versuch eines sozialhistorischen Systems der Entwicklung europäischer Kunst. Wien Köln Graz (Böhlau) 1987

Kayser, Wolfgang: Das sprachliche Kunstwerk. Eine Einführung in die Literaturwissenschaft. Bern (Kröner) 1976 (1948)

Kerckhove, Derrick de: Schriftgeburten. Vom Alphabet zum Computer. München (Fink) 1995

Kindermann, Heinz: Theatergeschichte Europas II.Band Das Theater der Rennaissance. Salzburg (Müller) 1959

Kindermann, Heinz: Theatergeschichte Europas. III. Band Das Theater der Barockzeit. Salzburg (Müller) 1959

Kittler, Friedrich: Aufschreibsysteme 1800/1900. München (Fink) 1985

Kittler, Friedrich: Grammophon Film Typewriter. Berlin (West) (Brinkman&Bose)1986

Klein, Naomi: No Logo! Der Kampf der Global Player um Marktmacht. Ein Spiel mit vielen Verlierern und wenigen Gewinnern. O.O. (München) (Riemann) 2001

Kloock, Daniela/Spahr, Angela: Medientheorien. Eine Einführung. München (Fink) 1997

Knepler, Georg: Geschichte als Weg zum Musikverständnis. Leipzig (Reclam) 1982

Knilli, Friedrich u.a. (Hg): Literatur in den Massenmedien. Demontage von Dichtung. München (Hanser) 1976

Knilli, Friedrich: Medium. In: Faulstich, Werner (Hg): Kritische Stichwörter zur Medienwissenschaft. München (Fink) 1979

König, Rene/Silbermann, Alphons: Der unversorgte selbständige Künstler. Köln Berlin Deutscher Ärzteverlag) 1964

Krieger, David J.: Kommunikationssystem Kunst. Wien (Passagen) 1997

Kriesche, Richard (Hg): artificial intelligence in the arts nr.1 "brainwork". Graz (Steirischer Herbst) 1985

Kroker, Arthur und Marielouise: Hacking the future. Geschichten für die fleischfressenden 90er. Wien (Passagen) 1996

Kunstforum International: Ästhetik des Immateriellen? Zum Verhältnis von Kunst und Neuen Technologien. Teil I und II. Band 97/1988 und Band 98/1989. Köln 1988 und 1989

Kunstforum International: Im Netz der Systeme. Band 103/1989. Köln 1989

Lacroix, Jean-Guy / Tremblay, Gaetan: The ‚Information Society' and Cultural Industries Theory. In: Current Sociology (Sage) Vol. 45, No. 4, Oct. 1997 (pp. 1-154)

Lampalzer, Gerda: Videokunst. Historischer Überblick und theoretische Zugänge. Wien (Promedia) 1992

Lange, Bernd-Pete / Seeger, Peter (Hg.): Technisierung der Medien. Strukturwandel und Gestaltungsperspektiven. Baden-Baden (Nomos) 1996/97

Lash, Scott/Urry, John: Economies of Signs and Space. London (Sage) 1994

Lash, Scott: Reflexivität und ihre Dopplungen: Struktur, Ästhetik und Gemeinschaft. In: Beck, Ulrich /Giddens, Anthony / Lash, Scott: Reflexive Modernisierung. Eine Kontroverse. Frankfurt/Main (Suhrkamp) 1996

Latzer, Michael: Mediamatik. Die Konvergenz von Telekommunikation, Computer und Rundfunk. Opladen (Westdeutscher Verlag) 1997

Le Corbusier: 1922. Ausblicke auf eine Architektur. Frankfurt/Main Berlin (Ullstein)1963

Lefebvre, Henri: Kritik des Alltagslebens. Kronberg (Athenäum) 1977

Leithäuser, Gerhard: Kunstwerk und Warenform. In: Bürger, Peter (Hg): Seminar: Literatur- und Kunstsoziologie. Frankfurt/Main (Suhrkamp)1978

Leroi-Gourhan, Andre: Hand und Wort. Die Evolution von Technik, Sprache und Kunst. Frankfurt/Main (Suhrkamp) 1988

Lévy, Pierre: Die kollektive Intelligenz. Für eine Anthropologie des Cyberspace. Mannheim (Bollmann) 1997

Lorenz, Christopher: Die Macht des Design. Der neue Erfolgsfaktor im globalen Wettbewerb. Frankfurt New York (Campus) 1990

Löwenthal, Leo: Literatur und Gesellschaft. Neuwied Berlin (Luchterhand) 1964

Luhmann, Niklas: Das Medium der Kunst. In: Delfin 4/1986 (S.6-15)

Luhmann, Niklas: Die Kunst der Gesellschaft. Frankfurt/Main (Suhrkamp) 1995

Luhmann, Niklas: Soziale Systeme. Frankfurt/Main (Suhrkamp)1984

Luhmann, Niklas: Veränderungen im System gesellschaftlicher Kommunikation und die Massenmedien. In: Schatz, Oskar (Hg): Die elektronische Revolution. Graz Wien Köln (Styria) 1975

Luther, Henning: Kommunikation und Gewalt. Giessen (Edition 2000) 1973

Lutz, Burkart / Schmidt, Gert: Industriesoziologie. In: König, Rene (Hg): Handbuch der empirischen Sozialforschung, Band 8. Stuttgart (dtv) 1977 (1969)

Lyotard, Jean-Francois: Das postmoderne Wissen. Ein Bericht. Bremen (Impuls u. Association) 1982

Maase, Kaspar/Kaschuba, Wolfgang (Hg.): Schund und Schönheit. Populäre Kultur um 1900. Köln, Weimar, wein (Böhlau) 2001

Maase, Kaspar: Grenzenloses Vergnügen. Der Aufstieg der Massenkultur 1850-1970. Frankfut/Main (Fischer) 1997

Malm, Kriser/Wallis, Roger: Media Policy and Music Activity. London (Routledge) 1992

Maresch, Rudolf (Hg.): Medien und Öffentlichkeit. Positionierungen Symptome Simulationsbrüche. O.O. (Boer) 1996

Maresch, Rudolf/Weber, Niels (Hg.): Kommunikation Medien Macht. Frankfurt am Main (Suhrkamp) 1999

Marx, Karl: Das Kapital. Kritik der politischen Ökonomie. 1. Band. Berlin (Dietz) 1962

Marx, Karl: Ökonomische Manuskripte 1857/1858 (Marx Engels Gesamtausgabe Band 42). Berlin (Dietz) 1982

Maske und Kothurn: Spielformen im Fernsehen. Medienwissenschaftlicher Ansatz zur Untersuchung von Mikrostrukturen 18.Jg. Heft 4 1972

Mattelart, Armand: Kommunikation ohne Grenzen? Geschichte der Ideen und Strategien globaler Vernetzung. Rodenbach (Avinus Verlag) 1999

Mattelart, Armond/Mattelart, Michèle: Rethinking Media Theory. Signposts and new directions. Minneapolis (University of Minnesota) 1992

Matzker, Reiner/Zielinski, Siegfried (Hg.) Fiktion als Fakt. ‚Metaphysik' der neuen Medien. Bern u.a. (Peter Lang) 2000

Mayer, Ruth / Terkessidis, Mark (Hg.): Globalkolorit. Multikulturalismus und Populärkultur. St.Andrä/Wördern (Hannibal) 1998

McBride, Sean: Many voices, One World. Communication and Society Today and Tomorrow. Paris (Unesco) 1980

McLuhan, Marshall: Das Medium ist Massage. Frankfurt/Main (Ullstein) 1969

McLuhan, Marshall: Die Gutenberg Galaxis. Düsseldorf Wien (Econ) 1968

McLuhan, Marshall: Die magischen Kanäle. Düsseldorf Wien (Econ) 1968

McLuhan, Marshall: Wohin steuert die Welt. Wien (Europaverlag) 1978

Mead, George Herbert: Mind, Self and Society. Chicago (University of Chicago Press) 1934

MEDIACULT: Digital Culture in Europe. A selective inventory of centres of innovation in the arts and new technologies . Strasbourg (Council of Europe Publishing) 1999

MEDIACULT: Vienna Electronica. Die Szenen der Neuen Elektronischen Musik in Wien. Hgg. von Robert Harauer. Wien (mediacult.doc 05/01) o.J. (2001)

Medien Kunst Passagen. Wien (Passagen Verlag) 1992-1994

Medien-Journal Heft 4 1991/Heft 1 1992: Schwerpunkthefte zu HDTV/Hi-Vision

Miller, Jonathan: Marshall McLuhan. München (dtv) 1972

Miller, Manfred und Peter Schulze (Hg.): Geschichte der Popmusik, o.O. (Hambergen) (Bear Familiy) 1998

Moles, Abraham A.: Informationstheorie und ästhetische Wahrnehmung. Köln (Dumont) 1971

Movsessian, Vera / Seifert, Fedor: Einführung in das Urheberrecht der Musik. Wilhelmshaven (Heinrichshafen) 1982

Mukerji, Chandra: Mass culture and the modern world-system. The rise of the graphic arts. In: Theory and Society, 1979/80 (S. 245-268)

Müller, Michael u.a.: Autonomie der Kunst. Frankfurt/Main (Suhrkamp) 1974

Mumford, Lewis: Mythos der Maschine. (3.Auflage). Frankfurt/Main (Fischer) 1980

Münch, Richard: Dialektik der Kommunikationsgesellschaft. Frankfurt am Main (Suhrkamp) 1991

Münker, Stefan/Roesler, Alexander (Hg.): Mythos Internet. Frankfurt am Main (Suhrkamp) 1997

Münker, Stefan/Roesler, Alexander (Hg.): Television. Frankfurt am Main (Suhrkamp) 1999

Naumann, Christiane (Hg.): Sprung in die Zukunft. Mit Medien- und Kommunikationsberufen zum Erfolg. Stuttgart (DVA) 1999

Negroponte, Nicholas: Total Digital. Die Welt zwischen 0 und 1 oder Die Zukunft der Kommunikation. München (Goldmann) 1997

Negt, Oskar/Kluge, Alexander: Geschichte und Eigensinn. Frankfurt/main (Zweitausendeins) 1981

Nettl Bruno: The Western Impact on World Music. New York: Schirmer, 1985

Neumann-Braun, Klaus/Müller-Doohm, Stefan (Hrsg.): Medien- und Kommunikationssoziologie. Eine Einführung in zentrale Begriffe und Theorien. Weinheim und München (Juventa) 2000

New York: Pendragon Press, 1984

Noll, Justus: Multimedia, Midi und Musik. Die Welt der digitalen Klänge. Frankfurt/Main (Fischer) 1997

Ong, Walter J.: Orality and Literacy: The Technologizing of the Word. London New York (Methuen) 1982

ORF-Österreichischer Rundfunk: ORF-Mindesthonorarsätze Fernsehen. Manuskript, interne Mitteilung vom 29.7. 1993

Österreichische Kulturdokumentation. Internationales Archiv für Kulturanalysen (Hg.): Cultural Competence. Neue Technologien, Kultur & Beschäftigung. Wien (Eigenverlag) 1999

ÖSTZA 1951 = Österreichisches Statistisches Zentralamt (Hg): Volkszählung 1951, Heft 13. Wien o.J.

ÖSTZA 1961 = Österreichisches Statistisches Zentralamt (Hg): Volkszählung 1961, Heft 14. Wien o.J.

ÖSTZA 1971 = Österreichisches Statistisches Zentralamt (Hg): Volkszählung 1971, Heft 14. Wien o.J.

ÖSTZA 1972 = Österreichisches Statistisches Zentralamt (Hg): Systematisches Verzeichnis der Berufe, Ausgabe 1971. Wien 1972

ÖSTZA 1981 = Österreichisches Statistisches Zentralamt (Hg): Volkszählung 1981, 630/22. Heft (Für 1981 liegt auch eine Sonderauswertung vor, die in dankenswerter Weise von Herrn Dr. Josef Bucek zur Verfügung gestellt wurde. Wien 1985

ÖSTZA 1987 = Österreichisches Statistisches Zetralamt (Hg): Kulturstatistik 1985. Wien 1987

Ott, Sieghart: Kunst und Staat. Der Künstler zwischen Freiheit und Zensur. München (dtv) 1968

Parsons, Talcott: Politics and social structure. New York (Glencoe) 1969

Parsons, Talcott: Zur Theorie der sozialen Interaktionsmedien. Herausgegeben von Stefan Jensen. Opladen (Westdeutscher Verlag) 1980

Pearl, David et al. (Eds.): Television and Behaviour. Maryland (National Institute for Mental Health) 1982

Peterson, Richard A.: Culture Studies Through the Production Perspective. In: Diana Crane (ed.) The Sociology of Culture. Camebridge 1994

Pfammatter, René (Hg.): Multi Media Mania. Reflexionen zu Aspekten Neuer Medien. Konstanz (UVK Medien) 1998

Pias, Claus et al. (Hg.): Kursbuch Medienkultur. Die maßgeblichen Theorien von Brecht bis Baudrillard. Stuttgart (Deutsche Verlags-Anstalt) 1999

Piore, Michael / Sabel, Charles: Das Ende der Massenproduktion. Studie über die Requalifizierung der Arbeit und die Rückkehr der Ökonomie in die Gesellschaft. Berlin (Wagenbach) 1985

Plato: Phaidros. In: ders.: Sämtliche Werke. Reinbek (Rowohlt) 1957

Pohlmann, Hansjörg: Die Frühgeschichte des musikalischen Urheberrechts. Kassel (Bärenreiter) 1962

Pommerehne, Werner / Frey, Bruno S.: Musen und Märkte. Ansätze einer Ökonomik der Kunst. München (Vahlen) 1993

Postman, Neil: Das Verschwinden der Kindheit. Frankfurt/Main (Fischer) 1983

Prokop, Dieter: Der Kampf um die Medien. Das Geschichtsbuch der neuen kritischen Medienforschung. Hamburg (VSA) 2001

Prokop, Dieter: Massenkultur und Spontaneität. Frankfurt/Main (Suhrkamp) 1974

Prokop, Dieter: Medien-Macht und Massen-Wirkung. Ein geschichtlicher Überblick. Freiburg im Breisgau (Romback) 1995

Prokop, Dieter: Medien-Wirkungen. Frankfurt/Main (Suhrkamp) 1981

Pross, Harry: Geschichte und Mediengeschichte. In: Bobrowsky, Manfred et al.: Medien- und Kommunikationsgeschichte. Wien (Braumüller) 1987. (S. 8-15)

Pross, Harry: Medienforschung. Darmstadt (Habel) 1972

Ramsdale, Phillip: International flows of selected cultural goods 1980-98. Paris (Unesco) 2000

Read, Oliver/Welch, Walter L.: From Tin Foil to High Fidelity. Evolution of the Phonograph. Indianapolis (Howard W. Sams) 1976

Rech, Peter: Engagement und Professionalisierung des Künstlers. In: Kölner Zeitschrift für Soziologie und Sozialpsychologie 3/1972 509-522

Regev, Matti: Rock Aesthetics and Musics of the World. In: Theory, Culture and Society (Sage), Vol 14 (3), 1997: 125-142

Resch, Christine: Die Schönen Guten Waren. Die Kunstwelt und ihre Selbstdarsteller. Münster (Westfälisches Dampfboot) 1999

Riepl, Wolfgang: Das Nachrichtenwesen des Altertums. Mit besonderer Rücksicht auf die Römer. Nachdruck. Hildesheim (Olms) 1972 (1913)

Rifkin, Jeremy: Das Ende der Arbeit und ihre Zukunft. Frankfurt/Main New York (Campus) 1996

Ritzer, George: The MacDonaldization of Society. Thousand Oaks: Pine Forge press, 1993

Rohbeck, Johannes: Technik – Kultur – Geschichte. Eine Rehabilitierung der Geschichtsphilosophie. Frankfurt am Main (Suhrkamp) 2000

Rötzer, Florian (Hg.): Digitaler Schein. Ästhetik der elektronischen Medien. Frankfurt am Main (Suhrkamp) 1991

Rötzer, Florian (Hg.): Schöne neue Welten? Auf dem Weg zu einer neuen Spielkultur. O.O. (Boer) 1995

Ruschkowski, André: Elektronische Klänge und musikalische Entdeckungen. Stuttgart (Reclam) 1998

Schanze, Helmut (Hg.) Handbuch der Mediengeschichte. Stuttgart (Alfred Kröner Verlag) 2001

Schenda, Rudolf: Die Lesestoffe der kleinen Leute. Studien zur populären Literatur im 19. und 20. Jahrhundert. München (C.H.Beck) 1976

Schenda, Rudolf: Volk ohne Buch. Studie zur Sozialgeschichte der populären Lesestoffe 1770-1910. Frankfurt/Main (Vittorio Klostermann) 1970

Schenk, Michael: Medienwirkungsforschung. Tübingen (Mohr) 1987

Schiller, Herbert I.: Culture, Inc. The Corporate Takeover of Public Expression. New York (Oxford University Press) 1991

Schiller, Herbert I.: Disney, Dallas und der elektronische Informationsfluß. Die weltweite Kommerzialisierung der Kultur. In: Media Perspektiven 12/1988

Schleuning, Peter: Das 18. Jahrhundert: Der Bürger erhebt sich. Geschichte der Musik in Deutschland. Reinbek (Rowohlt) 1984

Schneider, Eckhard / Kunsthaus Bregenz (Hg.): Jeff Koons – Katalogbuch. Köln (König) 2001

Schnell, Ralf: Medienästhetik. Zur Geschichte und Theorie audiovisueller Wahrnehmungsformen: Film, Fernsehen, Video. Stuttgart (Metzler) 2000

Schöttker, Detlev (Hg): Von der Stimme zum Internet. Texte aus der Geschichte der Medienanalyse. Göttingern (Vandenhoeck und Ruprecht) 1999

Schulz, Wolfgang/Hametner, Kristina/Wroblewski, Angela: Thema Kunst. Zur sozialen und ökonomischen Lage der bildenden Künstler und Künstlerinnen in Österreich. Wien (Falter Verlag) 1997

Schümchen, Andreas: Karriere in den Medien: TV und Video. 100 Berufe im öffentlich-rechtlichen und privaten Fernsehen und in Produktionsunternehmen. München (Reinhard Fischer) 1995

Schwarz, Hans Peter/Shaw, Jeffrey: Perspektiven der Medienkunst. Museumspraxis und Kunstwissenschaft antworten auf die digitale Herausforderung. Ostfildern (Cantz) 1996

Shuker, Roy: Understanding popular Music. London (Routledge) 2001

Silbermann A. / Krüger U.: Soziologie der Massenkommunikation. Stuttgart (Kohlhammer) 1973

Silbermann, Alphons (Hg): Klassiker der Kunstsoziologie. München (C.H.Beck) 1979

Silbermann, Alphons: Empirische Kunstsoziologie. Stuttgart (Teubner) 1973

Silbermann, Alphons: Max Webers musikalischer Exkurs. In: Kölner Zeitschrift für Soziologie und Sozialpsychologie. 15. Jahrgang, Sonderheft 7, 1963

Silbermann, Alphons: Zur Wesentlichkeit der Beziehung zwischen Künstler und Gesellschaft. In: Kölner Zeitschrift für Soziologie und Sozialpsychologie Sonderheft 17

Smudits, Alfred u.a.: Komponisten-Report. Zur sozialen Lage der Komponisten und Komponistinnen in Österreich. Wien (WUV) 1993

Smudits, Alfred: Fortschritt in der Musik als Ideologie. In: Bontinck Irmgard (Hg): Musik/Soziologie/... Thematische Umkreisungen einer Disziplin. Strasshof (VierViertelVerlag) 1999a (1996)

Smudits, Alfred: Industrialisierung des Kulturschaffens - Metapher oder Realität? Veränderungen im Bereich des Kulturschaffens seit 1934. In: "SWS-Rundschau" 28. Jg. Heft 2/1988 (S. 253-263).

Smudits, Alfred: Kommunikationstechnologien und Kunst. Mediamorphosen des Kulturschaffens.(Habilitationsschrift)

Smudits, Alfred: Kulturschaffende als Intelligenzfraktion: ihre Klassenlage, Professionalisierung und berufliche Organisation (Jahresarbeit am Institut für höhere Studien). Wien 1981 (Manuskript)

Smudits, Alfred: Medientheorie. Mediamorphosen des Kulturschaffens und der kulturellen Kommunikation. Ein forschungspolitisches Konzept. In: mediacult.doc 03/00, Kulturpolitik, Medientheorie und Musiksoziologie. Drei wissenschaftliche Beiträge zum 30jährigen Bestehen von MEDIACULT. Hgg. von Robert Harauer, Wien: MEDIACULT 2000

Smudits, Alfred: Music policy between safeguarding and chauvinism. In: Andreas Gebesmair, Alfred Smudits (eds.): Global Repertoires. Popular music within and beyond the transnational music industry. Aldershot et al.: Ashgate 2001, 97-102.

Smudits, Alfred: Musik und Globalisierung. Die Phonographischen Industrien. Strukturen und Strategien. In: ÖZS – Österreichische Zeitschrift für Soziologie, 23 Jhg., Heft 2, Opladen (Westdeutscher Verlag) 1998

Smudits, Alfred: Musikalische Kodes – Versuch einer Systematisierung der musikalischen Kommunikation aus semiotischer Sicht. In: Bontinck, Irmgard (Hg.) Musik/Soziologie/... Thematische Umkreisungen einer Disziplin. Strasshof (Vier Viertel Verlag) 1999 (1987) (S. 64-78)

Smudits, Alfred: Sound and Vision. Über Jugendkultur, Medienkultur und Anzeichen sozialen Wandels. In: Medien Journal 3/1985

Smudits, Alfred: Technik und musikalisches Handeln. Zur Aktualität Max Webers im Zeitalter der Elektronik. In: Smudits, Alfred/Staubmann, Helmut (Hg.): Kunst Geschichte Soziologie. Frankfurt/Main (Peter Lang) 1997 (S.157-171)

Smudits, Alfred: The Case of Western Europe. In: Unesco: Public Service Broadcasting. Cultural and Educational Dimensions. Paris (Unesco Publishing) 1996 (pp.91-122)

Smudits, Alfred: Vom Klavier zum Keyboard – vom Klasseninstrument zum Masseninstrument. Fragmente zum Verhältnis von Tasteninstrumenten und Popularmusik. In: Michael Huber et al.: Das Klavier in Geschichte(n) und Gegenwart. Strasshof (Vier Viertel Verlag) 2001, S. 241-265

Smudits, Alfred: Von der Opus-Kultur zur Passus-Kultur. In: Bobrowsky / Langenbucher (Hg): Wege zur Kommunikationsgeschichte. München (Ölschläger) 1987

Snow, C.P.: Die zwei Kulturen. Stuttgart (dtv) 1967

Sorokin, Pitirim A.: Kulturkrise und Gesellschaftsphilosophie. Stuttgart Wien (Humboldt) 1953

Steinert, Heinz: Die Entdeckung der Kulturindustrie oder Warum Professor Adorno Jazz-Musik nicht ausstehen konnte. Wien (Verlag für Gesellschaftskritik) 1992

Steinert, Heinz: Kulturindustrie. Münster (Westfälisches Dampfboot) 1998

Supper, Martin: Elektroakustische Musik und Computermusik. Hofheim (Wolke) 1997

Tadday, Ulrich: Systemtheorie und Musik. Luhmanns Variante der Autonomieästhetik. In: Musik & Ästhetik, 1.Jhg., Heft 1/2, Stuttgart (Klett-Cotta) 1997

telepolis. Die Zeitschrift der Netzkultur. Mannheim (Bollmann) seit 1996, auch als Netzversion: http./www.heise.de/tp

telepolis. Die Zeitschrift der Netzkultur. Schwerpunktheft: Hollywood Goes Digital. Neue Medien und neues Kino. Heft Nr.2, Mannheim (Bollmann) 1997

Thurn, Hans Peter: Berufsrolle Künstler. In: Kölner Zeitschrift für Soziologie und Sozialpsychologie Band 25, 1973a

Thurn, Hans Peter: Kunst als Beruf. In: Gerhards, Jürgen (Hg.): Soziologie der Kunst. Produzenten, Vermittler und Rezipienten. Opladen (Westdeutscher Verlag) 1997 (S. 103-124)

Tomlinson, John: Cultural Imperialism. A critical Introduction. London (Pinter) 1991

Tschmuck, Peter: Musikanbieter im Internet. B2B-Services als Alternativen zu traditionellen Distributionsformen in der Musikindustrie? In: Bruhn, Manfred/Stauss, Bernd (Hg.): Dienstleistungsmanagement Jahrbuch 2002 – Electronic Services. Wiesbaden (Gabler) 2002 (S. 724-751)

Turner, Graeme: British Cultural Studies. An introduction. Boston et al. (Unwin Hyman) 1990

TZS IV/87 = TheaterZeitSchrift Heft 22, Winter 87/88, IV/87: Medienwissenschaft 1987

Uka, Walter: Foto. In: Faulstich, Werner (Hg.): Grundwissen Medien. München (Fink) 1998 (S.221-238)

UNESCO: Culture, Trade and Globalization. Paris (Unesco Publishing) 2000a

UNESCO: World Communication and Information Report 1999-2000. Paris (Unesco Publishing) 1999

UNESCO: World Culture Report 1998. Culture, Creativity and Markets. Paris (Unesco Publishing) 1998

UNESCO: World Culturer Report 2000. Cultural diversity, conflict and pluralism. Paris (Unesco Publishing) 2000

Universität Wien 1990 (Manuskript verv., Publikation in Vorbereitung)

Varis, Tapio: International Flow of Television Programs. Reports and Papers on Mass Communication, No.100. Paris (Unesco) 1985

Venturi, Lionello: Die Geschichte der Kunstkritik. München (Piper) 1972

Venturi, Robert u.a.: Lernen von Las Vegas. Zur Ikonographie und Architektursymbolik der Geschäftsstadt. Braunschweig Wiesbaden (Vieweg) 1979

Virilio, Paul: Ästhetik des Verschwindens. Berlin (Merve) 1986

Virilio, Paul: Fluchtgeschwindigkeit. München Wien (Hanser) 1996

Wagner, Bernd (Hg.): Kulturelle Globalisierung. Zwischen Weltkultur und kultureller Fragmentierung. Essen (Klartext) 2001

Wagner, Bernd / Zimmer, Annette (Hg.): Krise des Wohlfahrtsstaates - Zukunft der Kulturpolitik. Essen (Klartext) 1997

Wallis, Roger / Malm, Krister: Big Sounds from Small Peoples. New York (Pendragon) 1984

Wallis, Roger / Malm, Krister: Big Sounds from Small Peoples. The music industry in small countries.

Watson, Bruce A.: Kunst, Künstler und soziale Kontrolle. Köln Opladen (Westdeutscher Verlag) 1961

Weber, Alfred: Einführung in die Soziologie. München (Piper) 1955

Weber, Max: Der Sinn der Wertfreiheit der Sozialwissenschaften. In: ders.: Soziologie. Universalgeschichtliche Analysen. Politik (Herausgegeben von J. Winckelmann). Stuttgart (Kröner) 1956 (1914)

Weber, Max: Die rationalen und soziologischen Grundlagen der Musik. Tübingen (J.C.B. Mohr) 1972 (1921)

Weber, Max: Vom inneren Beruf zur Wissenschaft. In: ders.: Soziologie. Weltgeschichtliche Analysen. Politik. (Herausgegeben von J. Winckelmann). Stuttgart (Kröner) 1956a (1919)

Weber, Stefan: Was konstruiert Kunst? Wien (Passagen) 1999

Weibel, Peter: Die Beschleunigung der Bilder. In der Chronokratie. Bern (Benteli) 1987

Welsch, Wolfgang (Hg.) Die Aktualität des Ästhetischen. München (Fink) 1993

Wernick, Andrew: Promotional Culture. Advertising, ideology and symbolic expression. London et al. (Sage) 1991

Willems, Herbert: Zur Eigenlogik, zu den Strukturbedingungen und zum Wandel der Werbung als medienkommunikativer Gattung. In: Österreichische Zeitschrift für Soziologie, 24. Jg. 3/1999 (S. 24-55)

Williams, Raymond: Culture and Society 1780-1950. Harmondsworth (Pelican) 1963 (1958)

Williams, Raymond: Innovationen. Über den Prozeßcharakter von Literatur und Kultur. Frankfurt/Main (Suhrkamp) 1983

Williams, Raymond: Marxism and Literature. Oxford New York (Oxford University Press) 1977

Williams, Raymond: Means of Communication as Means of Production. In: Williams, Raymond: Problems in Materialism and Culture. Selected Essays. London New York (Verso) 1980

Williams, Raymond: Television - Technology and Cultural Form. London (Fontana) 1974

Willis, Paul: ‚Profane Culture'. Rocker, Hippies: Subversive Stile der Jugendkultur. Frankfurt/Main (Syndikat) 1978

Willis, Paul: Jugend-Stile. Zur Ästhetik der gemeinsamen Kultur. Hamburg Berlin (Argument) 1991

Willis, Paul: Spaß am Widerstand. Gegenkultur in der Arbeiterschule. Frankfurt/Main (Syndikat) 1979

Winter, Carsten: Internet/Online-Medien. In: Faulstich Werner (Hg.): Grundwissen Medien. München (Fink) 1998

Winter, Rainer: Die Kunst des Eigensinns. Cultural Studies als Kritik der Macht. Weilerswist (Velbrück) 2001

Wirth, Werner: Neue Wissenskluft durch das Internet. In: Medien-Journal 3/1999 (S. 3-19)

Zanger, Georg: Urheberrecht und Leistungsschutzrecht im digitalen Zeitalter. Wien (Orac) 1996

Zembylas, Tasos: Berufsinformationsbroschüre Bildende und angewandte Kunst. Wien (Industriewissenschaftliches Institut) 1997b

Zembylas, Tasos: Berufsinformationsbroschüre Musik und darstellende Kunst. Wien (Industriewissenschaftliches Institut) 1997a

Zembylas, Tasos: Kunst oder Nichtkunst. Über Bedingungen und Instanzen ästhetischer Beurteilung. Wien (WUV) 1997

Zielinski, Siegfried: Audiovision. Kino und Fernsehen als Zwischenspiele in der Geschichte. Reinbek bei Hamburg (Rowohlt) 1989

Zielinski, Siegfried: Zur Geschichte des Videorecorders. Berlin (Spiess) 1986

Zilsel, Edgar: Die Geniereligion. Frankfurt/Main (Suhrkamp) 1990

INSTITUT FÜR MUSIKSOZIOLOGIE

A-1010 Wien, Schubertring 14, Tel. ++43 1 711 55-3601
Fax ++43 1 711 55-3699
e-mail:musiksoziologie@mdw.ac.at
homepage: http://www.mdw.ac.at/ims

LEITUNG: Irmgard BONTINCK (bontinck@mdw.ac.at)

MITARBEITER/INNEN: Desmond MARK (mark@mdw.ac.at)
Elena OSTLEITNER (ostleitner@mdw.ac.at)
Alfred SMUDITS (smudits@mdw.ac.at)
Michael HUBER (huber-m@mdw.ac.at)

SEKRETARIAT:

Claudia BOROVNJAK (borovnjak@mdw.ac.at)

Das Institut für Musiksoziologie an der Universität für Musik und darstellende Kunst Wien wurde im Jahre 1965 von Kurt Blaukopf gegründet.

ZU DEN FORSCHUNGSBEREICHEN GEHÖREN U.A.:

Die Stellung der Musik in der Kultur-, Erziehungs- und Medienpolitik

Erhebungen zur sozialen Lage der zeitgenössischen österreichischen Komponisten und Komponistinnen

Bestandaufnahme des Musikschulwesens in Österreich: Erhebungen zur Situation der Lehrer und Schüler

Die Rolle der Musik in der Freizeit der Jugend - Konsequenzen für die Musikpädagogik

Probleme des Orchesternachwuchses in Österreich

Symphonieorchester und Orchesterrepertoire

Die Veränderung der musikalischen Kommunikation durch den Einfluss der elektronischen Medien unter Berücksichtigung urheberrechtlicher Fragen

Die Situation der Frau im Musikleben

Quellen und Traditionen der österreichischen Musiksoziologie

Entwicklungstendenzen der Popularkultur aus empirischer, kultur- und medienpolitischer Sicht

Indikatoren zum musikalischen Verhalten der Jugend

Kommunikationstechnologien und Kunst

Musiksoziologische Aspekte der Musik Lateinamerikas